Yo creo que este libro te gust...
Abiazar,
Diego.

GONZALO
ORDÓÑEZ-MATAMOROS
DIRECTOR

MANUAL DE ANÁLISIS Y DISEÑO DE POLÍTICAS PÚBLICAS

UNIVERSIDAD EXTERNADO DE COLOMBIA

Manual de análisis y diseño de políticas públicas / director Gonzalo Ordóñez-Matamoros. – Bogotá: Universidad Externado de Colombia, 2013.

324 p.: gráficos, cuadros; 24 cm.
Incluye bibliografía, índice temático y de palabras clave

ISBN: 9789587108965

1. Política pública 2. Administración pública 3. Política social 4. Problemas sociales 5. Ciencias políticas I. Ordóñez-Matamoros, Gonzalo, director II. Universidad Externado de Colombia

320.6   SCDD 20

Catalogación en la fuente – Universidad Externado de Colombia. Biblioteca

Abril de 2013

ISBN 978-958-710-896-5

© 2013, GONZALO ORDÓÑEZ-MATAMOROS (DIR.)
© 2013, UNIVERSIDAD EXTERNADO DE COLOMBIA
    Calle 12 n.º 1-17 Este, Bogotá
    Teléfono (571) 342 0288
    publicaciones@uexternado.edu.co
    www.uexternado.edu.co

Primera edición: abril de 2013

Diseño de carátula: Departamento de Publicaciones
Composición: Marco Robayo
Impresión y encuadernación: Xpress Estudio Gráfico y Digital S.A.
Tiraje: de 1 a 1.000 ejemplares.

Impreso en Colombia
Printed in Colombia

Prohibida la reproducción o cita impresa o electrónica total o parcial de esta obra, sin autorización expresa y por escrito del Departamento de Publicaciones de la Universidad Externado de Colombia. Las opiniones expresadas en esta obra son responsabilidad de los autores.

A Enna

GONZALO ORDÓÑEZ-MATAMOROS   JOSÉ ANDRÉS DUARTE GARCÍA
SARAH TADLAOUI   LUIS HERNANDO LÓPEZ
SARA PORRAS ALZATE   LINA PAOLA MARTÍNEZ FAJARDO
GLORIA A. CALDERÓN-PEÑA

CONTENIDO

AGRADECIMIENTOS — 17

PRÓLOGO — 19

PRIMERA PARTE: CONOCIMIENTO DEL PROCESO DE LAS POLÍTICAS PÚBLICAS

1 El análisis de las políticas públicas — 27
   1.1 Qué son las políticas públicas — 27
      1.1.1 *Policy*, *Politics* y *Polity* — 27
      1.1.2 Multiplicidad de definiciones de políticas públicas — 29
   1.2 ¿Qué es el análisis de políticas públicas? — 32
      1.2.1 Los orígenes del análisis de políticas públicas — 33
      1.2.2 El APP y los paradigmas de las ciencias sociales: perspectivas epistemológicas — 38

2 El proceso de las políticas públicas — 41
   2.1 Modelos representativos de la toma de decisiones de política pública — 42
      2.1.1 Racionalidad comprensiva (*Comprehensive Rationality*) — 42
      2.1.2 Racionalidad limitada (*Bounded Rationality*) — 43
      2.1.3 Incrementalismo desarticulado (*Disjointed incrementalism*) — 45
      2.1.4 Búsqueda mixta (*Mixed Scanning*) — 46
      2.1.5 Racionalidad erotética (*Erotetic Rationality*) — 46
      2.1.6 "Caneca de basura" (*Garbage Can*) — 46
   2.2 Teorías sobre el proceso que siguen las políticas públicas — 47
      2.2.1 Teorías basadas en el modelo racional — 48
      2.2.2 Teorías basadas en el análisis del poder — 52
      2.2.3 Institucionalismo y neo institucionalismo — 53
      2.2.4 Los modelos centrados en el análisis de actores relevantes — 57
      2.2.5 Enfoques cognitivos y constructivistas — 59

3 El papel del analista de políticas públicas — 64
   3.1 Tipos de análisis de políticas públicas — 64
      3.1.1 Análisis retrospectivo y prospectivo de las políticas públicas — 64
      3.1.2 Análisis descriptivo y análisis normativo — 67
      3.1.3 Análisis instrumental y análisis científico/académico — 68
   3.2 Productos analíticos — 70
   3.3 La postura del analista de políticas públicas — 73
      3.3.1 El analista frente a la complejidad del sector público — 73
      3.3.2 El error del tercer tipo — 78
      3.3.3 Consideraciones éticas y subjetividad del analista — 80
   3.4 Caja de herramientas para el apoyo del análisis y diseño de las políticas públicas — 83
   3.5 El carácter iterativo e interactivo del análisis y diseño de políticas públicas — 86
   3.6 Tareas y talleres — 88

SEGUNDA PARTE: CONOCIMIENTO PARA ILUSTRAR LA TOMA DE DECISIONES
DE POLÍTICA PÚBLICA

4   El problema de definir el problema de políticas públicas   95
    4.1 Características de los problemas públicos   97
    4.2 Tipos de problemas   101
        4.2.1 Problemas simples o bien estructurados   102
        4.2.2 Problemas débilmente estructurados o complejos   103
    4.3 Ciclo de la maduración de los problemas   106
        4.3.1 La sensación problemática   107
        4.3.2 La situación problemática   107
        4.3.3 La objetivización del problema   109
        4.3.4 La formalización del problema   114
    4.4 Métodos para identificar, estructurar y definir el problema
         de políticas públicas   122
        4.4.1 Lluvia de ideas   123
        4.4.2 Análisis de fronteras del problema   124
        4.4.3 Análisis clasificacional   125
        4.4.4 Análisis sistémico de problemas   127
        4.4.5 Análisis causal – Árbol del problema   129
        4.4.6 Análisis de jerarquía de causas   130
        4.4.7 Análisis de actores relevantes   132
        4.4.8 *Synectics*   134
        4.4.9 Análisis de múltiples perspectivas   135
        4.4.10 Análisis de supuestos   136
    4.5 Tareas y talleres   139

5   Identificación de criterios de decisión y de alternativas de solución   141
    5.1 Definición de objetivos general y específicos   142
    5.2 Identificación y definición de criterios de decisión   146
    5.3 Identificación de alternativas de solución   155
        5.3.1 Tipos de solución   157
        5.3.2 Fuentes de ideas o de soluciones   162
        5.3.3 Métodos para identificar alternativas de solución   166
        5.3.4 El carácter iterativo del ADIPP y la identificación
             de alternativas de solución   168

6   Evaluación de alternativas   169
    6.1 Predicción de resultados   170
        6.1.1 Predicciones intuitivas   171
        6.1.2 Modelos teóricos   177
        6.1.3 Extrapolación   178
    6.2 Métodos más comunes para evaluar alternativas de solución   179
        6.2.1 Método de comparación por parejas o el método
             de las eliminatorias   179

		6.2.2	Método *Satisficing* o método del limbo	180
		6.2.3	Método de evaluación por calificación básica	181
		6.2.4	Método del orden lexicográfico	184
		6.2.5	Método de alternativas no dominantes	185
		6.2.6	Método de criterios ponderados	185
		6.2.7	Herramienta Goeller Scorecard	188
	6.3	Tareas y talleres		192
7	Recomendación y argumentación de las soluciones			193
	7.1	Modos de argumentación		197
		7.1.1	Modos de argumentación basados en el "concepto de autoridad"	197
		7.1.2	Modos de argumentación basados en la "razón"	200
	7.2	Falacias		202
	7.3	Tareas y talleres		204

TERCERA PARTE: CONOCIMIENTO PARA GENERAR IMPACTO

8	Diseño de planes de implementación			209
	8.1	¿Qué es la implementación de políticas públicas?		212
		8.1.1	Modelo de implementación *Top-down*	212
		8.1.2	Modelo de implementación *Bottom-up*	214
	8.2	La importancia de planear la implementación al diseñar una política pública		216
	8.3	La teoría versus la práctica: la implementación exitosa		220
	8.4	Recomendaciones para elaborar un plan de implementación		227
	8.5	Conclusiones		233
	8.6	Tareas y talleres		233
9	Diseño de planes de monitoreo y evaluación de políticas públicas			234
	9.1	La importancia del monitoreo y la evaluación		235
	9.2	Tipos de monitoreo y evaluación		238
		9.2.1	Evaluación ex-ante	239
		9.2.2	Evaluación durante o monitoreo	239
		9.2.3	Evaluación ex-post de resultados e impacto	240
	9.3	Recomendaciones para la elaboración de planes de monitoreo y evaluación		241
		9.3.1	¿Qué se evalúa?	243
		9.3.2	¿Cómo se evalúa?	249
		9.3.3	¿Quién realiza la evaluación?	257
		9.3.4	¿Cuándo se debe evaluar?	259
		9.3.5	¿Dónde se evalúa?	259
	9.4	Conclusiones		260
	9.5	Tareas y talleres		263
10	Comunicación efectiva del análisis de políticas públicas			263
	10.1	Habilidades para la comunicación del análisis de políticas públicas		266
	10.2	¿Cómo empezar a escribir?		269

10.3 ¿Qué ayudas puede utilizar el analista para hacer el documento
escrito más amigable al lector? 271
10.4 ¿Cómo organizar el reporte? 278
10.5 ¿Cómo comunicar oralmente un análisis de políticas públicas? 282

ANEXO: CAJA DE HERRAMIENTAS PARA LA RECOLECCIÓN DE INFORMACIÓN
RELEVANTE PARA EL ANÁLISIS Y EL DISEÑO DE POLÍTICAS PÚBLICAS 285
A.1. Métodos de escritorio 286
   A.1.1. Estudio documental 286
   A.1.2. Análisis de contenido 288
A.2. Métodos de trabajo de campo 288
   A.2.1. Muestreo 288
   A.2.2. Encuestas 289
   A.2.3. Entrevistas 291
   A.2.4. Grupos focales 293
   A.2.5. Observación etnográfica 293
A.3. Conclusiones 295

EPÍLOGO: REFLEXIONES CRÍTICAS 297

LOS AUTORES Y EL PROCESO DE ELABORACIÓN DE ESTE LIBRO 305

BIBLIOGRAFÍA 311

ÍNDICE TEMÁTICO Y DE PALABRAS CLAVE 321

LISTA DE CUADROS

Cuadro 1: Perspectiva epistemológica	39
Cuadro 2: Análisis prospectivo vs. Análisis retrospectivo	67
Cuadro 3: Análisis descriptivo y normativo.	68
Cuadro 4: Análisis instrumental y científico/académico	70
Cuadro 5: Demanda de conocimientos y productos analíticos asociados	71
Cuadro 6: Métodos para el apoyo del análisis y diseño de políticas públicas	84
Cuadro 7: Tipos de problema según su estructura	102
Cuadro 8: Tipo de problema según los consensos en cuanto al "qué" y al "cómo"	105
Cuadro 9: Modelo de tabla de análisis de involucrados	133
Cuadro 10: Consumo de heroína	134
Cuadro 11: Métodos más comunes para la estructuración de problemas	138
Cuadro 12: Contrastes entre objetivos y metas	143
Cuadro 13: Ejemplo: objetivos y ámbitos de las alternativas	145
Cuadro 14: Teorema de la imposibilidad de Arrow	151
Cuadro 15: Tipos de políticas públicas según O'Hare	158
Cuadro 16: El carácter relativo de las "soluciones"	162
Cuadro 17: Predicción intuitiva - Probabilidad condicional	174
Cuadro 18: Predicción intuitiva - Impactos cruzados	174
Cuadro 19: Evaluación de alternativa (a)	176
Cuadro 20: Evaluación de alternativa (b)	177
Cuadro 21: Método del limbo	181
Cuadro 22: Método de evaluación por calificación básica	183
Cuadro 23: Método de criterios ponderados	187
Cuadro 24: Síntesis de métodos recomendados para apoyar la toma de decisiones	188
Cuadro 25: Manipulaciones factibles de May	191
Cuadro 26: Recombinación de variables políticas de May	192
Cuadro 27: Implementación Top-Down versus Bottom-Up	216
Cuadro 28: Lista de chequeo de la implementación exitosa	226
Cuadro 29: Ejemplo de tabla de plan de implementación	228
Cuadro 30: Ejemplo de cronograma de implementación	232
Cuadro 31: Seguimiento a las metas de la Concertación Nacional para el Desarrollo – Panamá 2025	249
Cuadro 32: Métodos de evaluación ex-post más comunes	254
Cuadro 33: Método de diferencias en diferencias	257
Cuadro 34: Tipos de evaluación	258

LISTA DE GRÁFICOS

Gráfico 1: Ciclo de las políticas públicas	50
Gráfico 2: Papel del analista de políticas públicas en el ciclo de PP	74
Gráfico 3: Criterios de selección de métodos útiles para el ADPP	85
Gráfico 4: Carácter iterativo del análisis y diseño de políticas públicas	87
Gráfico 5: Dilema ético inherente al ADIPP	91
Gráfico 6: Paso 1. Estructuración del problema	96
Gráfico 7: Ciclo de maduración del problema previo a la solución	107
Gráfico 8: Factores que explican la situación problemática	109
Gráfico 9: Espectro de la decisión	113
Gráfico 10: Ejemplo de modelos básicos del problema	116
Gráfico 11: Ejemplo de modelo descriptivo: relación ahorro-interés	117
Gráfico 12: Ejemplo de modelo de causas y consecuencias de la pobreza	119
Gráfico 13: Ejemplo de modelo simulatorio	120
Gráfico 14: Ejemplo de problema: desconexión entre centros comerciales	121
Gráfico 15: Ejemplo de solución: conexión creativa entre centros comerciales	121
Gráfico 16: Análisis de frontera	124
Gráfico 17: Ejemplo de análisis clasificacional: efectos en los usuarios de la heroína	127
Gráfico 18: Análisis sistémico de problemas	128
Gráfico 19: Ejemplo de árbol del problema de la desnutrición infantil	130
Gráfico 20: Estructura del análisis de supuestos	136
Gráfico 21: Paso 2: Identificación de criterios de decisión	141
Gráfico 22: Paso 3: Identificación de alternativas de solución	156
Gráfico 23: Paso 4: Evaluación de alternativas de solución	169
Gráfico 24: Evaluación por parejas	180
Gráfico 25: Alto nivel de hacinamiento carcelario en Bogotá	193
Gráfico 26: Paso 5: Recomendación y argumentación	194
Gráfico 27: Elementos de un argumento	195
Gráfico 28: Ejemplo de argumento: Transmilenio	196
Gráfico 29: Modo de argumentación basado en la autoridad de una persona	198
Gráfico 30: Modo de argumentación basado en la autoridad de un método	199
Gráfico 31: Modo de argumentación basado en la ética	199
Gráfico 32: Modo de argumentación basado en la razón	200
Gráfico 33. Paso 6: Elaboración de un plan de implementación	210
Gráfico 34: Modelo lógico del monitoreo y la evaluación ex –post	237
Gráfico 35. Pasos 7 y 8: Planes de monitoreo y evaluación	242
Gráfico 36: ¿Qué métodos utilizar?	253
Gráfico 37: Habilidades necesarias del analista de políticas públicas	266
Gráfico 38: Diagrama de barras	272
Gráfico 39: Diagrama de línea	272
Gráfico 40: Diagrama de dispersión	273

Gráfico 41: Torta o "pie" 273
Gráfico 42: Tabla descriptiva 274
Gráfico 43: Tabla prescriptiva 275
Gráfico 44: Árbol de decisión 276
Gráfico 45: Mapa 277

AGRADECIMIENTOS

El equipo de investigadores quiere agradecer muy especialmente al doctor Fernando Hinestrosa (q.e.p.d.), rector de la Universidad Externado de Colombia, quien a pesar de sus múltiples ocupaciones siguió con interés el avance de este *Manual* durante los más de tres años que tomó su elaboración. Lamentamos que no hubiese conocido el producto final, pues su confianza en este equipo se convirtió en un compromiso que anhelábamos poder entregar en su honor y presencia. A él le dedicamos el presente esfuerzo.

Igualmente, los miembros de este grupo agradecen al doctor Roberto Hinestrosa, pues su visión de largo plazo ha permitido que proyectos como este contribuyan a la transformación de los estudiantes de la Facultad de Finanzas, Gobierno y Relaciones Internacionales, a los profesionales a los que este trabajo está dirigido y, por su vía, a la sociedad.

Queremos agradecer también a la doctora Clara Inés Rey, quien no solo apoyó, de múltiples formas todo el proceso, sino que además ejerció la presión benigna necesaria para que los autores no perdiéramos de vista el norte en la consecución de la meta de culminar con éxito un producto de alta calidad y con el tradicional rigor externadista.

Queremos agradecer a Jaime Duarte, para quien tenemos pocas palabras de agradecimiento por su constante acompañamiento, por su apoyo y por promover y facilitar los espacios de discusión. El aporte de Jaime bien podría desafiar la tradición científica de otorgar el título de autor solo a aquellos que hacen contribuciones intelectuales tangibles y "en especie". En su caso, su aporte "silencioso", pero nada ausente, lo candidatizaría fácilmente, si las prácticas fueran más justas, al estatus de co-autor del presente *Manual*.

A los investigadores del Centro de Investigaciones y Proyectos Especiales, cipe, de la Universidad Externado de Colombia y, en particular, a Javier Torres, Jesús Carrillo, Jorge Iván Cuervo, Juan Camilo Rodríguez y Frederic Massé por sus generosos aportes, comentarios, consejos y críticas.

Igualmente, queremos agradecer al profesor Stefan Kuhlmann, de la Universidad de Twente, por su rápida, generosa y definitoria comprensión de las dimensiones académica y personal que revestía este *Manual* para su autor principal, con quien tuvo toda la paciencia necesaria para que este fuera realidad. Esta es una forma poco común, pero altamente efectiva y de gran impacto de lo que los teóricos de las relaciones internacionales llamarían "asistencia al desarrollo".

Por último, los miembros del equipo quieren agradecer a Natalia Díaz quien, de la mano del profesor Luis Fernando García Núñez, se dio a la tarea de revisar e incorporar cuidadosamente los cambios de estilo necesarios para garantizar la entrega de un producto de alta calidad. A Margarita García, por su laboriosa tarea de transcripción de las notas de Gonzalo Ordóñez, dando así origen a la presente obra. A Jesús Pérez, Silvia Herrera, Michelle Hernández, Rossana Páez, Bibiana Mercedes Andrade Izquierdo, Lorena Criollo Rubio, Lina María Ordóñez Argote, Claudia Marcela Pinzón Casallas. A Enna y Alfonso Ordóñez, Kico, Luz y Ciro Duarte. A los alumnos de mapp de la Facultad de Finanzas, Gobierno y Relaciones Internacionales del Externado de Colombia, a los estudiantes de las promociones xvii y xviii de la Especialización en Gobierno, Gerencia y Asuntos Públicos, y a los candidatos a doctor de la vi promoción del Doctorado en Estudios Políticos de la misma Universidad. A todos ellos gracias por sus importantes contribuciones a la calidad de este *Manual*, dadas tanto a través de críticas constructivas, como de información e ideas. Igualmente, los autores quieren agradecer a sus familiares y seres queridos por su invaluable apoyo moral.

PRÓLOGO

Este libro se escribió pensando en los actuales o potenciales analistas, asesores, investigadores o tomadores de decisiones de política pública que desean adquirir o desarrollar habilidades para la realización de ejercicios rigurosos de análisis y diseño de políticas públicas. Igualmente, se hizo pensando en quienes desean ordenar trabajos de asesoría y/o evaluar la calidad de los ejercicios realizados por terceros. Así mismo, este libro se escribió pensando en aquellos que, sin estar directamente vinculados al sector público, deban interactuar con instituciones públicas de carácter multilateral o nacional, bien sea del nivel central, del departamental o del municipal. Por último, el libro permitirá a los lectores de todo origen disciplinario incrementar su comprensión de las dinámicas que caracterizan la gestión pública, para convertirse así en lectores críticos, tanto de noticias que circulan en medios masivos de divulgación como de informes técnicos con algún grado de complejidad. Se utiliza un lenguaje sencillo que evita imponer las barreras típicas de los tecnicismos y la jerga disciplinaria.

En particular, este obra responde a la motivación de los autores de ofrecer herramientas analíticas que, aunadas a la disponibilidad de recursos y a la voluntad política necesarias, conduzcan a la toma de decisiones ilustrada y, por esa vía, a la solución de problemas concretos en el mundo hispanoparlante en los diferentes niveles de gobierno. En efecto, el presente libro está inspirado en la convicción de que el conocimiento es una herramienta fundamental para avanzar en el desarrollo económico y social sustentable, lo cual es consistente con las nuevas teorías que lo definen como la sumatoria de individuos con capacidad de solucionar sus problemas cotidianos (capital humano) y de asociarse para solucionar problemas colectivos presentes y futuros (capital social). Finalmente, pero no por ello menos importante, el presente trabajo busca fortalecer la masa crítica de profesionales que demandan la toma de decisiones objetiva, bien informada y responsable, para ganarle así terreno a la improvisación, la corrupción, la incertidumbre y el despilfarro de recursos públicos que caracteriza el quehacer político en una gran cantidad de comunidades hispanas. Lejos de ser el análisis riguroso de políticas públicas una panacea es, sin duda, un aporte importante a la democracia y a la modernización de estas comunidades, tanto en los niveles centrales como locales y organizacionales.

Como es bien sabido, uno de los mayores retos de los gobiernos consiste en resolver, de manera eficaz, los problemas que aquejan a la sociedad. Sin embargo, dicho reto es de dimensiones inconmensurables pues, contrario a los científicos naturales, los científicos sociales que están llamados a apoyar este proceso se ven enfrentados a objetos de estudio de gran complejidad, variabilidad y volatilidad. En efecto, los problemas públicos son difíciles de comprender, implican tanto aspectos políticos como técnicos, no hay una relación directa unívoca e inequívoca entre causa-solución-impacto, cuando los problemas son "resueltos" aparecen nuevos problemas (hay quienes dicen que los problemas no se resuelven sino se transforman). Más complejo aún, toda solución enfrenta el dilema costo-efectividad, la incertidumbre es muy alta y en la práctica no hay soluciones ciento por ciento satisfactorias, lo que hace que la capacidad de los analistas de hacer predicciones y cálculos de los resultados sea limitada, cuando no desesperanzadora. Este libro busca ilustrar dichos retos y ofrecer formas de minimizar, en algún grado, las falencias en el ejercicio profesional de análisis y diseño de políticas públicas. A la postre, aportar a la gestión pública eficiente y eficaz en la región.

Así, aquí se introduce al lector en el estudio de las herramientas teóricas, conceptuales, metodológicas y técnicas necesarias para el análisis y el diseño de políticas públicas, ADIPP, una disciplina y un "arte" sobre el que mucho se ha escrito, particularmente en inglés, y mucho se ha criticado por su carácter "técnico", incluso en español, pero sobre el que no existe aún un texto que pueda servir de referente básico para el desarrollo de tales actividades de manera profesional en castellano.

En la disciplina del análisis de políticas públicas, APP, se pueden distinguir dos corrientes principales. Por un lado, existe la corriente académica, enfocada en explicar el proceso de formación de las políticas, en la que el análisis es un ejercicio retrospectivo orientado hacia la investigación académica. Por otro lado, está la corriente instrumental, que se interesa en las técnicas para la elaboración de políticas, en donde el análisis es un instrumento de ayuda a la decisión orientada a ofrecer soluciones concretas para ser aplicadas en la práctica, o para impedir que se cometan errores de impacto público evitables. Este *Manual* busca enfocarse principalmente en el APP instrumental, es decir, en la segunda corriente, o como denominamos aquí ADIPP, en el cual se brinda una caja de herramientas para apoyar la decisión y, a la postre, contribuir a la solución de problemas públicos en la región.

Así, tomando la perspectiva de Lasswell (1971) sobre la disciplina de APP, esta obra tiene como objetivo general ofrecer: a) herramientas teóricas y conceptuales necesarias para entender las complejidades que caracterizan el proceso que siguen las políticas públicas (*Knowledge of the Policy Process*), que son tomadas de la corriente académica por ser consideradas instrumentalmente útiles; b) herramientas e instrumentos necesarios para apoyar el proceso de formación de las mismas en sus distintas fases (*Knowledge in the Policy Process*), y c) basado en preocupaciones sobre las que la literatura todavía es incipiente (aún en inglés), ofrecer herramientas y consejos para aumentar la probabilidad de que los trabajos analíticos contribuyan efectivamente al logro de los objetivos buscados, no solo por la vía de propender porque sean tenidos en cuenta sino porque, además, se constituyan en vehículos conductores u hojas de ruta que permitan transitar entre el reconocimiento de la existencia de un problema y la puesta en marcha de una solución adecuada. Todo ello con una orientación aplicada a casos específicos en el contexto hispanoamericano.

Se habla de teorías instrumentalmente útiles para, como veremos más adelante, llamar la atención del hecho de que, como lo plantea Lasswell (1971), un buen analista debe ser tanto un buen conocedor de los procesos que siguen las políticas públicas (sus determinantes, origen, evolución, modificación, efectos y terminación), como un buen aportante de conocimientos para que cada fase del proceso se dé de la manera más ilustrada posible. En efecto, compartimos la opinión de que un analista (asesor, consultor, crítico o ser el mismo tomador de decisiones) conocedor de, por un lado, las teorías explicativas de la formación, evolución, etc. de los problemas y las políticas públicas y de, por el otro, las herramientas para su diseño, implementación, seguimiento y evaluación, ofrecerá un mejor servicio al desarrollo que uno que las ignora por completo. Más aún, creemos que si bien el analista no puede garantizar el que se solucionen los problemas, si debe apelar a formas para aumentar la probabilidad de que su trabajo sea tenido en cuenta.

Por ello, en la ecuación básica referida arriba que explica las soluciones como la confluencia entre recursos, voluntad y conocimiento, queremos concentrarnos aquí en la última variable, Conocimiento, con mayúscula, factor fundamental que, bien utilizado, podría o bien hacer frente de manera más creativa a la escasez de recursos, o bien, entender y, eventualmente, incidir en la voluntad política en la dirección deseada, haciendo más difícil las posiciones arbitrarias y, por ende, autoritarias.

Desde esta perspectiva, el analista es concebido como un agente de cambio, un actor protagónico, alguien que, basado en el conocimiento tácito que tiene para ofrecer, cuenta con habilidades y capacidades de observar, de manera crítica, entender la complejidad de los fenómenos bajo estudio y, sobre todo, de incidir, que es lo que más nos motiva en este libro. Nos referimos a alguien que, incluso, podría ser percibido como ingenuo, pero que poco le importa, pues sabe que puede y desea, de manera altruista, pero bien fundamentado, desempeñar un papel activo, instrumental que, a pesar de las dificultades implícitas de su rol, acepta la complejidad y la probabilidad de no lograr sus objetivos, pero que a pesar de ello lo intenta. Es aquí, pues, en donde el conocimiento juega un papel crucial que determina, junto con la voluntad política y los recursos, el éxito (o fracaso) de las políticas públicas.

Para abordar los temas que a nuestro juicio soportan el ejercicio de análisis y diseño de las políticas públicas de buena calidad (e incluso para identificar criterios para juzgar la calidad del mismo) para generar impacto, el libro se divide en tres partes. Estas partes recogen la visión polifuncional que proponemos del ADIPP a partir del papel fundamental del conocimiento: Conocimiento de…, Conocimiento en… y Conocimiento para… Así, en la primera parte, titulada "Conocimiento del proceso de las políticas públicas", compuesta por tres capítulos, se aborda la discusión que busca contextualizar el quehacer del analista en cuanto a los conceptos, modelos, teorías y fenómenos que enmarcan su actividad. En particular, se aborda de manera breve la revisión histórica, filosófica, epistemológica, metodológica y ética que caracterizan y fundamentan el ejercicio de análisis y diseño de políticas públicas. Igualmente, se discute acerca del papel que se espera desempeñe el analista de políticas públicas ante demandas de información y conocimiento, con capacidades básicas para usar herramientas analíticas, crear soluciones y lidiar con dilemas éticos que típicamente debe encarar. Es opinión de los autores que conocer y reconocer los diferentes contextos y retos que enmarcan el quehacer de las políticas públicas le permiten al analista ubicarse cómodamente dentro de la maraña que caracteriza el objeto de estudio, y de esa manera poder incidir en él de manera más eficaz y efectiva.

En la segunda parte, cuyo título es "Conocimiento para ilustrar la toma de decisiones de política pública", y que cuenta con cuatro capítulos, se discuten aspectos del proceso de análisis y diseño de políticas públicas tales como la estructuración de problemas para el análisis y la toma de decisiones, el establecimiento de criterios de decisión, la identificación de alternativas de solución, y la evaluación de dichas alternativas con miras a aportar conocimiento en el proceso de las políticas públicas. El lector notará que reiteradamente se llama la atención al respecto del carácter iterativo e interactivo del análisis y diseño de políticas públicas, ello, con el fin de enfatizar el que dichos ejercicios deben ser abordados a partir de la reflexión, la retroalimentación, la experimentación, el ensayo y el error analítico, en donde cada fase del proceso analítico y de diseño conduce al descubrimiento de nueva información, la que debe ser tenida en cuenta para garantizar comprensión, consistencia e impacto en la dirección deseada.

En la tercera parte, titulada "Conocimiento para generar impacto", compuesta por tres capítulos, se aborda el diseño de mecanismos y procedimientos para la implementación de la política pública recomendada, su monitoreo y evaluación, así como la comunicación efectiva de resultados analíticos, factores concebidos como condiciones básicas para garantizar (o al menos aumentar la probabilidad de producir) el impacto deseado.

A manera introductoria y complementaria, en el anexo se discute brevemente una caja de herramientas básica para la recolección de información relevante para el análisis y diseño de políticas públicas. Igualmente, se ofrece un índice temático para identificar los conceptos y las definiciones más relevantes y la forma en que son utilizados en este *Manual*.

Así, se introduce al lector en: a) los procesos y métodos de identificación, recolección y valoración de información relevante; b) el uso de herramientas básicas de análisis tanto cuantitativos como cualitativos; c) la identificación de fallas de diseño de políticas públicas; d) la identificación de falacias argumentativas y saltos lógicos; e) la caracterización de fallas en la implementación; f) la elaboración de productos analíticos y de *policy memos*; y g) la evaluación de productos analíticos elaborados por terceros.

En particular, se espera que al final los lectores se sientan con la capacidad de: a) reconocer los conceptos básicos, las teorías explicativas y las técnicas necesarias para realizar análisis integrales de política pública como un insumo necesario para la toma de decisiones ilustrada; b) evaluar la idoneidad de los procedimientos y herramientas analíticas basadas en técnicas tanto cualitativas como cuantitativas usadas en el diseño y evaluación de políticas públicas en la práctica; c) juzgar la calidad de los diagnósticos y la coherencia de las recomendaciones de política pública que de ellos se derivan; d) realizar ejercicios prácticos de ADIPP de alta calidad, y e) demostrar habilidades en la comunicación y "venta" de los mismos.

Es importante aclarar que el ADIPP tiene tanto de ciencia como de arte, y que involucra más que los conocimientos y procedimientos de investigación característicos de las ciencias sociales. En efecto, por su naturaleza creativa, recursiva y persuasiva, el ADIPP involucra capacidades, sensibilidades y habilidades que no se aprenden únicamente a través de la teoría y la educación formal sino que se adquieren principalmente con la práctica y la experiencia. En ese sentido, las diferentes secciones del libro están diseñadas para guiar al lector en su proceso de aprendizaje y afianzamiento de las técnicas de interés que se presentan en cada capítulo a partir de ejemplos concretos. Además de reconocer el valor científico que le subyace, este *Manual* tiene en cuenta la importancia de desarrollar capacidades que trascienden la racionalidad objetiva y técnica tales como la capacidad de escuchar, de argumentar, de persuadir, de negociar, de corregir, de sustentar, de defender, de proponer, de abogar, etc. Si bien la experiencia hace al buen analista de políticas públicas, con este *Manual* ofrecemos un punto de partida para los neófitos y un referente o fuente de ideas, reflexión e inspiración para los ya iniciados y practicantes. Esperamos con esto hacer un aporte significativo.

GONZALO ORDÓÑEZ-MATAMOROS
Enschede, Países Bajos, 30 de agosto de 2012

PRIMERA PARTE
CONOCIMIENTO DEL PROCESO DE LAS POLÍTICAS PÚBLICAS

Antes de abordar los diferentes métodos de análisis y diseño de políticas públicas, ADIPP, es importante definir qué se entiende por política pública. Una vez abordada esta discusión, trateremos sobre lo que es el ADIPP, y sobre sus orígenes y principales hitos históricos. Luego, nos referiremos a los principales paradigmas y perspectivas epistemológicas que subyacen a la disciplina. Igualmente, pasaremos revista a algunas de las teorías que ofrece la literatura al respecto del proceso que siguen las políticas públicas y, en particular, discutiremos sobre los modelos de toma de decisiones que inspiran a la mayoría de tales teorías. Esta discusión, que se acerca a la vertiente académica del APP referida en el prólogo, es necesaria toda vez que ubica al lector en el contexto principal en el que típicamente se desenvuelve un analista de políticas públicas en el mundo real. De esta manera, pretendemos contribuir a una mayor comprensión del analista de los procesos que siguen las políticas públicas (*Knowledge of the Policy Process*). Finalmente, discutiremos sobre el papel del analista de políticas públicas, sus principales retos, los productos analíticos más comunes, los diferentes tipos de análisis, la postura del analista en el proceso del APP, la caja de herramientas con que debe contar para realizar su trabajo, y el carácter iterativo e interactivo del ADIPP.

I. EL ANÁLISIS DE LAS POLÍTICAS PÚBLICAS

I.I. QUÉ SON LAS POLÍTICAS PÚBLICAS

I.I.I POLICY, POLITICS Y POLITY

Una de las mayores dificultades para comprender el término de "política pública" radica en que se trata de un concepto que en la práctica no existe en el imaginario colectivo del mundo hispano. En efecto, el concepto de "*policy*" es tradicionalmente traducido al español como política, lo que a su vez suele ser interpretado como "*politics*" (la actividad política como competencia por el poder) o "*polity*" (el ámbito del gobierno de las sociedades o la esfera política distinta de/ en oposición a la sociedad civil). De esta manera, se confunde el arte de la puja por el poder ("*politics*") con lo que hoy se conoce como política pública, el arte de saber qué se hace con el poder una vez este es adquirido.

En efecto, es curioso constatar que hay comunidades en las que, al no existir el término adecuado tampoco existe el concepto asociado a él, lo que dificulta el estudio, el diseño y la comunicación de políticas así como los programas de impacto público. A este mismo problema se enfrentan académicos y gobernantes de las demás naciones de habla latina como el francés, el portugués y el italiano. Los pares alemanes y japoneses, por su parte, también tienen problemas para comunicar el concepto de *policy*, toda vez que este término es traducido, de manera errada, según el concepto de administración o gestión, ignorando el carácter ambicioso que involucra el concepto de *policy*.

DE "POLITICS" A "POLICY"

A esta ambigüedad semántica se suma un cruce conceptual. En los años 50 y 60, las políticas públicas (*policies*) eran consideradas como variables dependientes de la actividad política (*politics*) en el sentido que se presuponía que las políticas públicas no eran más que el resultado, o la consecuencia directa de la política (*politics*). A partir de los años 70, apareció progresivamente un interés por el estudio de la acción pública, y la política pública *per se* (*policy*) se forjó como un concepto y un objeto de estudio aparte. La ciencia política se siguió interesando en la comprensión de los determinantes del poder –en "cómo", "quiénes", "por qué" se llega y se mantiene el poder–, pero al lado de esta área tradicional, se ha desarrollado un campo de estudio específico sobre las políticas públicas y los estudios políticos que se concentran en analizar qué se hace con el poder una vez se tiene o se conquista.

A pesar de las diferencias entre las nociones de política pública (*policy*) y de política entendida como la puja por el poder político (*politics*), es evidente que no se pueden separar, pues el juego político y la acción pública son dos campos que se cruzan y se refuerzan mutuamente. En efecto, hacer *policy* también es hacer *politics* en la medida en que, en la práctica, casi siempre hay una preocupación por parte de los *policy-makers* por recibir los méritos o créditos asociados con las iniciativas de impacto público, y así asegurar un ascenso en la carrera política futura o en la historia política del país.

Pero ¿qué es política pública? A continuación haremos un breve repaso de las definiciones encontradas en la literatura.

1.1.2 MULTIPLICIDAD DE DEFINICIONES DE POLÍTICAS PÚBLICAS

Son numerosos los autores que se han preocupado por ofrecer definiciones de *policy* o de política pública. Existen definiciones muy amplias, como la identificada por DYE quien define la política pública como "todo lo que el gobierno hace o deja de hacer" (DYE, 1992, 2) o la elaborada por MÉNY y THOENING (1992), para quienes la política pública es "la acción de las autoridades en el seno de la sociedad", o el "programa de acción de una autoridad pública"(MÉNY y THOENING,1992,8).

Entre la multiplicidad de definiciones existentes, se puede identificar una tendencia pragmática, característica de la tradición norteamericana, en la cual se hace énfasis en la respuesta dada a una situación problemática. ROTH (2004) identifica algunas de tales definiciones. Entre las representativas de esta orientación de corte utilitarista que responde a una ética teleológica, está la propuesta por DUBNICK y BARDES (1983) para quienes las políticas públicas son "acciones gubernamentales –lo que los gobiernos dicen y lo que hacen con relación a un problema o una controversia (*issue*)–" (DUBNICK y BARDES, 1983, 7), la definición ofrecida por KRAFT y FURLONG (2007), quienes proponen la política pública como un "curso de acción o inacción gubernamental en respuesta a problemas públicos"(KRAFT y FURLONG, 2007, 5), y la de ANDERSON (2003), para quien las políticas públicas son "una orientación deliberadamente seguida por un actor o por un grupo de actores al tratar un problema o una cuestión que les concierne" (ANDERSON,2003,3).

A diferencia de esta serie de definiciones que conceptualizan las políticas públicas como cualquier acción del gobierno en búsqueda de solucionar un problema público, existe otra corriente de definiciones más normativas y positivas, característica de la tradición europea consistente con una ética deontológica, que pone el énfasis en una serie de procedimientos específicos, en la naturaleza coherente y consciente de la acción pública, o en el planteamiento de ciertos objetivos. HOGWOOD (1984), por ejemplo, argumenta que para que una política pueda ser considerada como tal "es preciso que en un cierto grado haya sido producida o por lo menos tratada al interior de un marco de procedimientos, de influencias, y de organizaciones gubernamentales", poniendo énfasis en el proceso de elaboración de las políticas públicas. ELAU y PREWITT proponen que la política pública se define como una "decisión permanente caracterizada por una conducta consistente y la repetitividad por parte tanto de aquellos que la elaboran como por aquellos que se atienen a ella"[1].

Por otra parte, Muller y Surel (1998), consideran que una política pública "designa el proceso por el cual se elaboran y se implementan programas de acción pública, es decir dispositivos político-administrativos coordinados, en principio, alrededor de objetivos explícitos" (Roth, 2004, 26). Larrue (2000) considera que las políticas públicas son "una concatenación de actividades, decisiones, o de medidas coherentes, por lo menos en su intención, y tomadas principalmente por los actores del sistema político-administrativo de un país con la finalidad de resolver un problema colectivo" (Larrue, 2000). Velásquez (2009) manifiesta que es un "proceso integrador de decisiones, acciones, inacciones, acuerdos e instrumentos, adelantado por autoridades públicas con la participación eventual de los particulares, y encaminado a mitigar, solucionar o prevenir una situación definida como problemática" (Velásquez, 2009, 5).

En este mismo orden de ideas, Jorge Iván Cuervo (2010) propone una definición más específica, entendiendo la política pública como "la acción del Estado orientada por el gobierno que, de una manera coherente, integral, legítima, sistemática y sostenible, busca responder a las demandas sociales y desarrollar los mandatos constitucionales y legales, acudiendo a distintos métodos de análisis, modelos de gestión y criterios de evaluación, con la participación de los actores involucrados en el problema y en la búsqueda de la solución" (Cuervo, 2010, 7). Roth (2004) propone una variante con enfoque sociológico, definiendo la política pública como "un conjunto conformado por uno o varios objetivos colectivos considerados necesarios o deseables y por medios y acciones que son tratados, por lo menos parcialmente, por una institución u organización gubernamental con la finalidad de orientar el comportamiento de actores individuales o colectivos para modificar una situación percibida como insatisfactoria o problemática" (Roth, 2004, 26).

Por otro lado, se identifica una orientación conceptual enfocada en los métodos utilizados para la formulación e implementación de políticas públicas. Jenkins (1978), por ejemplo, define las políticas públicas como "un conjunto de decisiones interrelacionadas adoptadas por un actor o un conjunto de actores políticos, concernientes a la selección de objetivos y los

---

[1] Ver C. Salazar. "Noción de política pública en: de todo como en botica". Consulta virtual en http://carlosalazarvargas.org/articulo.php?id=17 hecha el 15 de agosto de 2011.

medios para alcanzarlos, en el marco de una situación específica" (JENKINS, 1978, 17). En el mismo orden de ideas, MAY, reseñado por PATTON y SAWICKI (1993), manifiesta que "la nueva noción de política pública trasciende su connotación vulgar de curso de acción, para ser definida como una parte de un proceso general, junto con la clarificación de las metas, la definición de la situación del caso y la determinación de los medios óptimos para efectuar la acción decidida".

Sin embargo, pocas son las definiciones ofrecidas que consideran, de manera explícita, el papel que juega el conocimiento, el ejercicio analítico que típicamente acompaña la definición, implementación y cambio de las políticas públicas. De allí que queramos ofrecer en este *Manual* una definición operacional alternativa, y proponer que la política pública es el conjunto de acciones implementadas en el marco de planes y programas gubernamentales diseñados por ejercicios analíticos de algún grado de formalidad, en donde el Conocimiento, aunado a la voluntad política y los recursos disponibles, viabilizan el logro de objetivos sociales[2]. Esto deja por fuera definiciones amplias que consideran que las políticas públicas son "todo lo que el gobierno hace o deja de hacer", ofrecida por DYE (1992, 2), puesto que en la práctica hay acciones gubernamentales no intencionadas que difícilmente podría denominarse política pública, u omisiones no planeadas que, contrario a las decisiones de no hacer nada, no son tampoco política pública. Y naturalmente deja por fuera definiciones retóricas de quienes argumentan que las leyes *per se*, las manifestaciones de intención o de preocupaciones en discursos públicos, o las provisiones constitucionales son prueba de la existencia de política pública.

En efecto, la definición propuesta resalta el papel del Conocimiento, del que nos referimos en la introducción, como variable determinante aunque poco explorada. Se trata de una definición que retoma el papel del Conocimiento, implícito en la definición de DROR (1971), para quien la política pública es una selección consciente entre varias alternativas para conducir a la sociedad, una "supradisciplina orientada a la búsqueda del aprovechamiento de la elaboración de políticas" (AGUILAR, 2009), o como un intento por definir y estructurar una base racional para la acción o la inacción, en

---

2   En este , la noción de 'social' abarca un amplio espectro, el cual incluye asuntos tanto económicos, como culturales, étnicos, políticos, ambientales, etc. Esto, para diferenciarlos de los objetivos tecnológicos.

donde "tener" una política pública es tener, además de los recursos necesarios y la voluntad alineada, razones o argumentos que soportan una forma de entender los problemas y sus soluciones. Se habla de viabilizar y no de garantizar, pues reconocemos el valor de la incertidumbre.

Adicionalmente al aporte de la definición operacional propuesta arriba, es posible constatar la existencia de ciertos elementos comunes entre las definiciones presentadas y plantear unos criterios de definición para facilitar la identificación de lo que constituye una política pública:

– el criterio procedimental: las políticas públicas son el resultado de un conjunto de decisiones y no de una acción aislada, en donde cada decisión está encadenada a un propósito particular y de ella se espera un resultado específico y deseado. En este sentido, el no hacer nada también se puede constituir en política pública, siempre y cuando sea considerado una decisión consistente a partir de un proceso;

– el criterio orgánico: las políticas públicas resultan de acciones y decisiones tomadas por parte de actores públicos, no obstante la posibilidad de participación de actores de otra naturaleza en el proceso de las políticas públicas;

– el criterio material: por lo general, las políticas públicas contienen objetivos, recursos y producen resultados. Se pueden referir a acciones concretas materiales así como a actividades simbólicas que generan un impacto.

Así, pues, se constata que hay una gran diversidad de visiones en torno a lo que es y no es "política pública", teniendo en cuenta el pluralismo semántico y conceptual que se encuentra en el centro de dicho concepto.

> Propuesta de definición operacional de política pública: la política pública es el conjunto de acciones implementadas en el marco de planes y programas gubernamentales diseñados por ejercicios analíticos de algún grado de formalidad, en donde el Conocimiento, aunado a la voluntad política y los recursos disponibles, viabilizan el logro de objetivos sociales.

1.2 ¿QUÉ ES EL ANÁLISIS DE POLÍTICAS PÚBLICAS?

Tras definir lo que se entiende por política pública, discutiremos a continuación sobre las condiciones del surgimiento y evolución del análisis de políticas públicas, haciendo énfasis en los principales hitos históricos que marcaron su desarrollo. Igualmente, analizaremos los principales paradigmas y perspectivas epistemológicas que la subyacen.

1.2.1 LOS ORÍGENES DEL ANÁLISIS
DE POLÍTICAS PÚBLICAS

Una serie de hechos, que se remontan al origen mismo de las sociedades primitivas fueron determinantes para que el estudio de las políticas públicas se convirtiera en lo que se conoce actualmente como "El análisis de las políticas públicas". La historia de esta ocupación (hoy profesión) se puede dividir en tres momentos importantes: los orígenes primarios, la transformación del siglo XIX y su desarrollo desde el siglo XX, época en la que se empezó a denominar como lo conocemos en la actualidad[3].

1.2.1.1 PRIMEROS ORÍGENES

Las políticas públicas nacen desde el momento mismo en que se configuran las sociedades estacionarias. Es decir, se puede hablar del surgimiento de las políticas públicas desde el momento mismo en el que el hombre deja de migrar y decide asentarse en un lugar fijo para su residencia. En sociedades antiguas como las que se desarrollaron en Mesopotamia, los mayas y los egipcios, se pueden encontrar muestras de políticas públicas al hablar de la construcción, planeación y modelaje de acueductos, adopción de códigos de conducta (como el Código de Hammurabi) y construcción de ciudades (DELEÓN, 1988).

Según LASSWELL (1971), el desarrollo de procesos especiales para analizar políticas se relaciona con el surgimiento de civilizaciones urbanas en contraprestación a las sociedades tribales de la época. Sin embargo, como lo afirma DELEÓN, el estudio y diseño de estas políticas públicas carecía de rigurosidad científica y continuaba basándose, aunque en menor medida, en mitos, rituales y el culto por intentar adivinar el futuro como herramienta de decisión.

Posteriormente, líderes y filósofos como KAUTILYA en India, PLATÓN y ARISTÓTELES en Grecia, y MAQUIAVELO en Italia, hicieron grandes contribuciones a la disciplina, inspirando a personas con gran influencia dedicadas al

---

3   Para mayor información sobre la evolución histórica de la disciplina, ver DELEÓN, P. (1988). *Advice and Consent: The development of the policy sciences*, New York, The Russel Sage Foundation. Varios apartes de este capítulo fueron tomados de dicho texto así como de otros títulos de DELEÓN referenciados en la bibliografía.

conocimiento especializado de las políticas públicas. En la Edad Media, los clérigos de todas las religiones fungieron como consejeros de los diferentes reyes, apareciendo paulatinamente lo que Max Weber llamó *Professional Politicians* (1946).

Finalmente, el período del renacimiento, la ilustración y la revolución industrial, trajeron el mayor cambio a la práctica, pues al mismo tiempo que se daba una revolución tecnológica se daba una revolución en el pensamiento, donde todos los campos del saber se vieron influenciados por el cientificismo, lo que haría que el análisis de políticas públicas diera un nuevo paso hacia su concepción actual.

1.2.1.2 LA TRANSFORMACIÓN DEL SIGLO XIX

Si bien a inicios del siglo XIX las decisiones seguían basándose, en gran medida, en los mitos, rituales y el culto por intentar adivinar el futuro, hacia mediados del siglo XIX se inició un gran cambio en los procedimientos usados para entender la sociedad y sus problemas, reflejándose en el aumento del uso de métodos cuantitativos y la investigación empírica, brindando así un mayor sustento técnico al análisis de las políticas públicas" (Lerner y Lasswell, 1951). En efecto, se trató del momento en que en los Estados Unidos e Inglaterra se dio el desarrollo y la especialización de áreas como la estadística y la demografía, en donde el estudio y el análisis de las políticas públicas fue dotado de mayores herramientas para apoyar la toma "objetiva" de decisiones. Sin duda, se trató de procesos que coincidieron con, y contribuyen a, la transformación de una sociedad mayoritariamente agraria a una sociedad industrial, en la que banqueros, industriales, políticos, sindicalistas y la clase media victoriana promovieron esta evolución en respuesta a la insatisfacción con las formas tradicionales de hacer políticas de impacto público, o en la forma como se daba uso a los recursos y se implementaban mecanismos de control.

1.2.1.3 DEL SIGLO XX HASTA LA ACTUALIDAD

El paso más grande que se da en el siglo XX es la institucionalización de los estudios sociales. En efecto, ya no solo se trataba de un grupo de personas que se dedicaba a profesiones afines a la economía, la sociología, la ciencia política, la historia o el derecho que ocupaban cargos públicos o de asesoría, sino que se empezaban a organizar en grupos de reflexión estratégica como hoy se conocen en los países desarrollados. En este sentido, las guerras mundiales, y en especial la segunda, brindaron el escenario propicio para que los científicos sociales demostraran que sus estudios tenían aplicabilidad resolviendo problemas actuales y reales.

Con la primera guerra mundial y los ajustes de la posguerra, crece la importancia de la resolución de problemas públicos por parte de los profesionales en ciencias sociales. La mayoría de los autores atribuyen la aparición del enfoque de análisis de políticas públicas al crecimiento del intervencionismo del Estado luego de la segunda guerra mundial, al surgimiento del modelo del Estado de bienestar o Estado de providencia encargado de misiones de protección social y de la redistribución de los ingresos. Esta época de fecunda evolución de la actividad estatal también coincide con un desarrollo importante de las ciencias sociales que va a permitir el surgimiento del análisis de políticas públicas. Así, el abordaje interdisciplinario y estratégico del análisis de problemas públicos se vio favorecido por la tecnificación y la búsqueda de nuevos procesos y métodos provenientes de disciplinas como la ingeniería, las matemáticas, la gestión y la psicología, entre otras.

Es realmente en la década de los cincuenta que se origina el análisis de políticas públicas, en Estados Unidos, cuando científicos sociales (politólogos, sociólogos y economistas) se interesaron por el estudio de la acción pública. Este enfoque se originó como una tentativa de utilizar los métodos de investigación de las ciencias sociales, para elaborar "recetas" destinadas a contribuir al buen funcionamiento del gobierno. La cuestión que se plantea es: ¿cómo producir políticas eficaces que correspondan y hagan realidad los objetivos propuestos de la manera más eficiente posible? El movimiento se inició en los Estados Unidos para llegar progresivamente a Europa, a partir de los años 60, en particular a los países escandinavos y Gran Bretaña. En los años 70, la ola se transmitió a Alemania para tener, luego en los 80, una importancia más amplia en el resto de Europa. En el mundo hispano el fenómeno se destaca en los 90, con la traducción al español de libros fundamentales como es el caso de la traducción al castellano del libro de Mény y Thoening, *Politiques Publiques*, en 1992[4].

---

4 Arriba nos referimos al papel limitante que jugó el idioma en el desarrollo de esta disciplina al no existir una expresión que capturara satisfactoriamente el concepto en las lenguas latinas, en las lenguas germánicas y en japonés.

Se consideran como punto de partida del análisis de política pública como disciplina los trabajos de Lerner y Lasswell (1951), Lasswell (1971), Dror (1971) y desde otra dimensión los experimentos realizados en el Ministerio de la Defensa de los Estados Unidos conocidos como PPBS, *Program, Planning and Budgeting System*, programa que se inició en los años 50 bajo los auspicios de la *Rand Corporation*. El primer esfuerzo sistemático para desarrollar una orientación explícita en políticas públicas ocurrió con la publicación de Lasswell (1971), quien estableció las características esenciales de la disciplina: "la ciencia de las Políticas Públicas está orientada en torno de los problemas y es contextual por naturaleza, multidisciplinaria en su enfoque y explícitamente normativa en su perspectiva".

La nueva disciplina de análisis de políticas públicas se elaboró a partir de la confluencia de varios enfoques. El estudio sistemático de políticas públicas empezó dentro de las ciencias sociales, creció a partir del campo de la administración pública que era un sub-campo de las ciencias políticas, y se constituyó en la corriente de *policy sciences*. Las preocupaciones de *policy sciences* eran orientadas hacia una interrogación pragmática: ¿cómo lograr la implementación de las buenas políticas de manera eficaz y eficiente? Se trataba de diseñar una buena metodología para lograr el buen gobierno. El esfuerzo para desarrollar métodos y técnicas de análisis de políticas públicas creció en campos diferentes al de las ciencias políticas: la perspectiva técnica surgió de la ingeniería, la investigación y el análisis de sistemas, las matemáticas aplicadas y la economía aplicada. La idea de análisis empezó a ser asociada con esfuerzos para separar y desagregar problemas en sus componentes fundamentales y buscar alternativas de solución. Desde ese entonces se separó el análisis con propósitos explicativos orientados a aumentar nuestra comprensión, al análisis con propósitos de inspirar una acción con miras a solucionar problemas concretos. El presente *Manual* se acerca más a esta última definición de APP que a la primera, pero retoma de la anterior el valor de la observación pasiva como un insumo necesario y previo a la acción.

La perspectiva normativa (orientada a resolver problemas) y multidisciplinaria de la disciplina de Lasswell (1971), se ha enriquecido de este enfoque micro y analicéntrico, focalizado en la resolución de problemas específicos que proporciona unos procedimientos más sistemáticos para la selección de alternativas de políticas, desde el análisis de la decisión hasta la microeconomía. Con esta perspectiva pragmática, con la que aparece originalmente la disciplina, se va asumiendo una postura cada vez más cognitiva y normativa, para convertirse en una verdadera disciplina de ciencias sociales. Durante las dos últimas décadas, el análisis de políticas públicas se ha ido constituyendo en un campo de estudio cada vez más importante para la ciencia política. Hoy se le considera una de las ciencias sociales más aplicadas, o mejor, con orientación a la aplicación que existe, acercándose en métodos y procedimientos a la ciencia económica e incluso adoptando posiciones epistemológicas de las ciencias naturales, sin ser esa su ambición.

El crecimiento de institutos privados de investigación en ciencias sociales (*think tanks*) como la *Rand Corporation*, que desarrollaron la difusión de estas técnicas de análisis a agencias públicas y a la comunidad académica, la creación de organizaciones académicas de formación de elites políticas, de facultades de ciencias sociales aplicadas, de ONG interesadas en defender ciertos valores, de partidos políticos, de organizaciones sindicales, de asociaciones profesionales de practicantes, así como la profesionalización de agencias de gobierno responsables de la gestión de recursos públicos para dar cuenta de sus logros en el marco de democracias cada vez más exigentes; hacen del siglo XX la época en que el análisis, diseño y evaluación ex–ante de políticas públicas se desarrollaron con mayor rapidez, particularmente en países avanzados[5].

En la primera década del siglo XXI, el reconocimiento de la complejidad de los problemas a los cuales se enfrentan los gobiernos evidencia la necesidad del uso sistemático de herramientas científicas para desarrollar políticas basadas en el Conocimiento adquirido, tanto por la experiencia como por la educación formal y profesional. Este *Manual* es a la vez respuesta y contribución a este proceso. Varios autores han resaltado la necesidad de construir un enfoque latinoamericano del APP, más allá del enfoque norteamericano y europeo, que particularice les diferencias y adapte la disciplina a los problemas latinoamericanos (MULLER, 2006). Aunque el ingreso de la disciplina al subcontinente latinoamericano es reciente, el análisis y la evaluación de las políticas públicas, en la actualidad, es un tema importante de la discusión

---

[5] Para más información sobre la reciente evolución de la disciplina, ver W. DUNN (2004). *Public Policy Analysis: An Introduction.* Cap. 1, (pp. 1-32); G. HERNÁNDEZ (1999). "El análisis de las políticas públicas: una disciplina incipiente en Colombia". *Revista de Estudios Sociales*, n.º 4, Universidad de los Andes de Bogotá, pp. 80-91; C. PATTON y D. SAWICKI (1993). *Basic Methods of Policy Analysis and Planning.* Cap. 2 (pp. 52-66); A-N. ROTH (2004). *Políticas públicas: formulación, implementación y evaluación.* Introducción, pp. 11-16; y PIERRE MULLER (2006). "Al lector", *Las políticas públicas*, pp. 19-28.

pública; por lo que se ha empezado a generar un volumen considerable de datos y publicaciones sobre las políticas públicas en este. Dicha tendencia se explica en parte por la influencia de la medición de impacto y las evaluaciones de proyectos de diversos organismos internacionales y no gubernamentales presentes en el subcontinente, la reforma del Estado y la introducción de principios y procedimientos de la nueva gestión pública. El surgimiento de "observatorios", grupos y centros de investigación por sectores de aplicación explica y da cuenta de esta tendencia

Sin embargo, la disciplina del APP sigue estando casi ausente de los espacios de formación y de reflexión en Hispanoamérica, destinados a utilizar este marco para analizar la actividad gubernamental y para diseñar, implementar y evaluar políticas públicas con base en procedimientos metodológicos estándar. Es decir, la variable Conocimiento de la que antes hemos hablado, no ha entrado a jugar un papel importante en la ecuación de la gestión pública en la región. Adicionalmente, el aumento considerable de datos y análisis relativos a las políticas públicas no se ha acompañado de una reflexión sobre los aspectos epistemológicos, teóricos y metodológicos del APP, buscando cuestionar los postulados de la disciplina no compartidos por la comunidad académica y profesional en la región, y posicionando un enfoque específicamente latinoamericano en el ámbito del APP que adapte el debate y las herramientas a las situaciones latinoamericanas. Si bien este *Manual* no aborda a fondo esta discusión por considerarla meritoria de un esfuerzo distinto y particular, sí reconoce su importancia y busca aportar al debate al ofrecer una "traducción" (en algunos casos hasta literalmente, pero siempre de manera crítica) del tema como es tratado en otros idiomas para así acercar más la disciplina a la región.

1.2.2 EL APP Y LOS PARADIGMAS DE LAS CIENCIAS SOCIALES: PERSPECTIVAS EPISTEMOLÓGICAS

El análisis de políticas públicas se ha nutrido de las teorías fundamentales tanto de las ciencias sociales como de las ciencias naturales, las cuales sirven de referencia para explicar la evolución del análisis de políticas públicas. GUBA (1999) considera que son cuatro los paradigmas que orientan a los investigadores en ciencias sociales: el positivismo, el pospositivismo (o racionalismo crítico), la teoría crítica y el constructivismo (GUBA, 1990). Estos paradigmas se pueden diferenciar según tres elementos principales:

1. La ontología: por la manera como define la naturaleza de la realidad.
2. La epistemológica: por el tipo de relaciones que establece entre el saber y el investigador.
3. Por la metodología utilizada o la manera como se descubre el conocimiento[6].

El Cuadro 1 resume dichas perspectivas:

CUADRO 1: PERSPECTIVA EPISTEMOLÓGICA

Paradigma	Ontología	Epistemología	Metodología
Positivismo	La realidad existe y es regida por leyes de causas y efecto que se pueden conocer	La investigación puede ser libre de valores (objetiva)	Las hipótesis pueden ser comprobadas empíricamente con datos objetivos
Pospositivismo	La realidad existe, pero no puede ser completamente entendida o explicada. Hay una multiplicidad de causas y efectos	La objetividad es un ideal que requiere la existencia de una comunidad científica crítica	Enfoques más cualitativos, pero con predominio de lo cuantitativo
Teoría crítica	La realidad existe, pero no puede ser completamente entendida o explicada. Hay una multiplicidad de causas y efectos	La objetividad es imposible ya que la actividad investigativa siempre será orientada por valores	Eliminación de la falsa conciencia e investigación comprometida con las transformaciones sociales
Constructivismo	La realidad es una construcción social. La realidad es relativa	La actividad investigativa es subjetiva y sus resultados proceden de la interacción entre saberes	Identificación, comparación y descripción de distintas construcciones existentes

Adaptado de ROTH en CUERVO (2007), p. 35.

1. El primer paradigma, el positivismo, es sin duda el más influyente. El positivismo considera que los hechos percibidos son reales y objetivos y pueden ser entendidos mediante la investigación empírica, para descubrir las leyes de la naturaleza y las actividades humanas. En este marco, se considera la ciencia como una serie de reglas y procedimientos que permiten establecer

---

[6] Para ahondar en este tema ver A-N ROTH. "Enfoques y teorías para el análisis de las políticas públicas, cambio de la acción pública y transformaciones del Estado", en J. I. CUERVO (2007), pp. 29-58; A-N ROTH. "Los abordajes teóricos del análisis de políticas públicas: ¿Dónde está América Latina?", en ARROYAVE et ál. (2009); A-N ROTH (2008).

claras relaciones de causalidad, mediante la determinación científica del mejor medio para alcanzar el fin perseguido. Estas consideraciones se encuentran en la base del objetivismo y de la racionalidad instrumental. Desde este paradigma se considera que el investigador puede asumir una posición de objetividad frente a los hechos (*free of value*) y que las hipótesis pueden ser verificadas empíricamente. Esta lógica de investigación corresponde a la mayor parte del desarrollo científico tradicional, incluyendo el análisis de las políticas públicas que nació y se desarrolló principalmente en esta perspectiva positivista. Esta postura que se encuentra en el fundamento de la ciencia moderna, fue cuestionada por los desarrollos epistemológicos del siglo XX, en particular por (POPPER, 1959) y (KUHN, 2004), que dieron paso a una epistemología llamada post positivista.

2. Para el pospositivismo, al igual que para el positivismo, la realidad existe y los hechos que ocurren pueden ser explicados. Pero su posición diverge en cuanto a las posibilidades de acceder a la realidad para ser completamente entendida o explicada. Existe una multiplicidad de causas y efectos que dificulta seriamente la tarea explicativa. Además, resulta imposible separar los hechos de los valores. Los hechos tal como los percibimos son siempre cargados de valores. La objetividad se vuelve un ideal al cual los investigadores intentan acercarse mediante la existencia de una comunidad científica crítica, que trabaja con el propósito de refutar las teorías propuestas por otros pares (POPPER) y proponer explicaciones alternativas (KUHN). En el aspecto metodológico, el post positivismo critica al experimentalismo y prefiere enfoques más mixtos.

3. La teoría crítica, que se conoce también como Escuela de Franckfurt (en particular J. HABERMAS, T. ADORNO y H. MARCUSE), comparte las premisas del positivismo en cuanto a su concepción ontológica, considerando que la realidad existe, pero para esta corriente, definitivamente es de imposible acceso. Por lo tanto, la actividad investigativa está siempre orientada por valores y la búsqueda de objetividad es ilusoria. Metodológicamente, se asume una postura "en valor", mediante la eliminación de la falsa pretensión de ser objetivo, y la adopción de una postura de compromiso para la transformación social. Se considera que la actividad científica es por naturaleza emancipadora y que debe centrarse en develar las nuevas formas y espacios de dominación (teorías subalternas, teoría feminista, teoría radical, teorías de la democracia deliberativa, etc.) para poder combatirlas (FORESTER, 1993; PAPADOPOULOS et ál., 2004).

4. Finalmente, la postura constructivista considera que la realidad es una construcción social, que la realidad objetiva no existe, y que cada individuo puede ver la realidad de forma diferente; así la realidad es relativa. En este contexto, el conocimiento y los investigadores son parte de la misma realidad subjetiva, y los descubrimientos científicos resultan de la interacción entre diferentes saberes (intersubjetividad). La metodología constructivista privilegia los procesos de identificación, comparación y descripción de las distintas construcciones de la realidad existentes (narraciones, historias de vida, hermenéutica y dialéctica). Con esta postura epistemológica, se empezó a hacer énfasis también en la importancia de las ideas del discurso y de la retórica en los procesos sociales y en los procesos de las políticas públicas en particular (MAJONE, 2005; HOOD, 2003).

Si bien existen rasgos distintivos entre los analistas de política pública, de acuerdo con la visión del mundo que se tenga, los autores consideran que no hay uno que sea particularmente útil, inequívoco. Reconocer estas diferencias es avanzar en la comprensión de los fenómenos que subyacen a los procesos que siguen las políticas públicas mismas y, sobre todo, en la forma como el analista lo aborda e interpreta. En este sentido, y como se verá en muchos casos más adelante, en la diversidad está la riqueza del ejercicio.

Esta breve síntesis de las posturas epistemológicas básicas constituye un punto de referencia transversal útil para entender y ubicar las diferentes concepciones existentes en las distintas teorías del proceso de políticas públicas. Veamos algunas de las versiones ofrecidas en torno a dichos procesos.

2. EL PROCESO DE LAS POLÍTICAS PÚBLICAS

Como ya dijimos, el análisis y diseño de políticas públicas implica el ejercicio juicioso de entender los problemas con el propósito último de ofrecer soluciones. Dijimos también, que para hacer bien este trabajo el analista debía conocer tanto los procesos de las políticas públicas como las herramientas técnicas que posibiliten la toma de decisiones, orientadas a lograr resultados de impacto positivo en la sociedad. El presente capítulo busca contribuir al primer objetivo: comprender el proceso, características, dinámicas, determinantes, etc. de las políticas públicas. En la segunda parte del *Manual* ahondaremos en las herramientas. Creemos que la discusión que ofrecemos a continuación es útil para formar a los analistas y diseñadores de políticas públicas, pues finalmente son estas su objeto principal de estudio, y se debe saber qué son, de dónde vienen, qué las explica, etc.

Antes de pasar revista a las teorías propuestas sobre la materia, creemos importante referirnos al variado número de modelos conceptuales ofrecidos en torno a los procesos de toma de decisiones, pues es sobre ellos que se sustenta la mayoría de las teorías existentes.

2.1 MODELOS REPRESENTATIVOS DE LA TOMA DE DECISIONES DE POLÍTICA PÚBLICA

Los modelos de tomas de decisiones hacen relación a las representaciones abstractas diseñadas con base en algunos casos en metáforas o ejemplificaciones de los fenómenos que inciden en dicho proceso. Aunque dichos modelos fueron en su mayoría elaborados en el área de estudios de la psicología, hoy son ampliamente aceptados en la ciencia política y en la ciencia administrativa para dar cuenta de la forma como los hacedores de políticas públicas deciden. Entre estos, se encuentran el de racionalidad comprehensiva (ARROW, 1951), racionalidad limitada (SIMON, 1976; JONES, 1999), incrementalismo desarticulado (DROR, 1983; LINDBLOM, 1995), el modelo de la búsqueda mixta (ETZIONI, 1967), el de racionalidad erotética (ALBERT, 1977; RESCHER, 1980) y el de la "Caneca de Basura" (COHEN, MARCH et ál., 1972). A continuación se describe brevemente cada uno.

2.1.1 RACIONALIDAD COMPRENSIVA (*COMPREHENSIVE RATIONALITY*)

El modelo de *Comprehensive Rationality* o también llamado de racionalidad económica, se basa en la teoría del *homo economicus* en la cual se asume que el tomador de decisiones es un individuo bien informado que mide, de manera racional y calculada, los costos y beneficios de todas las alternativas disponibles y toma acciones de acuerdo con el uso eficiente de los recursos. La eficiencia es el punto central de este modelo. Así, cuanto mayor sea la eficiencia neta (beneficios menos costos) de una alternativa, más probable es su elección. Este modelo ilustra la toma de decisiones tanto para llevar a cabo el diseño de una nueva política pública como para realizar un cambio en la ya diseñada.

En el marco de este modelo, el tomador de decisiones procede de la siguiente manera:

1. Identifica un problema de política pública donde haya suficiente consenso entre los principales actores.

2. Especifica y clasifica las metas y objetivos cuyo logro constituiría una resolución del problema.

3. Identifica las alternativas que mejor puedan contribuir al logro de cada meta y objetivo.

4. Prevé las consecuencias que resultan de la selección de cada alternativa.

5. Compara estas consecuencias en términos de su impacto en el logro de cada meta y objetivo.

6. Elige la alternativa que maximiza el logro de las metas y objetivos.

7. O, en el caso de las políticas públicas diseñadas, hace los cambios necesarios de acuerdo con la elección hecha.

Este modelo implica que los tomadores de decisión pueden analizar todos los aspectos de un problema, identificar todo el espectro de las soluciones posibles, evaluar las consecuencias futuras de estas en términos de ganancias y de pérdidas, definir unas preferencias estables, explícitas y claras y jerarquizarlas basándose en criterios objetivos para deducir de ellas unos objetivos y, finalmente, escoger una solución que maximiza la utilidad colectiva.

2.1.2 RACIONALIDAD LIMITADA (*BOUNDED RATIONALITY*)

Según este modelo, y contrario al anterior, las decisiones están más ligadas a circunstancias prácticas del mundo de las políticas públicas que a un escenario deseado. De esta manera, se reconocen los límites a los que en la práctica se ven enfrentados aquellos que pretenden hacer un trabajo exhaustivo, tal cual lo predica el modelo de la racionalidad económica o comprehensiva. En este sentido se introduce el concepto de "desempeño satisfactorio y suficiente", en el cual el tomador de decisiones no considera todas las alternativas existentes con las cuales se podría obtener la mayor maximización de beneficios, sino que solo considera las alternativas más evidentes con las cuales puede obtener una maximización razonable de beneficios. Así, este modelo tiene en cuenta los costos y beneficios de buscar un número "ilimitado" de alternativas, y reconoce que ello da cuenta de un ejercicio irreal, además de desgastante e improductivo. En este sentido, en la práctica, en democracia, las políticas públicas implementadas nunca resultan de decisiones basadas en una racionalidad absoluta, sino en una de segundo orden (*Second Best Rationallity*) (Lipsey y Lancaster, 1957).

Adicionalmente, la principal crítica al modelo racional de toma de decisiones está basada en "el teorema de la imposibilidad de Arrow" (Arrow, 1951; Schneider y Ingram, 1997), el cual afirma que es imposible para un tomador de decisiones, en una sociedad democrática, llevar a cabo los requerimientos del modelo racional, puesto que las elecciones racionales individuales no pueden ser sumadas para crear una única elección racional colectiva.

Esto se explica por la existencia de las preferencias transitivas individuales: ante un grupo de alternativas A, B, C cada individuo es capaz de definir cuál es su primera, su segunda y su tercera opción. De esta manera, se puede obtener una preferencia transitiva dado que si un individuo prefiere A que B y B que C, entonces se puede decir que este individuo prefiere A que C. Sin embargo, cuando se trata de sumar las preferencias de varios individuos, el resultado de dicha suma no arroja una clasificación consistente de las alternativas y, por lo tanto, no permite obtener una alternativa ganadora (Ver supra, 5,2: 4.a., páginas 150-151).

Así, supongamos que en Bogotá se quiere llevar a cabo una política pública de transporte. Para tomar una decisión se crea un comité de tres miembros, cada miembro representa a un grupo de interés. Se les pide manifestar sus preferencias entre tres alternativas: A = metro, B = tranvía y C = un sistema integrado de buses. Supongamos que al finalizar la consulta los resultados obtenidos fueron los siguientes:

– El primer miembro, cuya principal preocupación, dice, es la "eficiencia" y la "protección del medio ambiente", prefiere metro que tranvía y prefiere el tranvía que el sistema integrado de buses.

– El segundo miembro cuya principal preocupación, dice, es la "estética" de la ciudad, prefiere el tranvía al sistema integrado de buses, y prefiere el sistema integrado de buses que el metro.

– El tercer miembro, cuya principal preocupación, dice, es la "protección del empleo", prefiere el sistema integrado de buses que el metro y prefiere el metro que el tranvía.

De esta manera, cuando se trata de obtener la alternativa ganadora mediante la suma de preferencias, se obtiene que:

– 2 de los miembros prefieren el metro que el tranvía.
– 2 de los miembros prefieren el tranvía al sistema integrado de buses.
– 2 de los miembros prefieren el sistema integrado de buses al metro.

Con los resultados anteriores es imposible aplicar la regla de la transitividad, lo que demuestra que las decisiones colectivas son cíclicas y no transitivas y, por lo tanto, no es posible lograr decisiones colectivas que sean transitivas mediante instrumentos democráticos (regla de la mayoría).

2.1.3 INCREMENTALISMO DESARTICULADO (*DISJOINTED INCREMENTALISM*)

Al igual que el anterior, este modelo parte de la convicción de que una decisión rara vez resulta del proceso descrito por el modelo de la racionalidad económica o comprehensiva. Contrario al resultado radical que se desprende de la aplicación del modelo comprehensivo, este afirma que la decisión se da dentro de las fronteras del *status quo* y, en consecuencia, se encuentra supeditada a él. Así el comportamiento en un momento t es diferente al comportamiento en un momento t + 1 y no se aparta de lo establecido en el momento t. De acuerdo con este modelo, la decisión ocurre cuando los hacedores de política pública:

– Consideran las alternativas que difieren incrementalmente (en pequeñas proporciones) con el *status quo*.

– Limitan la estimación de las consecuencias previstas al número de alternativas consideradas.

– Hacen ajustes recurrentes de, por un lado, las metas y los objetivos y, por el otro, las alternativas.

– Reformulan los problemas y las alternativas mientras se obtiene nueva información.

– Analizan y evalúan las alternativas constantemente para que las decisiones sean remediadas a tiempo y no justo antes de su implementación.

En efecto, se trata de un modelo que da cuenta del carácter relativamente conservador de los tomadores de decisiones de políticas públicas que se ciñen a él, pues:

– Prefieren remediar constantemente los problemas pre-existentes para no tener que resolverlos por completo en un solo momento.

– En ocasiones comparten responsabilidades para el análisis y la evaluación con diferentes grupos de la sociedad para que así el proceso de toma de decisiones sea fragmentado.

– Hacen cambios en las políticas de manera incremental y remedial, actuando de acuerdo con las decisiones tomadas en el pasado.

2.1.4 BÚSQUEDA MIXTA (*MIXED SCANNING*)

El modelo de *mixed scanning* reconoce que hay diferencias entre los variados tipos de decisiones. Mientras que unas son de tipo operacional, del día tras día, otras son de tipo estratégico. Estas difieren en complejidad, profundidad e importancia. Según este modelo, el tipo de decisión depende del tipo de problema. Así, el modelo mezcla elementos de los modelos racional e incremental, pero su particular combinación depende de la naturaleza del problema. Cuanto más estratégico sea el problema en su naturaleza, el modelo de *comprehensive economic rationality* será más apropiado, y cuanto más operacionales sean los problemas, más apropiado será el modelo incremental. Más adelante nos referiremos a los tipos de problema y a los variados énfasis tanto en su componente político como en su componente técnico, lo que también incide en las preferencias del decisor a la hora de abordarlo.

2.1.5 RACIONALIDAD EROTÉTICA (*EROTETIC RATIONALITY*)

Este modelo hace referencia al rol que desempeña la "ignorancia aparente" como fundamento del proceso que desencadena en una decisión ("la ignorancia es la condición *sine qua non* de la racionalidad" (ALBERT, 1977). En este sentido, la decisión resulta del ejercicio inductivo de indagar y responder sobre lo desconocido. En efecto, en muchos de los casos, los tomadores de decisiones no conocen la relación causal entre los problemas, las políticas, los resultados y los valores u objetivos hacia los cuales deben estar encaminados los esfuerzos. Es decir, la decisión resulta como un producto del aprendizaje; en algunos casos como un experimento.

2.1.6 "CANECA DE BASURA" (*GARBAGE CAN*)

Este modelo hace énfasis en la situación de incertidumbre y la complejidad de los juegos de actores. Los procesos de decisión se parecen a una "caneca de basuras" en la cual, sin orden aparente, se encuentran actividades, procedimientos, reglas formales e informales, estrategias, problemas y soluciones (ROTH, 2004; MULLER, 2006). Para que se tome una decisión, es necesario que exista un encadenamiento entre un problema, una ocasión o una oportunidad de una elección, unos actores y una solución. Las decisiones son más el producto de un encuentro casual entre los problemas y las soluciones que de una lógica de acción y dirección premeditada. En este modelo, la coincidencia temporal de problemas y soluciones es el factor más importante para explicar la toma de decisiones y la pertinencia de la solución al problema es un asunto prácticamente fortuito. Los procesos de decisión son erráticos e imprevisibles de modo que los encadenamientos pueden provocar que pocas veces las decisiones puedan estar conectadas a problemas precisos, que la decisión no responde al problema porque esta ha cambiado o desaparecido o que no se toma ninguna decisión. En este modelo, los actores cambian sus percepciones de los problemas para justificar ex-post sus acciones y existen muy pocas reglas que estructuran el proceso de decisión y obligan el comportamiento de los actores. De tiempo en tiempo, cambios en la disposición de los elementos permiten nuevas configuraciones que logran describir o crear oportunidades de decisiones y de soluciones.

El lector reconocerá en estos modelos fortalezas y debilidades frente a lo que se observa en la práctica. Compartimos la visión de que todos contribuyan a entender el fenómeno y que ninguno lo hace de manera exclusiva. En efecto, en esto radica la complejidad del objeto de estudio, pues las circunstancias, en ámbitos democráticos, siempre son cambiantes.

Pasemos ahora revista a las diferentes teorías ofrecidas para explicar los procesos y ciclos que sufren las políticas públicas. El lector podrá reconocer en ellas los modelos de toma de decisiones y los modelos de individuo en que estas están inspiradas y los paradigmas teóricos y epistemológicos de las ciencias sociales sobre los cuales se sustentan.

2.2 TEORÍAS SOBRE EL PROCESO QUE SIGUEN LAS POLÍTICAS PÚBLICAS

En la literatura se identifican varias teorías que pretenden explicar partes del proceso que siguen las políticas públicas. De una manera u otra, estas se basan en, y a veces resultan del rechazo a, los modelos sobre la toma de decisiones que acabamos de abordar. Se pueden agrupar en las teorías basadas en el modelo racional (i.e. teoría de la elección racional, Escuela del *Public Choice*, teoría basada en *Welfare Economics*, y el modelo secuencial); las teorías centradas en el análisis del poder, las cuales consideran las políticas públicas como reflejo de los intereses de los grupos dominantes (i.e. corrientes marxistas, pluralismo y corporativismo); las teorías basadas en el análisis de estructuras institucionales (i.e. estatismo y triángulos de hierro) y neo-institucionales (i.e. neo-institucionalismo histórico, neo-institucionalismo sociológico y neo-institucionalismo económico), las cuales presentan a las políticas públicas como el resultado de arreglos institucionales; las teorías centradas en el análisis de la configuraciones de los actores (i.e. teoría de redes); y las teorías derivadas de los enfoques cognitivo y constructivista (i.e. teoría de las coaliciones de abogacía y la teoría de los equilibrios puntuales), incluido el enfoque narrativo o deliberativo.

2.2.1 TEORÍAS BASADAS EN EL MODELO RACIONAL

2.2.1.1 TEORÍA DE LA ELECCIÓN RACIONAL, ESCUELA DEL *PUBLIC CHOICE* Y *WELFARE ECONOMICS*

En el modelo racional, las políticas públicas constituyen respuestas a las demandas sociales transmitidas al Estado y son analizadas en una perspectiva de optimización de las decisiones colectivas. La unidad de análisis es el tomador de decisiones considerado de manera individual. Dentro de esta corriente, se ubica la teoría de la elección racional que considera las políticas públicas bajo el ángulo de un problema de acción colectiva, y utiliza el individualismo metodológico, que afirma que los tomadores de decisión son seres racionales y capaces de ordenar sus preferencias para explicar las decisiones de políticas públicas.

Como parte del enfoque racional, también se encuentra la Escuela del *Public Choice*, que busca aplicar la teoría económica para la comprensión de la política. La Escuela del *Public Choice* está conformada por la teoría de la elección racional y los postulados de la economía neoclásica (*homo economicus*). Este enfoque observa principalmente la conducta de los individuos que constituyen su principal unidad de análisis y asume que los actores actúan racionalmente con el objeto de satisfacer sus intereses personales y de maximizar sus utilidades. El proceso de producción de las políticas se analiza como una interacción entre ciudadanos interesados en la mayor cantidad de bienes públicos al menor costo posible (impuestos). Se considera que la competencia entre individuos o grupos aumenta la eficiencia de las políticas públicas.

El enfoque de "*Welfare Economics*" (HERNÁNDEZ, 1999), al igual que el anterior, es inspirado en la economía (SAMUELSON, 1947; ARROW, 1951;

FIELDMAN, 2008). Descendiente de los trabajos de MILL y de BENTHAM, este enfoque, cuyos principios fueron establecidos por PIGOU (1932) reside en la aplicación de los postulados del *welfare economics*, para mejorar la racionalidad y la eficiencia del proceso de producción de las políticas públicas. Parte del supuesto que los individuos son los que toman la mayor parte de las decisiones públicas a través de los mecanismos del mercado, pero admiten la intervención del Estado cuando esos mecanismos de mercado no pueden garantizar una distribución eficiente de los recursos. Por lo tanto, la función del gobierno consiste en analizar las necesidades sociales y en la medida que dichas demandas se originen en una falla del mercado, produce una política pública que permita resolver el problema. La cuestión esencial en este enfoque es cómo determinar la manera más eficiente de hacerlo. El método más utilizado es el análisis costo-beneficio, escogiendo finalmente la alternativa óptima en el sentido de Pareto[7].

Este enfoque presenta limitaciones en cuanto a las dificultades existentes para agregar y cuantificar los costos y beneficios sociales de una política que debe permitir la toma de decisión. Otro problema importante es que se basa en el postulado que los gobiernos producen sus políticas siguiendo un procedimiento técnico de análisis y evaluación de las necesidades sociales y los beneficios esperados de las acciones públicas. No permite tener en cuenta los factores políticos, tales como factores institucionales o presiones sobre los actores que influyen en el proceso de políticas públicas.

2.2.1.2 EL MODELO SECUENCIAL

Dentro del enfoque racional, se encuentra el modelo secuencial (LASSWELL) o el modelo del ciclo de políticas públicas (ANDERSON, 2003), el cual ha sido el más influyente y el modelo más comprensivo que se ha propuesto en el estudio de las políticas públicas. Se trata de una representación lineal-racional que presenta las políticas públicas como el resultado de una secuencia lógica que va desde la identificación de

---

[7] Según este principio, una acción pública debe realizarse solo si permite mejorar la situación de una persona sin desmejorar la de otras. Debido a la dificultad de alcanzar este propósito, generalmente se utiliza el criterio de KALDOR: debe adoptarse la política que permita aumentar el nivel general de beneficios sociales.

un problema público, pasando por su inclusión en la agenda pública, su implementación y su evaluación, modificación o terminación. Este modelo ha sido representado de muchas maneras, con más o menos etapas, dentro de un ciclo, pero respondiendo a los mismos principios. Para los propósitos de este libro, nos referimos al ciclo de las políticas públicas como el proceso compuesto por ocho etapas a saber, la identificación del problema, la inclusión de este en la agenda política, la identificación de alternativas, la negociación política, la selección de la mejor alternativa, la implementación de la política escogida, la evaluación y la reforma o terminación de la misma (ver Gráfico 1).

GRÁFICO 1: CICLO DE LAS POLÍTICAS PÚBLICAS

1. Identificación del problema
2. Inclusión dentro de la agenda política
3. Identificación de alternativas
4. Negociación política
5. Selección de la "mejor" alternativa
6. Implementación de la política escogida
7. Evaluación
8. Reforma o terminación

Elaborado por los autores

Son muchos los autores que han criticado el modelo secuencial (SABATIER, 1999). Las principales críticas se pueden resumir en los tres siguientes puntos:

– La falta de capacidad explicativa en cuanto a la complejidad del proceso de decisión. Según esta línea de crítica, la visión secuencial presenta un procedimiento lineal y sistemático del proceso de decisión que no corresponde a la descripción de lo que ocurre en la realidad. Asume que las diferentes funciones se realizan siguiendo un orden estricto cuando, por lo general, se saltan unas fases o se invierten o combinan las etapas.

– El sesgo *top-down* de la perspectiva secuencial. Se puede considerar que la perspectiva de las etapas sufre de un sesgo muy legalista y *top down* (arriba hacia abajo) que se focaliza en la toma de decisiones por parte de unos actores, y en la implementación de las decisiones tomadas arriba. El enfoque puede resultar en una simplificación problemática de un proceso que involucra, por lo general a múltiples ciclos, varias propuestas de políticas públicas y varios actores involucrados, varios niveles de gobierno y otras instancias.

– La exclusión de la influencia del contexto sobre el proceso de decisión. Se puede resaltar que el enfoque secuencial, tal como los otros enfoques fundamentados en el modelo racional, no tiene en cuenta el impacto de la naturaleza del sistema político, y de las organizaciones institucionales sobre el proceso de decisión. Además, no da cuenta de la relación del tomador de decisión con las circunstancias de su entorno, sus intereses o creencias, los juegos de poder e influencias de los demás actores involucrados. Este modelo tiende a ubicar al tomador de decisiones fuera del contexto socio-político que influye sobre sus decisiones.

A pesar de las críticas mencionadas, hasta el momento los intentos por proponer otros modelos no han logrado ofrecer un marco de análisis más conveniente y convincente que el enfoque de etapas. Presentada como teoría *per se*, la perspectiva secuencial es en realidad un modelo, una representación simplificada de la realidad, un instrumento para observar y analizar el proceso de análisis de políticas públicas. Constituye una herramienta pedagógica y heurística muy útil y una excelente puerta de entrada para el análisis de políticas públicas debido a su flexibilidad y adaptabilidad. Se trata de un instrumento no excluyente, cuyo diseño acepta que se le superpongan otras teorías, las cuales se pueden añadir en cada etapa del proceso que representa una función o subsistema. Por las razones mencionadas, es pertinente y justificable utilizar el enfoque como un instrumento de investigación, como una guía metodológica, teniendo en cuenta los límites propios a la misma naturaleza del modelo.

2.2.2 TEORÍAS BASADAS EN EL ANÁLISIS DEL PODER

Los modelos centrados en el análisis del poder se enfocan en la distribución del poder entre los diferentes grupos de interés, y la manera como estos determinan el proceso de producción de las políticas. Según estos modelos, el proceso de las políticas públicas corresponde al resultado de la lucha por los intereses de las clases dominantes (para las corrientes marxistas) o de los diferentes grupos de interés (según el pluralismo o corporativismo) que conforman la sociedad. Estos enfoques se basan en la observación de grupos y no de individuos como unidad de análisis.

Para los modelos basados en las corrientes marxistas y neo-marxistas, las políticas públicas resultan de la dominación de los intereses de la clase dominante (Ossowski, 1963; Jessop, 1991). El Estado se encuentra monopolizado por una determinada clase social o por grupos específicos (*Polity*), según la sociología de las elites y de las organizaciones; basándose en las teorías de clase (neo-marxismo) y en el principio materialista, se considera que las políticas públicas corresponden a los intereses principalmente económicos de estos grupos dominantes. Así, los trabajos neo-marxistas (Castells y Godard, 1974; Habermas, 1978) demuestran cómo las políticas públicas particulares favorecen los intereses del capital. El problema principal de estas corrientes radica en su naturaleza ideológica, en el determinismo económico que plantea, y en su incapacidad para explicar los factores causales y el proceso de formación de las políticas públicas, enfocándose exclusivamente en el análisis de los resultados de la acción pública a beneficio de la clase dominante.

Pluralismo y corporativismo: según el pluralismo, que supone la primacía de los grupos de interés en el proceso político, las políticas públicas son percibidas como el resultado de un proceso de competencia y colaboración entre los grupos, en el cual estos intentan aumentar los beneficios de sus miembros (Truman, 1964; Dahl, 1967)[8]. En este contexto, el papel del gobierno es el de una arena de competencia o un árbitro. Algunas de las limitaciones de este enfoque consisten en que se opera una homogenización problemática de los grupos, se asume que los

---

8 El pluralismo fue durante largo tiempo la orientación dominante en la ciencia política en los Estados Unidos. Se considera por lo general que Bentley fue quien estableció los principios fundadores de este enfoque. Ver A. Bentley (1908). Chicago, Chicago University.

diferentes actores públicos no tienen preferencias propias y se pasan por alto los vínculos entre ciertos grupos. Debido al hecho que el pluralismo es difícilmente aplicable a países diferentes de los Estados Unidos, a causa de la ausencia de grupos de interés de esta naturaleza, en Europa fue desarrollado otro enfoque similar, denominado corporativismo (BERTRAND y MULLER, 1987; SCHIMTTER, 1997)[9]. A diferencia del pluralismo, en el modelo corporativista el sistema de intermediación de intereses está organizado en grupos limitados que fueron creados o autorizados por el Estado. Existe una relación de dependencia de estos grupos frente al Estado, que resulta en el control de este sobre la producción de políticas públicas. Así, el proceso de producción de políticas públicas es el resultado de la interacción entre el Estado y los grupos de interés reconocidos por el mismo. Uno de los problemas importantes de este enfoque radica en que describe los sistemas políticos en términos globales, sin detenerse a observar la actividad del gobierno.

Frente a estas críticas sobre la excesiva importancia otorgada al papel de los grupos dominantes o grupos de interés y al descuido de otros factores, las teorías han evolucionado y re-descubierto el papel de las instituciones en un primer momento y luego el rol de las ideas en el proceso de las políticas públicas, lo que ha permitido ampliar considerablemente el espectro de referentes pertinentes.

2.2.3 INSTITUCIONALISMO Y NEO INSTITUCIONALISMO

Este enfoque se edifica sobre las críticas de los anteriores y tiene como principal unidad de análisis las organizaciones o las instituciones sociales o políticas. Se resaltan los factores institucionales o estructurales que influyen sobre el proceso de las políticas públicas.

---

[9] El enfoque corporativista se centra en la distribución del poder y en las interacciones entre actores a través de la representación y de la organización de grupos de interés sectoriales o categoriales que surgen y se integran al proceso de decisión pública cuando las instancias tradicionales de regulación política no cumplen su papel tradicional de representación, formando así un nuevo sistema de representación. Para un acercamiento sobre el caso de América Latina referirse a J. MALLOY. (1993). "Statecraft, Social Policy and Governance in Latin America", vol. 6, n.º 2, pp. 220-274.

2.2.3.1 FACTORES INSTITUCIONALES (INSTITUCIONES POLÍTICAS)

En un primer momento, se han desarrollado modelos centrados en la naturaleza del régimen de gobierno, también denominado estatismo (Netl, 1968). El Estado, considerado como la institución fundamental, es percibido como un actor independiente, capaz de concebir sus propios objetivos (Skocpol et ál., 1985). En estos modelos, la organización del sistema político (*politics*) es la variable explicativa, es la que determina las políticas públicas producidas. En este contexto, las diferencias entre las políticas públicas de los diferentes estados se explican por las características distintas de los Estados o sistemas políticos (Krasner, 1984).

En el marco de estos enfoques, haciendo énfasis en las instituciones políticas como factores determinantes de las políticas públicas, es importante mencionar la teoría de los "Triángulos de hierro"[10], según la cual el gobierno está compuesto por sub-gobiernos integrados por triángulos de hierro (el poder ejecutivo, la comisión parlamentaria y los grupos de interés), entre los cuales existen relaciones estables y estrechas. Las políticas públicas resultan de la negociación y el consenso al interior del triángulo para evitar la introducción de nuevos grupos dentro del mismo (Ripley y Franklin, 1975; Adams, 1981; deHaven-Smith y Van Horn, 1984; Heclo, 1995; Browne, 1998).

2.2.3.2 FACTORES NEO-INSTITUCIONALES (INSTITUCIONES SOCIALES)

El enfoque institucional del llamado neoinstitucionalismo[11], inicialmente propuesto por March y Oslen (1984; 1989), se centra en el estudio del papel de las instituciones, pero pretende superar la definición de institución como

---

10   El término "triángulo de hierro" surgió a finales de los cincuenta para señalar una fuerte cooperación entre grupos de interés específicos, el servicio civil que trabaja en áreas de política específicas y especialistas parlamentarios. El concepto de triángulos de hierro, al igual que el de subgobiernos, enfatiza las relaciones íntimas entre comités del Congreso, representantes de los grupos de presión y partes del servicio civil. Los triángulos de hierro subrayan la naturaleza herméticamente organizada y estable de las relaciones entre los actores.

11   El modelo neoinstitucionalista se centra en el análisis comparativo de las instituciones políticas para evaluar su influencia sobre las trayectorias de los sistemas políticos en cuestión a largo plazo.

entes político-administrativos. La definición que se propone no se limita a las estructuras formales, se deben incluir no solo las reglas y procedimientos, los dispositivos de decisión, la forma de organización sino también las rutinas, las creencias, culturas, roles, símbolos y saberes, operando una ampliación considerable del concepto de institución.

Se pueden destacar varias tendencias en el marco del enfoque neo institucional. El neo institucionalismo histórico (STEINMO et ál., 1992; PIERSON, 1993;) se centra en la importancia de la historia y del pasado para explicar la actividad gubernamental. Se considera el desarrollo institucional como el resultado de una "dependencia del sendero" (*Path dependence*) (COLLIER y COLLIER, 1991)[12], haciendo énfasis en la herencia institucional y política sobre la acción pública que determina un camino específico. De esta corriente parte lo que se conoce como el incrementalismo al que ya nos referimos arriba.

El neo institucionalismo sociológico (MARCH y OLSEN, 1989; POWELL y DIMAGGIO, 1991) destaca la importancia de los factores culturales, de los roles, rutinas y símbolos en el proceso de análisis de políticas públicas. Dentro de esta corriente se puede ubicar la teoría de corrientes múltiples (*Multiple Streams*) también conocida como convergencia crítica (*Critical Convergence*), que fue desarrollada por KINGDON y está inspirada en el modelo de la "caneca de basura" discutido arriba (COHEN, MARCH et ál., 1972). Aquí se hace especial énfasis en la complejidad del proceso que siguen las políticas públicas, en el cual intervienen múltiples problemas, múltiples soluciones, múltiples actores e intereses para llegar a resolver un problema. En el contexto de las políticas públicas, afectados, expertos y grupos de interés interactúan en el tiempo para establecer agendas y formular políticas. Su éxito, sin embargo, depende de los momentos críticos en los cuales las tres principales afluentes (problemas, políticas públicas y ambiente político) convergen, abriéndose así "ventanas de oportunidad". La tesis principal de esta teoría es que el *policy change* ocurre en estos momentos de convergencia (los problemas han alcanzado el estatus de problema público, hay expertia y recursos adecuados, y hay voluntad política) (KINGDON, 2003). El reconocimiento de estos momentos es uno de los principales objetivos de los analistas de políticas públicas (*policy entrepreneurs*) (MINTROM, 1997).

---

12   Este término, elaborado por economistas para explicar la dinámica acumulativa de los rendimientos crecientes, ha sido adoptado por ciertos politólogos para explicar cómo la trayectoria y el pasado de una institución determina su orientación futura.

La definición de política pública que ofrecimos arriba podría tomarse como una derivación de esta teoría. Sin embargo, se diferencia no solo en que la nuestra hace énfasis en el conocimiento disponible, la voluntad política y los recursos disponibles, en donde las políticas públicas resultan cuando estas tres condiciones se juntan en el tiempo (a manera de tres corrientes distintas), sino que, más importante aún, asume que los problemas, dado su carácter subjetivo, son una condición necesaria más no suficiente para explicar la existencia de políticas públicas. Este es el caso de los escenarios bastante frecuentes en que las soluciones buscan a los problemas y no al contrario como "racionalmente" se esperaría. Creemos que los problemas públicos involucran tanto elementos fácticos importantes ("evidencias") como artificios o constructos intelectuales que varían y son utilizados de manera inteligente para sustentar una acción sobre ellos. En efecto, nos referimos aquí a la variable Conocimiento que juega un papel determinante en explicar la decisión tomada.

El neo institucionalismo económico (OSTROSM, 1990; OSTROM, 1993; RIKER, 1993; SHEPSLE y BONCHEK, 1997) combina el neoinstitucionalismo y la perspectiva de *Racional Choice* o elección racional, para explicar la actividad gubernamental combinando dos variables: 1) la suposición según la cual los actores tienen un conjunto de preferencias, se comportan de manera instrumental y lo hacen en una forma estratégica con el fin de maximizar sus preferencias (según los postulados de la elección racional), y 2) el efecto de las estructuras y los procedimientos sobre el comportamiento de los actores (característico de la perspectiva del institucionalismo). Según este enfoque, la producción de política pública está determinada por las instituciones, las cuales moldean la interpretación de los problemas y las alternativas de solución disponibles por parte de los actores. Si bien los actores intentan realizar sus objetivos, lo hacen dentro del marco de un conjunto de reglas formales e informales que determinan los objetivos y las posibilidades de lograrlos. Aunque esta teoría permite observar un conjunto de variables, la falta de claridad y precisión para explicar las causas de una decisión puede resultar problemática.

Finalmente, se puede mencionar el análisis y desarrollo institucional (*Institucional Analysis and Development*) propuesto por OSTROM como una aplicación específica de esta corriente. El marco elaborado por OSTROM pone en su centro una "arena de acción" en la cual se interrelacionan "actores" individuales y colectivos, en una "situación" que corresponde al arreglo institucional específico operante para la políticas públicas. En un primer momento, el análisis de estas interrelaciones, desde la perspectiva de la elección racional, permite explicar las características de unas políticas públicas (*the resulting outcome*). En un segundo momento, se trata de entender los factores que influyen sobre la estructuración misma del área de acción, para ello, el marco considera tres tipos de factores: las reglas utilizadas por los participantes para ordenar sus relaciones (*rules-in-us*), las características materiales y físicas del contexto pertinente (estado del mundo) y las características culturales propias de la comunidad (*attributes of community*). En este marco teórico, los factores de cambio son factores institucionales, las condiciones materiales, los atributos de la comunidad y las reglas.

2.2.4 LOS MODELOS CENTRADOS EN EL ANÁLISIS DE ACTORES RELEVANTES

Para los modelos centrados en el análisis de actores relevantes, las políticas públicas no resultan de cálculos racionales de los agentes públicos, ni son exclusivamente respuestas a demandas sociales, ni son el reflejo directo de la distribución de poder entre los grupos dominantes, y no son consideradas como la consecuencia del sistema institucional. Este enfoque se centra en las interacciones entre actores que estructuran y modelan los procesos de decisión.

Dentro de este marco centrado en las configuraciones de actores, se ha desarrollado el enfoque basado en la teoría de redes (*network theory*). Una red se define como un conjunto de relaciones de un tipo específico entre un conjunto de actores. Esta concepción carece de las críticas sobre la visión del proceso de políticas públicas como jerárquico, instrumental y formalista, abre el medio decisional central a unos actores exteriores y permite identificar nuevas configuraciones de actores influyentes. Las políticas públicas se conciben como el resultado de interrelaciones e interdependencias entre varios integrantes de una red. En esta concepción de análisis tienen mayor importancia las relaciones entre actores que sus características o atributos.

Se ha desarrollado una gran variedad de modelos de interacción entre los actores de los sub-sistemas involucrados en las distintas fases del proceso de políticas públicas (JORDAN, 1981; BÖRZEL, 1988; THATCHER, 1988; JORDAN, 1990), entre los cuales están el enfoque de redes de cuestión o controversia (*Issues network*) (HECLO, 1994), el de las redes de políticas públicas (*Policy*

Network) y el de la comunidad de política pública (*Policy Community*). Una primera concepción desarrollada por HECLO denominada *Issue Network* o red de cuestión o de controversia, considera que las redes se conforman en torno a las cuestiones o controversias (*issues*), y no necesariamente con base en sectores o dominios de políticas (*policy sectors*). Se considera que las redes incluyen un gran número de actores, que son muy flexibles y cambiantes y que se forman relaciones informales, inestables, descentralizadas y horizontales entre los integrantes. A partir de la interpretación de HECLO, se condujeron varios estudios destinados a identificar una gran variedad de subsistemas con características alternativas.

Otra concepción desarrollada por varios autores considera que las redes de política o *Policy Network* (VAN WAARDEN, 1992) son mecanismos de movilización de recursos políticos en situaciones en las cuales la capacidad para tomar decisiones es ampliamente distribuida o dispersa entre distintos actores. Según este enfoque, una red está conformada por un núcleo relativamente estable de actores públicos y de organizaciones privadas, son estructuras híbridas de colaboración, enlace y apoyo a la actividad gubernamental. La mayoría de las concepciones existentes construyeron el *policy network* como esencialmente basado en los intereses, es decir, que se asume que los participantes están involucrados en estas redes para mejorar su propio interés. El énfasis en los intereses materiales y objetivos en los *Policy Networks* lo diferencian de los estudios que se centran en el enfoque de los *policy community*. En este enfoque de la comunidad de política pública (*Policy Community*), las relaciones entre las organizaciones son más estrechas y permanentes. Los miembros y sus relaciones son más estables, con una interdependencia más fuerte, y existe un centro de decisión que es el Estado. La comunidad se refiere a una categoría más inclusiva de los actores involucrados en el universo del proceso de políticas públicas que comparten un enfoque de políticas públicas común.

Para aclarar la distinción, no siempre evidente entre estos conceptos, se puede retomar la diferenciación propuesta por (ROTHES, 1995) quien propone una tipología con base en un *continuum*, en el cual, de un lado, se encuentran los *issue networks*, caracterizados por ser redes de intercambio de información en las cuales cada organización queda relativamente autónoma, y del otro lado, las *policy communities*, en las cuales se establecen relaciones más estrechas de tipo oligárquico o corporativista, cuyos miembros y sus relaciones son más bien estables, con una interdependencia fuerte y con un gran aislamiento de la red respecto del exterior. Sin embargo, otros autores afirman que los varios tipos de subsistemas coexisten de forma anidada, en el sentido que las redes basadas en los intereses existen como un sub conjunto de la pertenencia a las comunidades (*policy communities*) basadas en ideas. Recientemente, el desarrollo del concepto de subsistemas complejos (*complex policy subsystems*) compuestos por comunidades de discurso y redes, basadas en interés, ha tenido un impacto importante sobre estudios del proceso de políticas públicas (Howlett, Ramesh y Perl, 2008). La gran cantidad de concepciones y de estudios realizados en varios países revela la existencia de una variedad considerable de tipos de subsistemas, dependiendo de las interrelaciones estructurales existentes entre sus partes.

2.2.5 ENFOQUES COGNITIVOS Y CONSTRUCTIVISTAS

2.2.5.1 LAS POLÍTICAS PÚBLICAS COMO RESULTADO DE FACTORES COGNITIVOS

En contraste con los modelos anteriores, los enfoques presentados en esta sección toman en cuenta aspectos cognitivos, es decir, relacionados con las ideas y las visiones para explicar las políticas públicas. Se considera que en el proceso de las políticas públicas las ideas importan. Los modelos existentes bajo este enfoque tienen en común dar importancia a los valores, a las ideas y a las representaciones que se tienen de los fenómenos en el proceso de las políticas públicas. Para estos enfoques, la lógica de los intereses objetivos de los actores individuales y colectivos, y la perspectiva utilitarista no son suficientes para explicar las políticas públicas. Para ello es necesario contar con una dimensión intelectual o cognitiva.

Enmarcada en este enfoque está la teoría de las Coaliciones de Abogacía (*Advocacy Coalition Framework*) de Sabatier (1999), que también atribuye un rol importante a las configuraciones de actores priorizadas por los enfoques antes mencionados. Se entiende por coalición el subsistema de creencias y valores al que se circunscriben personas que inciden tanto en la toma de decisiones como en la promoción e implementación de políticas públicas. La unidad de análisis es un sub-sistema de política compuesto por una variedad de actores, públicos y privados, inclusive actores como periodistas, investigadores y analistas de políticas públicas por el papel importante que juegan en la difusión de ideas. Se considera que las políticas públicas incorporan teorías implícitas sobre la manera de alcanzar sus objetivos, son entendidas como sistemas de creencias, que incluyen valores prioritarios, percepciones de relaciones causales, de las características e importancia del problema, y apreciaciones en cuanto a las alternativas de solución y la eficacia de los instrumentos de política. Al interior de estos sub-sistemas de política, los actores se estructuran en coaliciones de política, cada una basada en un sistema de creencias específico que compiten entre sí para influir sobre las decisiones públicas, usando de manera instrumental los recursos y restricciones que les procure el entorno del sub-sistema. El entorno influye sobre el sub-sistema y sus actores, y actúa como un proveedor, tanto de coerciones y limitaciones como de recursos. Está compuesto por factores estables, como las reglas constitucionales, las condiciones socio culturales o naturales, y otros más dinámicos como la opinión pública, la mayoría parlamentaria o de gobierno. Los factores más importantes en este modelo son cognitivos: las creencias y las convicciones de los actores que van a provocar presiones a favor de los cambios de política.

También se puede mencionar bajo este enfoque cognitivo el marco de análisis a partir de un referente propuesto por Pierre Muller, quien considera que las políticas públicas son el "lugar donde una sociedad dada construye su relación con el mundo", la construcción de una "imagen de la realidad sobre la cual se quiere intervenir" (Muller, 2006, 95) es decir, el referencial de la política pública. Según Muller, el referencial articula cuatro niveles de percepción del mundo: los valores, que son "las representaciones más fundamentales sobre lo que es bien y lo que es mal, lo deseable o lo que está por destacar" (por ejemplo, el debate equidad vs. igualdad), las normas que definen unos principios de acción y determinan "las diferencias entre lo real percibido y lo real deseado" (por ejemplo, "la agricultura debe modernizarse"), los algoritmos que son unas relaciones causales que expresan una teoría de la acción (si el gobierno toma tal acción, se genera tal resultado) e imágenes, que son vectores implícitos de valores, normas y algoritmos, dan significación a las acciones dentro de narraciones discursivas más amplias y que constituyen una parte central del referencial. Este referencial se descompone en tres elementos: el referencial global, que es una representación general alrededor de la cual se ordenan y jerarquizan otras representaciones, el referencial sectorial, que es una representación del sector, de la disciplina o la profesión, y la relación global-sectorial, determinada por unos operadores de transacción que realizan así el acto fundador de una política pública, mediante la afirmación de que "teniendo en cuenta tales y tales motivos, se deben tomar tales medidas" (Muller, 2006, 99). En esta concepción, la existencia de un proceso de ajustes y desajustes entre referenciales constituye la dinámica continua de cambio en las políticas públicas. En la acción política, surgen mediadores como agentes de cambio que buscan afirmar su liderazgo en un sector y con este fin realizan los ajustes al referencial. Si bien este modelo se ha enfocado en proponer un marco que explica un tipo de app, involucra una concepción teórica que explica la producción de políticas públicas como el resultado de la interacción entre distintos referenciales cognitivos. Este enfoque, al igual que el que se deriva de nuestra definición de política pública ofrecida arriba, coincide con el interés por asignarle al conocimiento un rol activo, instrumental clave, como factor determinante de las políticas públicas, en donde el carácter normativo está implícito en ambos casos.

Adicionalmente, la teoría de los equilibrios puntuales (*Punctuated Equilibrium*) propuesta por Baumgartner y Jones, afirma que el *policy change* resulta de cambios en la percepción pública, lo cual sucede tras un largo período de formación y termina por reafirmarse a partir de perturbaciones externas o *shocks* exógenos (Baumgartner y Jones, 1993). De acuerdo con esta teoría, muchas de las políticas son relativamente estables y solo cambian incrementalmente en el tiempo, lo que permite mantener un equilibrio dinámico entre propuestas que compiten. Sin embargo, periódicamente ocurren cambios abruptos en las políticas implementadas como consecuencia de la aparición de nuevas imágenes de política pública, lo cual resulta, a su vez, de las crisis o *shocks* externos. La tesis principal de este modelo es que los *shocks* externos son una condición necesaria, pero no suficiente para un "*policy change*" importante, y que la condición suficiente es que las nuevas imágenes de política pública y los nuevos acuerdos en el contexto político aparezcan en respuesta a estos *shocks*. En el extremo del espectro de este tipo de teorías, se encuentran el neo-marxismo y las teorías de la conspiración (Pipes, 1998; Fenster, 1999; Barkun, 2003; McConnachie y Tudge, 2005).

2.2.5.2 EL MARCO DE ANÁLISIS NARRATIVO O DELIBERATIVO

En los últimos años ha crecido una corriente crítica de la perspectiva tradicional enmarcada en el positivismo y pospositivismo que propone modelos basados en la teoría constructivista con una concepción de las políticas públicas como construcciones discursivas. Estos modelos de análisis se basan en una concepción de las políticas públicas que hace énfasis, no en el rol del poder y los intereses de los grupos, ni de las estructuras institucionales, las configuraciones de actores, o las ideas, sino en el discurso, entendiendo las políticas públicas como construcciones discursivas, hechas de argumentos y de elementos retóricos que se constituyen en narraciones o en relatos y se deben analizar en términos de lenguaje y comunicación. Se considera que los relatos y discursos alrededor de las políticas públicas representan por sí mismos una "fuerza" que influye sobre el proceso de las políticas públicas. Esta concepción de la política pública, como el resultado de un proceso deliberativo, coincide con la tendencia creciente de lo que se denomina *storytelling* (relato de historias), como estrategia de comunicación política basada en el arte de la persuasión más que en la argumentación razonada.

Un enfoque representativo de esta corriente es el marco de análisis narrativo propuesto por EMERY ROE, que entiende las políticas públicas como cuentos (*stories*) o narraciones (*narratives*), es decir, discursos. Como lo define ROE, una narración de política es una historia o un cuento (*story*) que se estructura con un inicio, un desarrollo y un final, que subyace en las hipótesis avanzadas para la formulación de una política pública (ROE, 1994; MAJONE, 2005). Esos relatos de política se pueden resistir a cambiar o a modificarse, incluso en presencia de datos empíricos que los contradicen, ya que persisten en las creencias de los actores, sobre todo en caso de gran incertidumbre, complejidad y polarización. Es justamente en estos casos cuando intervienen muchas variables y cuando hay una polarización extrema entre los actores, en donde resulta pertinente realizar un análisis narrativo de las políticas públicas. A medida que una situación se vuelve más compleja e incierta, mayor importancia tienen los factores subjetivos, narrativos o retóricos en los procesos de decisión.

Bajo el marco descrito, un análisis narrativo característico de un enfoque constructivista, procede en las cuatro siguientes etapas. Primero, se trata de identificar las principales historias o relatos en relación con la controversia de la política pública, cada uno con su particular inicio, desarrollo y final; segundo, se busca identificar relatos alternativos a los que dominan, son los *contra relatos*; en una tercera etapa, se trata de comparar estas dos series de relatos con el fin de generar un *meta relato* y, finalmente, el analista debe determinar en qué medida este meta-relato permite replantear el problema de una manera más acertada, que le posibilite usar las tradicionales herramientas racionales del análisis de políticas públicas. Es pertinente aclarar que si bien el modelo narrativo hace relación a un método de análisis, más que a una teoría de las políticas públicas, su desarrollo se fundamenta en una concepción específica de las políticas públicas como construcciones discursivas que resultan de un proceso deliberativo en el marco de la teoría constructivista.

La definición de política pública que ofrecimos arriba, también coincide con esta perspectiva. En efecto, al reconocer el valor del conocimiento como factor determinante (junto con los recursos y la voluntad) de las mismas, reconocemos de manera implícita el valor que tiene la deliberación argumentada como vehículo de cambio, en donde entre más esté basado el argumento ofrecido en el conocimiento disponible (y, en particular, en la evidencia empírica ofrecida, reviviendo en parte el positivismo), más robusto e incontestable es el argumento y, por ende, más probable de adoptarse la opción ilustrada como la más viable y deseable. Desde esta perspectiva, creemos que las políticas públicas resultantes de los procesos deliberativos (argumentos van, argumentos vienen), son ante todo políticas públicas basadas en el conocimiento, pues es él el que los hace posibles y el que define y justifica la decisión tomada.

Como se puede observar, existe una relación estrecha entre las teorías para el análisis de políticas públicas y los paradigmas fundamentales de las ciencias sociales. La evolución de los modelos teóricos descritos presenta fuertes elementos de convergencia con la evolución de las perspectivas epistemológicas y ontológicas. Como se ha dicho, el análisis de las políticas públicas se ha desarrollado principalmente a partir de las perspectivas positivistas o pospositivistas: son los intereses objetivos de los actores de las políticas públicas (elección racional) y el impacto de las instituciones formales o informales sobre el proceso de la política (neo institucionalismo) los factores sobre los cuales se ha hecho más énfasis. Sin embargo, el reciente interés en el papel de las ideas y las narrativas revela la influencia creciente de la perspectiva constructivista en el marco del análisis de las políticas públicas.

3. EL PAPEL DEL ANALISTA DE POLÍTICAS PÚBLICAS

En esta parte, se aborda de manera concreta el rol y la postura del analista de políticas públicas. En particular, se discute sobre los diferentes tipos de análisis de política pública que el analista puede ofrecer, los diferentes productos analíticos que, si bien tienen factores comunes con el análisis, hacen referencia a productos con propósitos distintos que requieren la aplicación de herramientas distintas. Posteriormente, analizaremos el papel que se espera juegue el analista de políticas públicas en el marco de la democracia y en procura de solucionar los problemas de interés público que más aquejan a la sociedad, se discutirá sobre los retos que típicamente enfrentan los analistas ante la emergencia de dilemas morales y éticos y, por último, se hace una breve introducción al respecto de la "caja de herramientas" que, en nuestra opinión, debe ser del conocimiento de todo analista y diseñador de políticas públicas para hacer bien su labor. El capítulo termina con una discusión que acompaña al resto del *Manual*, relacionada con la necesidad de concebir el análisis y diseño de política pública como un ejercicio iterativo e interactivo.

3.1 TIPOS DE ANÁLISIS DE POLÍTICAS PÚBLICAS

Primero, se presentan los tipos más importantes de análisis desarrollados por varios autores, y luego se intenta presentar una síntesis de las concepciones de estos autores enfocándose en la división cardinal que existe en la disciplina entre el análisis académico y el análisis instrumental.

3.1.1 ANÁLISIS RETROSPECTIVO Y PROSPECTIVO DE LAS POLÍTICAS PÚBLICAS

En su tipología de los análisis de políticas públicas, DUNN (2004) presenta la distinción entre el análisis prospectivo y retrospectivo de la siguiente manera (DUNN, 2004, 10-15). El análisis prospectivo de las políticas públicas tiene implícita la producción y la transformación de la información antes de que la política pública sea ejecutada. Este análisis ex-ante es el método utilizado por economistas, analistas sistémicos e investigadores. Es el análisis prospectivo a lo que WILLIAMS denomina como *Policy Analysis* (WILLIAMS, 1971, 10). Este proceso consiste en sintetizar la información con el fin de poder proponer alternativas de políticas públicas y, a su vez, analizar de manera comparada las preferencias expresadas en términos predictivos y obtener información que sirva de guía para la toma de decisiones. Se trata de un ejercicio hecho por practicantes que buscan ofrecer soluciones para problemas públicos específicos.

Por su parte, el análisis retrospectivo es un método de análisis ex-post que se ocupa de la transformación y producción de la información después de que la política pública es aplicada. Dentro de este tipo de investigación se pueden encontrar tres grupos de investigadores, según la categorización propuesta por DUNN (2004, 12).

a. *Discipline-oriented analysts*. Este grupo está compuesto, en su mayoría, por politólogos y sociólogos, que se dedican a desarrollar y probar teorías basadas en varias disciplinas que describen las causas y los efectos de las políticas públicas. No se preocupan por identificar objetivos concretos de las políticas o diferenciar las variables de políticas públicas que pueden ser objeto de manipulación y aquellas que no. Por ejemplo, un trabajo que busca analizar los efectos del grado de competencia entre partidos políticos, sobre el nivel de gastos públicos, es un tipo de análisis que no brinda ninguna información sobre objetivos potenciales de política pública y que se interesa por una variable (el grado de competencia entre partidos) difícilmente manipulable por los tomadores de decisión para generar un cambio sobre los niveles de gastos públicos (DUNN, 2004, 12).

b. *Problem-oriented analysts*. Este grupo compuesto de nuevo en su mayoría por politólogos y sociólogos, busca principalmente explicar las causas y consecuencias de las políticas públicas. Los analistas de este grupo no se preocupan tanto por desarrollar y probar teorías consideradas importantes en las disciplinas de las ciencias sociales sino se enfocan en identificar variables capaces de explicar los problemas. Tratan problemas generales en naturaleza y no brindan información sobre las variables específicas que se pueden manipular para lograr objetivos específicos de política pública. Un ejemplo podría ser el análisis de los efectos de variables como el género, la etnicidad y la desigualdad social sobre los resultados nacionales a los exámenes estandarizados para ingresar a la educación superior, lo cual permite generar información para explicar un problema general (el desempeño inadecuado a los exámenes estandarizados), pero no brinda información específica sobre las variables que se pueden accionar para lograr mejores resultados.

c. *Applications-oriented analysts*. Este tercer grupo contiene profesionales de las disciplinas de sociología aplicada, psicología aplicada, antropología aplicada así como analistas de administración pública, trabajo social y evaluación. Este grupo también describe las causas y consecuencias de las políticas públicas y no se interesa en probar las teorías de las ciencias sociales a menos que estas teorías puedan proporcionar guías para la acción. Contrario a los anteriores, este grupo sí se enfoca en variables de acción específica y busca identificar objetivos y logros específicos de las políticas. La información respecto a los objetivos específicos brinda una base para monitorear y evaluar los impactos de las políticas. En este caso, los analistas podrían estudiar las variables específicas que se pueden manipular para lograr mejores resultados a los exámenes estandarizados para ingresar a la educación superior.

Estos tres grupos poseen ventajas y dificultades. Los análisis de tipo *Discipline-oriented* y el *Problem-oriented* producen información que es útil para el hacedor de políticas públicas. Sin embargo, cuando el *Problem-oriented analyst* investiga problemas de gran importancia como el crimen, problemas educativos o la conservación de energía, los resultados se muestran a través de información macronegativa, que simplemente muestra por qué no está funcionando la política en sus raíces y en situaciones específicas creadas por el investigador más no las reales. Cuando un analista utiliza el método *Applications-oriented*, este provee información micropositiva, pero encuentra dificultad para comunicarse con aquellos que practican el análisis ex-ante pues estos analistas buscan encontrar soluciones basadas en los criterios de la eficiencia hacia el futuro.

El análisis retrospectivo, a pesar de sus deficiencias, pone mayor énfasis en el resultado de la acción y no queda satisfecho con información sobre las expectativas que se tienen de la ejecución de la política, tendencia característica del análisis prospectivo. Sin embargo, el análisis retrospectivo "ha sido más importante en el campo intelectual que prioriza el entendimiento, pero no muy efectivo en ofrecer soluciones para problemas públicos acuciantes"[13]. El Cuadro 2 sintetiza las diferencias entre los análisis prospectivo y retrospectivo:

---

[13] Traducción de A. J. Weiss (1976). "Using Social Science Policy", *Policy Studies Journal*, 4, n.º 3 (spring):237. Tomado de W. N. Dunn (2004), p. 13.

CUADRO 2: ANÁLISIS PROSPECTIVO VS. ANÁLISIS RETROSPECTIVO

Análisis prospectivo	Análisis retrospectivo
Ex-ante: producción y transformación de información antes de que se tomen las PP	Ex-post: producción y transformación de información después de implementar la PP
Orientado hacia la toma de decisión	Orientado hacia aumentar la comprensión
Objetivo: ofrecer soluciones para problemas públicos específicos	Objetivo: describir y explicar la causas y consecuencias de las políticas o problemas
Profesionales, consultores	Académicos, investigadores de disciplina
Normativo	Descriptivo

Elaborado por los autores.

3.1.2 ANÁLISIS DESCRIPTIVO Y ANÁLISIS NORMATIVO

La segunda división importante en el campo metodológico se encuentra entre el análisis descriptivo y el análisis normativo. El análisis descriptivo de las políticas públicas, de forma paralela con la teoría de la decisión descriptiva, que se refiere a una serie de proposiciones lógicas y consistentes que describen una acción[14] se encarga de probar las teorías a través de la comparación entre las observaciones hechas a la política. La principal función de estas teorías y modelos es entender, explicar y predecir políticas a través de patrones determinados.

Por su parte, el análisis normativo de las políticas públicas, de forma paralela con la teoría de la decisión normativa, que se refiere a una serie de proposiciones lógicas que evalúan y prevén la acción[15], se encarga de evaluar a través de métodos estándar y proveer información sobre el desempeño de las políticas. Una de las características más importantes del análisis normativo es que sus proposiciones tienen en cuenta todo tipo de criterios, desde la eficiencia, la equidad, la responsabilidad y la seguridad, entre otros.

PATTON y SAWICKI (1993) proponen otra clasificación interesante en el sentido que cruza los dos tipos de análisis, ex-ante y ex-post y descriptivo y normativo (PATTON y SAWICKI, 1993, 23-30). Según esta tipificación, el análisis ex-post puede referirse al análisis histórico de políticas pasadas o a la evaluación de nuevas políticas implementadas. En este sentido, el análisis ex-post puede

---

14   Traducción de J. L. BOWER, "Descriptive Design Theory", p. 104. Tomado de DUNN. (2004), p. 13.
15   Ibíd., pp. 104-105.

ser un análisis retrospectivo si se refiere a la descripción y la interpretación de políticas pasadas (preguntándose ¿qué pasó?), sería la tendencia descriptiva o evaluativa si tiene por objeto la evaluación de programa (respondiendo la pregunta ¿fueron cumplidos los objetivos de la política?), lo cual corresponde al tipo normativo. El análisis ex-ante, enfocado hacia el futuro, se puede dividir en análisis predictivo, con tendencia descriptiva y prescriptiva, de tipo normativo. El análisis predictivo se refiere a la proyección de estados futuros que resultan de la adopción de alternativas específicas mientras el análisis prescriptivo recomienda unas acciones específicas y tiene que ver con mostrar los resultados del análisis y hacer recomendaciones. El supuesto es que el analista entiende los valores, los objetivos y metas del cliente y que el cliente espera unas recomendaciones para solucionar un problema. Muchas veces, se incorpora una parte de análisis descriptivo para hacer análisis prescriptivo porque se necesita entender y describir el problema correctamente antes de proponer soluciones. Las tareas son la identificación y verificación de problemas públicos, la comparación de alternativas para solucionar un problema, y la creación de documentos que puede servir para la toma de decisiones. El Cuadro 3 sintetiza las diferencias entre los análisis descriptivo y normativo:

CUADRO 3: ANÁLISIS DESCRIPTIVO Y NORMATIVO

	Ex-ante	Ex-post
Descriptivo	Predictivo (pronóstico)	Retrospectivo (análisis histórico)
Normativo	Prescriptivo (recomendación)	Evaluativo (evaluación)

Elaborado por los autores.

3.1.3 ANÁLISIS INSTRUMENTAL Y ANÁLISIS CIENTÍFICO/ACADÉMICO

Más allá de las variantes tipológicas existentes, se considera importante resaltar la división cardinal que hay en la disciplina entre el análisis instrumental y el análisis científico/académico, porque implica una serie de consecuencias importantes respecto a la naturaleza del trabajo y la postura del analista[16]. La

---

16 Esta distinción coincide con la concepción de G. HERNÁNDEZ (1999), "El análisis de las políticas públicas: una disciplina incipiente en Colombia", en *Revista de Estudios Sociales*, n.º 4, Bogotá, Universidad de los Andes, agosto.

primera de las dos grandes vertientes existentes en el marco de la disciplina es la tendencia científica o académica que consiste en estudiar el proceso de producción de las políticas, la cual es la más común en la literatura del análisis de políticas públicas. Se busca explicar cómo se definen los problemas públicos, cómo se fija la agenda gubernamental, cómo se toman las decisiones, cómo se formulan las políticas, cómo se aplican y, finalmente, cómo se evalúan. Se trata de un ejercicio retrospectivo orientado hacia la investigación realizada por académicos o investigadores de varias disciplinas, cuyo objetivo es describir y explicar. La postura descriptiva garantiza la validez académica del análisis. Se requiere de un "conocimiento de" el proceso de políticas públicas y no tanto de un "conocimiento en", que se refiere a habilidades prácticas. Según la formulación de PARSONS, esta vertiente corresponde a un análisis del proceso de políticas públicas para explicar este proceso (*analysis of the policy process*) en contraste con el *policy analysis*, el análisis para el diseño de políticas (PARSONS, 1995, 19-20).

La segunda tendencia instrumental consiste en utilizar las técnicas del análisis al servicio de la producción de políticas. Está centrado en ser un instrumento de ayuda a la decisión y busca ofrecer soluciones concretas para ser aplicadas en la práctica. En este sentido, se trata de un ejercicio en mayoría prospectivo y prescriptivo, enfocado hacia hacer recomendaciones para el futuro aunque muchas veces, se basa en el análisis retrospectivo de políticas públicas ya implementadas para sacar conclusiones para el futuro. Es una actividad realizada por profesionales que tienen un buen "conocimiento en" el proceso para la producción de políticas públicas. La postura normativa del analista se enmarca en un contexto político influyente, en la realización del ejercicio de análisis. Aunque esta tendencia no ha tenido mucha atención en la academia, constituye el centro de interés y el aspecto más novedoso de este *Manual*, que consiste en brindar una caja de herramientas para la ayuda a la decisión. Para el propósito de este *Manual*, se considerará esta segunda aceptación del análisis de políticas públicas, en el marco de la ayuda a la decisión para la resolución de problemas públicos. El Cuadro 4 sintetiza las diferencias entre los análisis instrumental y científico/académico

CUADRO 4: ANÁLISIS INSTRUMENTAL
Y CIENTÍFICO/ACADÉMICO

APP Instrumental	APP Científico/Académico
Ex-ante: antes de implementar PP	Ex-post: después implementar PP
Prospectivo	Retrospectivo
Orientado hacia la toma de decisión	Orientado hacia la investigación
Objetivo: ofrecer soluciones	Objetivo: describir y explicar
Profesionales, consultores	Académicos, investigadores de disciplina
Conocimiento en	Conocimiento de
Análisis para el proceso de PP	Análisis del proceso de PP
Normativo	Descriptivo

Elaborado por los autores.

3.2 PRODUCTOS ANALÍTICOS

Es importante identificar los productos analíticos que típicamente se le solicitan al analista y diseñador de políticas públicas. En efecto, al analista se le puede pedir una investigación de política pública (*Policy Research*), un análisis político (*Political Analysis*), un análisis y diseño de una política pública (*Policy Analysis and Design*), un plan de implementación de una política pública, un pronóstico, un monitoreo o una evaluación ex-post de una política pública. ¿Cuál es la diferencia entre estos productos? En efecto, se trata de productos con enfoques y lógicas distintas, métodos propios e, incluso, momentos distintos dentro del ciclo de las políticas públicas. Esto, en vista de que es el analista la persona llamada a aportar conocimiento no solo del proceso que siguen las políticas públicas desde su origen hasta su modificación o terminación, sino también de aportar conocimientos en el ciclo mismo en sus diferentes etapas. Estos seis productos analíticos se diferencian por sus enfoques y lógicas propias, las varias metodologías y técnicas utilizadas, las habilidades diferentes que requieren, y los distintos momentos en los que se lleva a cabo cada uno de ellos. El Cuadro 5 sintetiza las preguntas que se le suelen hacer al analista de políticas públicas (demandas de conocimientos) y se resaltan los productos analíticos que se elaboran para responderlas.

Así la primera pregunta que surge del ciclo es ¿cuál es el problema? Dentro del estudio de las políticas públicas, el ejercicio que busca aumentar la comprensión en torno a un problema público es una investigación de

CUADRO 5: DEMANDA DE CONOCIMIENTOS Y PRODUCTOS ANALÍTICOS ASOCIADOS

Preguntas dentro del ciclo de las políticas públicas	Producto analítico asociado
¿Cuál es el problema?	Investigación de políticas públicas
¿Qué hacer?	Análisis de políticas públicas
¿Cómo hacerlo?	Planeación de políticas públicas
¿Funcionará?	Pronóstico
¿Cómo vamos?	Monitoreo de políticas públicas
¿Qué tal funcionó?	Evaluación de políticas públicas

Elaborado por los autores.

políticas públicas. Se trata de un producto analítico intelectual ambicioso en el cual se quiere contribuir a una mayor comprensión tanto de las causas y los determinantes como de las consecuencias y los impactos de un problema público; se busca entender cómo pueden las variables ser articuladas para explicar el problema. Entonces, se trata de analizar la validez de los mecanismos explicativos disponibles para empujar la frontera del conocimiento. La investigación busca así responder a grandes interrogantes, tales como los determinantes de la violencia, o las causas de la pobreza y se interesa por la complejidad, por lo no evidente. Los principales financiadores de la investigación son las universidades o los organismos de fomento a la investigación y las ciencias.

Segundo, si la pregunta que se busca responder es ¿qué hacer ante el problema en cuestión?, lo que se hace es un análisis de la política pública. El análisis de las políticas públicas incluye una parte de investigación, en cuanto a la definición y estructuración del problema pero el enfoque del análisis es distinto. De hecho un buen analista es, ante todo un buen investigador, aunque un buen investigador no necesariamente pueda o esté interesado en ser un buen analista. El análisis se enfoca en ilustrar la toma de decisiones, en apoyar eficazmente al proceso de toma de decisiones con información relevante y oportuna. El análisis de políticas públicas busca soluciones concretas y alcanzables a problemas públicos, soluciones cuyo abordaje puede llevarse a cabo en un tiempo relativamente restringido con uso de recursos limitados y tiene un carácter más aplicable. Hace alusión a problemas "solucionables" en el corto o mediano plazo. Los principales financiadores del análisis son los organismos públicos, los ministerios, las instituciones, los gremios, las empresas, los partidos políticos, un congresista en particular, un sindicalista, etc.

Cuando el interrogante es ¿cómo hacerlo?, se realiza una planeación de políticas públicas. El plan de política pública parte de la existencia y del reconocimiento de un problema de política pública y de una solución escogida. El producto principal es la solución en cuanto a la implementación descrita en términos temporales y secuenciales para responder a las preguntas de cuándo, cómo, quién, dónde, con qué, etc. El plan involucra la búsqueda de soluciones descritas con detalle y pueden ser presentadas al público en general, mientras que el análisis involucra la búsqueda limitada de alternativas que son evaluadas y presentadas al cliente, que es concreto y específico. La planeación involucra la preparación de un plan mientras el análisis involucra la preparación de memorandos, *working paper*, *papers* de política pública, un borrador de ley o de decreto, etc. El plan es un ejercicio que está orientado más por un tema o sistema de problemas que por un problema en particular, sobre el cual se pueda hacer algo en el corto plazo. El análisis está orientado sobre todo a la solución de problemas de manera reactiva ante la existencia de una demanda de acción. En el caso del plan la demanda es más difusa.

Cuando la pregunta es ¿cómo sabemos que va a funcionar o no?, se elabora un pronóstico. Los pronósticos tienen una lógica y metodología distinta de la del análisis de política pública y requieren un conocimiento metodológico cuantitativo importante, basado en los métodos de extrapolación y proyección de comportamientos pasados para saber si en el futuro se repiten, o la elaboración de escenarios posibles.

Para responder a la pregunta ¿lo estamos haciendo bien?, se hace un monitoreo. El monitoreo se lleva a cabo durante la implementación de la solución al problema público y realiza un seguimiento a las actividades de implementación de un programa –insumos, cronogramas, realizaciones, resultados, responsables, por ejemplo– con el fin de controlar el buen desempeño de los procedimientos previstos, y permitir la detección de problemas para poder realizar los ajustes necesarios a tiempo. Se busca identificar en qué medida la acción implementada cumple con las actividades que se especificaron en su programación. O si el programa o plan debe ser modificado de manera sustancial por problemas de diseño.

Por último una vez la política ha sido aplicada y ha pasado un tiempo prudencial para reflejar resultados e impactos, la pregunta que se busca responder es, ¿funcionó o no lo que se hizo? por lo cual se hace una evaluación ex-post. En el caso de la evaluación, se busca conocer el impacto de la acción pública y analizar de qué manera afectó o no los objetivos que la inspiran. A diferencia del análisis prospectivo, que es un ejercicio analítico ex-ante, que busca proponer soluciones a problemas a corto o mediano plazo, la evaluación es un ejercicio ex-post retrospectivo que busca preguntarse si la política implementada logró sus objetivos. La unidad de análisis principal de la evaluación es el programa, mientras que en el caso del análisis y de la investigación, la unidad de análisis y de estudio principal es el problema público. La evaluación se basa en métodos estándar similares a los que usa la investigación, mientras el análisis se basa en métodos flexibles y situacionales. Se parecen el uno y el otro en que no pretenden llegar a conclusiones generalizables sino focalizadas al objeto de estudio.

Es importante entender las diferencias entre estos productos analíticos, que no son excluyentes. El análisis de políticas públicas consta con elementos de investigación, de planeación, de pronóstico, de monitoreo y de evaluación. Los productos del analista de políticas públicas son mutuamente complementarios y sus fronteras son cambiantes. Aunque cada uno tiene una lógica propia y una metodología específica, que requiere conocimientos y habilidades propias, todos se complementan, y a veces se siguen y hacen parte de un ciclo complejo, como se verá más adelante.

3.3 LA POSTURA DEL ANALISTA DE POLÍTICAS PÚBLICAS

3.3.1 EL ANALISTA FRENTE A LA COMPLEJIDAD DEL SECTOR PÚBLICO

En la actualidad son pocas las organizaciones en las que se toman decisiones de impacto público sin que medie la realización de ejercicios analíticos de algún grado de complejidad y rigor científico. En efecto, la discusión sobre el análisis y diseño de políticas públicas resalta cada vez más el rol proactivo del analista, el individuo que, de acuerdo con LASSWELL (1971), debe acompañar, promover e ilustrar el proceso que siguen las políticas públicas desde su concepción hasta su terminación o cambio. De acuerdo con LASSWELL (1971), el analista es quien está llamado a jugar un papel crucial en la modernización del Estado y la democracia, en la medida en que de él se espera que no solo conozca y suministre información relevante sobre el proceso que siguen las políticas públicas, sino que debe aportar conocimiento e información en cada una de las etapas del ciclo, constituyéndose en el garante de que la sociedad logre alcanzar los objetivos que persigue de la mejor forma posible. En este sentido, y retomando el Gráfico 1, se espera que el analista ilustre los procesos de identificación del problema, de definición de criterios de decisión, de identificación de alternativas de solución, de evaluación y selección de alternativas, de comunicación y venta de las "mejores" alternativas, de su implementación correcta, de su monitoreo, de su evaluación y de su reforma o terminación (Ver Gráfico 2).

GRÁFICO 2: PAPEL DEL ANALISTA DE POLÍTICAS PÚBLICAS EN EL CICLO DE PP

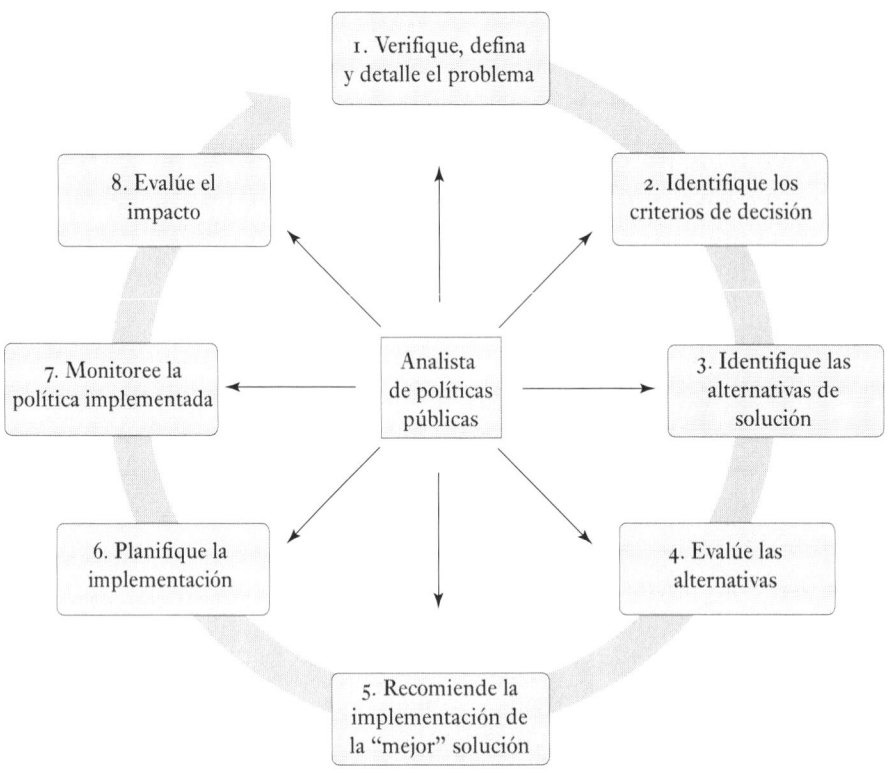

1. Verifique, defina y detalle el problema
2. Identifique los criterios de decisión
3. Identifique las alternativas de solución
4. Evalúe las alternativas
5. Recomiende la implementación de la "mejor" solución
6. Planifique la implementación
7. Monitoree la política implementada
8. Evalúe el impacto

Analista de políticas públicas

Elaborado por los autores.

En efecto, el analista debe ayudar a identificar y reconocer la existencia de un problema acuciante o potencial. En el primer caso, el analista debe alertar sobre las demandas de grupos organizados que desean que el problema alcance el estatus de agenda, es decir, que el tomador de decisiones, quien por lo general tiene un sinnúmero de asuntos que atender, decida tomar acción al respecto. En el segundo caso, el analista debe reconocer las situaciones de riesgo y la posibilidad de que en un futuro no lejano, un problema que hoy no se percibe como tal, "estalle" sin que existan formas de responder, de manera efectiva, a las demandas de acción. En esta fase del ciclo de las políticas públicas el analista, que puede incluso ser el mismo tomador de decisiones, juega el importante papel de "abogado del problema", es decir, el de catalizador de la situación problemática y estructurador del problema formal sobre el cual se diseñarán las soluciones. Como se discutirá más adelante, es en esta fase en la que se puede presentar el riesgo de que el analista, además de jugar el papel de abogado del problema, y so pena de actuar indebidamente, juegue también el papel prematuro de "abogado de la solución", en razón a que a veces no solo se tiene interés en que se haga algo al respecto de un problema sino que, además, se adopte la solución de su preferencia.

En la segunda fase del proceso que siguen las políticas públicas, es decir, una vez el problema está dentro del radar de acción del tomador de decisiones, el analista ayuda a identificar los criterios que se van a utilizar para evaluar cada una de las posibles soluciones, es decir, sobre las características que la "solución" deba tener para ser escogida. Después, en la tercera fase, el analista apoya el proceso de identificación de alternativas de solución, su conocimiento, creatividad y recursividad son especialmente apreciadas en esta etapa. Luego, el analista aporta a la evaluación de alternativas mediante su comparación y contraste a la luz de los criterios previamente definidos. Aquí el mayor reto del analista es reducir al máximo la incertidumbre que caracteriza el objeto de análisis.

El rigor metodológico es importante en este proceso, para brindarle credibilidad a sus conclusiones y recomendaciones. A partir de esta etapa, el analista suele jugar el importante rol de "abogado de la solución", pues tras el anterior proceso ha podido identificar las fortalezas y debilidades de cada alternativa y encontrar así la "mejor solución" para implementar. Luego, tras apelar a técnicas de persuasión y argumentación, el analista comunica y trata de convencer al respecto del proceso de implementación que se debe seguir, la identificación de actividades, provisiones, actores y procedimientos para su implementación, el diseño de cómo se debería monitorear en el futuro y el diseño de su evaluación una vez esta lleve algún tiempo de implementada y se materialice algún efecto, positivo o negativo, intencionado o no, sobre el bienestar.

Como el lector se imaginará, en la vida práctica las cosas son más complejas que lo que sugiere esta descripción sistemática. En efecto, primero que todo no siempre existe consenso sobre las dimensiones y características del "problema", pues el concepto de problema es relativo y la sensación problemática es variada (e.g. ¿es el problema de invasión del espacio público un problema de informalidad del trabajo? ¿De estética urbana?; ¿es el problema de los embotellamientos un problema de movilidad? ó ¿de medio ambiente? ó ¿de ambos?, etc.) Segundo, en relación con el proceso de determinación de los criterios de evaluación, en la práctica no hay consenso sobre valores, objetivos y prioridades. Mientras que para unos la mejor solución es la que aporte más a la equidad en la distribución de cargas y beneficios, para otros la mejor solución es la que afecte positivamente a un mayor número de personas, y para otros es la que dé resultados en el corto plazo, sea más popular o implique bajos costos. Tercero, el ejercicio de identificación de alternativas está limitado en la práctica por los pocos conocimientos disponibles, dinero, información, tiempo, etc. Cuarto, el ejercicio de evaluar todas las alternativas suele ser imperfecto, pues normalmente se carece de recursos suficientes para hacer el ejercicio lo mejor posible.

En efecto, en la práctica no hay una capacidad de predicción 100% confiable, pues contrario a los investigadores de ciencias naturales, los investigadores en las ciencias sociales se enfrentan a objetos de análisis altamente impredecibles, variables, que cambian de estructura, de naturaleza, etc., en donde comúnmente no se puede saber con precisión si las alternativas funcionarán o no tal como se prevé. Por último, en cuanto a la selección de las alternativas más óptimas, hay que reconocer que en la práctica lo más óptimo no es siempre lo más práctico, y que a veces es mejor conformarse con *second bests*, a lo que se agrega el hecho de que no hay soluciones 100% satisfactorias, pues para unos un programa puede ser una "solución", y para otros puede ser fuente de nuevos problemas o de agravación de los ya existentes.

Por fortuna, la literatura ha avanzado a gran velocidad en aportar herramientas de apoyo para que el ejercicio de análisis y de toma de decisiones sean lo más robusto, objetivo y acertado posible. Para ello, y con algún grado de cientificidad, se ha profesionalizado el proceso de toma de decisiones, en donde el capricho, la intuición, el *"feeling"*, el "momento", la coyuntura, o el "olfato" del decisor ha sido remplazado por la aplicación de técnicas, métodos y herramientas que hacen más objetivo, eficaz y eficiente este ejercicio. En efecto, uno de los mayores retos de la sociedad iberoamericana, y en donde el papel del analista es fundamental, es cómo reducir al máximo la informalidad en los procesos de toma de decisión, cómo reducir la discrecionalidad que algunas veces conduce a arbitrariedad.

Así, hoy en día existe un gran portafolio o "caja de herramientas" con las cuales se puede hacer "buen gobierno". Unas de estas están asociadas al proceso de estructuración y definición del problema, otras a identificar los criterios de evaluación, a la identificación de soluciones alternativas, a la evaluación ex-ante, a la presentación persuasiva de resultados, al diseño de planes de implementación, y al diseño de planes de monitoreo y de evaluación ex-post. Igualmente, existen herramientas y métodos transversales útiles para todas las etapas del proceso de análisis de políticas públicas y que tiene que ver con la búsqueda de información relevante, su valoración, construcción, almacenamiento, depuración, análisis e interpretación. Aquí se discuten y evalúan las herramientas, técnicas y métodos que, a juicio de los autores, revisten mayor utilidad para el ejercicio de ADIPP.

Una de las características más importantes del ADIPP es su orientación multidisciplinar. Si bien por tradición los ejercicios de ADIPP son realizados de manera disciplinar por economistas, juristas, sociólogos, antropólogos, científicos políticos, administradores públicos, historiadores o ingenieros, es la visión multidisciplinar la que se impone. De hecho, es probable que esa visión disciplinar haya impedido dar respuesta satisfactoria a problemas milenarios. En efecto, la visión disciplinar tiende a abordar los problemas y soluciones bajo estudio de una manera relativamente sesgada, limitada, "estrecha y reduccionista", lo que impide a los tomadores de decisiones ser exitosos en la solución de los problemas públicos.

El problema público tiene como característica principal una complejidad inherente, pues incorpora aspectos tanto técnicos como políticos. De manera que se debe ser sensible a las diferentes formas como se pueden mirar las cosas, identificar, entender y aceptar el valor que tienen las varias perspectivas. Se debe estar familiarizado con la perspectiva económica, reconocer su valor, pero también identificar sus debilidades, sus limitaciones; entender la perspectiva jurídica y considerar sus "verdades", pero también a beneficio de inventario; se debe reconocer su limitada capacidad para explicar los fenómenos y posibles soluciones que salen del espectro de las normas establecidas; igual sucede con la perspectiva sociológica, la antropológica, la administrativa, etc. Sin duda no se puede saber de todo al nivel necesario, pero sí se requiere tener una disposición para aprender, analizar con escepticismo, comprobar, dudar o, como se dice vulgarmente, "no tragar entero". Solo así se puede estar en mejor posición para observar, analizar, describir y ofrecer soluciones y recomendaciones con una mayor probabilidad de éxito (o de menor fracaso).

Sin embargo, la labor no es sencilla, pues contrario a los científicos naturales, como los biólogos, los químicos, los físicos, etc., quienes tienen como objeto de estudio algo "simple", predecible, con un margen de error relativamente bajo, los problemas públicos que aquejan a la sociedad, que son el objeto de estudio de los analistas de políticas públicas, se enfrentan ante algo bastante gaseoso, difícil de "manipular". Mientras que las ciencias naturales han desarrollado ya numerosas técnicas de investigación, de observación, de análisis y de comunicación ampliamente probadas y sobre las cuales hay relativo consenso, el arte del ADIPP apenas empieza a contar con tales herramientas y, en ningún caso, son tan certeras o aceptadas por los pares como las que usan los científicos naturales. Esto es lo que hace que el trabajo del analista sea particularmente complejo e interesante

3.3.2 EL ERROR DEL TERCER TIPO

De acuerdo con DUNN (2004), el reto más importante del analista y diseñador de políticas públicas es evitar caer en el error del tercer tipo. En estadística el error de primer tipo consiste en aceptar como verdadera una hipótesis que en realidad es falsa. El error de segundo tipo es rechazar como falsa una hipótesis que en realidad es verdadera[17]. En estudios políticos el error de tercer tipo es ofrecer una solución al problema que no es. La consecuencia obvia de caer en este error es que, además de que el verdadero problema no es resuelto, se pueden generar nuevos problemas. Entre las causas que conducen a caer en el error de tercer tipo se encuentran los siguientes:

---

17 Para más información sobre los errores de tercer tipo, ver A. W. KIMBALL.(1957). "Errors of the Third Kind in Statistical Consulting", 52: 133-42; HOWARD RAIFFA.(1974). (Reading, MA: ADDISON-WESLEY, 1968), p. 264; y IAN I. MITROFF, New York, Elsevier, citados en WILLIAM DUNN. W.N. (2004)., New Jersey, p. 6.

El analista hace un énfasis indebido en la solución más que en la estructuración del problema. En efecto, como reclama DUNN (2004), un analista debe ser, ante todo, un buen estructurador de problemas antes que dejarse atrapar por el afán de ofrecer soluciones a la ligera.

La segunda causa de caer en el error de tercer tipo tiene que ver con la confusión de los analistas en cuanto a diferenciar entre la sensación problemática y el problema "real". Como se verá más adelante, a veces los analistas hacen su análisis y ofrecen recomendaciones con base en la sensación problemática y no con base en el problema formal. Mientras que la sensación problemática implica ser consciente de que algo anda mal, también implica considerar una serie de aspectos y relaciones causales que pueden no ser correctas o relevantes. Así, cuando se hace el análisis y se ofrecen recomendaciones con base en la sensación problemática y no con base en el verdadero problema que causa dicha sensación, se reducen las probabilidades de ser efectivo y de ofrecer una solución al problema real.

Otra de las causas es el desconocimiento o el no reconocimiento por parte del analista de que los problemas se encuentran en grupos, o en lo que se podría llamar "sistema de problemas". En efecto, si se tienden a ver las cosas de manera fraccionada y no se ven las cosas como parte de un conjunto, de un sistema, se reduce la probabilidad de ser efectivo para solucionar el problema real. De alguna forma, una visión sesgada, limitada, impide ver las cosas de manera más comprehensiva y, por ende, implica ofrecer soluciones de manera reduccionista, característica de un problema errado. En este orden de ideas, otra causa relacionada de error de tercer tipo tiene que ver con la incapacidad de reconocer la existencia de jerarquías de problemas.

Igualmente, el no reconocer que el conjunto de elementos que componen un problema es mayor a la sumatoria de sus partes, conduce a una visión del problema en el que se ignoran los efectos de refuerzo endógeno que cumplen tales elementos sobre los demás. Suponiendo que el analista reconoce los diferentes elementos de un problema, y decide responder a cada uno de ellos por separado, con una política pública distinta, se corre el riesgo de ignorar que en todo problema existe una fuerza intrínseca sinérgica en la que cada elemento constitutivo del problema ejerce un efecto sobre los demás. En este caso, se habla de efectos de red en donde, si no se ofrece solución a esa fuerza endógena que mantiene unidos a los elementos constitutivos, se corre el riesgo de no ser efectivo y no lograr ninguna solución. Así, la consecuencia de tratar los elementos de un problema por separado es ignorar los efectos neutralizantes que pueden tener las políticas públicas entre sí, conduciendo a un balance nulo o incluso negativo de la acción pública.

Otra de las razones que explican el error del tercer tipo es que el analista a veces ignora el carácter subjetivo implícito en toda definición del problema. En efecto, en la práctica toda definición del problema parte de una visión, unas preferencias y una orientación particulares y subjetivas al respecto de los fenómenos analizados. El analista debe ser capaz de identificar y valorar, de la mejor manera posible, tales factores subjetivos. Debe sopesarlos a la luz de elementos y criterios objetivos, fácticos, para evitar enfocarse en problemas ficticios o artificiales que, o bien no son problemas públicos reales sino producto de la creación de quienes buscan la implementación de una solución preferida o de su elección, o bien son tergiversados a través de las llamadas "cortinas de humo".

Otra causa asociada con el error de tercer tipo es el hecho de que los problemas evolucionan. Si uno se queda con una descripción del problema que fue real y verdadera hace 10 o 15 años y no actualiza el entender del mismo al presente, se arriesga a ofrecer soluciones a una descripción del problema que ya no es la actual, porque este ha evolucionado y, por ende, las soluciones deberían tener en consideración las nuevas características del problema.

3.3.3 CONSIDERACIONES ÉTICAS Y SUBJETIVIDAD DEL ANALISTA

Los analistas de políticas públicas pueden pertenecer a agencias del gobierno o trabajar en organizaciones externas, como una empresa de consultorías privada, comisión, instituto privado de investigación en ciencias sociales (*think tanks*), o entidades universitarias. La posición del analista, como parte de una agencia de gobierno o de una organización con afiliación política, puede orientar el trabajo del analista, los resultados de sus evaluaciones y los cambios propuestos.

Más allá de la posición política e ideológica de la institución en que trabaja y del marco político que puede ser impuesto por la relación con un cliente específico, el trabajo del analista también está orientado y marcado por su subjetividad propia. Meltsner ha clasificado los analistas de políticas públicas en tres grupos: los técnicos, los políticos y los emprendedores o empresarios políticos (*political entrepreneurs*) (MELTSNER, 1976, 36-37), para los cuales sus preferencias normativas e intereses políticos influyen sobre su trabajo de forma distinta. El técnico es un investigador con habilidades analíticas excelentes, pero poco sentido político. El político es el analista vuelto burócrata (*Analyst-turned-bureaucrat*) que busca adelantar su carrera y que está más interesado en la política que en el análisis. Y el empresario, que tiene habilidades muy altas política y analíticamente "knows to work with numbers and people….does not let his immediate client constrain him…sees the public interest as his client…has strong normative view of the scope of government activities….is concerned about distribution as well as efficiency…is much more aware than other analysts that his preferences guide the selection and solution of analytical problems".

Los valores políticos y filosóficos influyen en el trabajo de los analistas porque muy raramente se trata solo de cuestiones técnicas. La percepción del "problema" como tal varía, no hay consensos, hay valores en conflicto, intereses en conflicto. Calificar algo como problemático o no, depende de los ojos con que se mire. El analista toma decisiones informadas sobre las siguientes cuestiones: (CLEMONS y MCBETH, 2001, 74-77): ¿existe o no un problema? ¿qué tan significativo es el problema? ¿cuáles son las causas más importantes del problema? ¿es el problema un problema público? ¿cuáles soluciones son adecuadas? ¿los beneficios de la solución superan o no los costos? ¿el costo de oportunidad es o no superior a la relación costo-beneficio? Es importante reconocer que el analista responde a estas preguntas con base en sus creencias y opiniones políticas morales, éticas, filosóficas y en sus intereses particulares.

Por ejemplo, si uno tiene que escoger entre una política con resultado bastante satisfactorio y poco riesgo y una política con resultados mucho más importantes, pero que implica un riesgo más alto, las características personales del analista o tomador de decisión, como persona más propensa a correr riesgo (*risk taker*) o minimizar riesgos (*risk minimizer*) será un factor importante. De igual forma, en una situación en que tienen que decidir quiénes ganan y quiénes pierden, en la que los costos o beneficios no están distribuidos equitativamente, o en la que la eficiencia no es compatible con la equidad y la justicia social, ¿cómo se puede tomar una decisión sin dar preferencia a unos valores sobre otros?

La racionalidad y objetividad son fundamentales para analizar información y entender situaciones problemáticas, pero es indudable que existen cuestiones de valores que se deciden con base en las preferencias personales. La posición de los autores de este *Manual* es que todo análisis está inevitablemente sesgado por la subjetividad del analista, por lo cual es muy importante ser consciente de eso e intentar diseñar mecanismos para que esa subjetividad sea lo menos nociva posible. Todo el proceso de análisis de políticas públicas busca que las decisiones se tomen de manera ilustrada y dejen de ser un proceso subjetivo basado en la intuición, en la discrecionalidad caprichosa y la informalidad para volverse un ejercicio lo más objetivo posible a través de la utilización de varias herramientas y mecanismos.

La conciencia de la postura del analista en los distintos momentos del proceso de análisis de políticas públicas puede constituir una estrategia para garantizar un proceso y una toma de decisión lo más objetiva posible. El analista de políticas públicas debe ser tanto un "abogado del problema" para identificar el problema real y abogar por su inclusión en la agenda pública, como un "abogado de la solución" para convencer al tomador de decisión del curso de acción por seguir. Sin embargo, estos roles deben ser desempeñados en momentos distintos dentro del ejercicio de análisis y diseño de políticas públicas. En la fase de identificación y estructuración del problema el analista debe ser un buen abogado del problema. Si se toma la posición del "abogado de la solución", en la primera etapa del proceso, se corre el riesgo de cometer un error del tercer tipo (responder a un problema que no es), con las consecuencias discutidas y se deja el paso a una visión sesgada, pues al tener una solución "preferida" en esta etapa el analista pierde objetividad, conduciéndolo a ignorar soluciones que podrían resultar más adecuadas para solucionar el problema de interés. El abogado del problema se caracteriza por tener la mente suficientemente abierta para proponer soluciones y aumentar así la posibilidad de ofrecer soluciones al problema efectiva y satisfactoriamente. En cambio, en la fase de recomendación, argumentación y "venta" de la "mejor alternativa" el rol por desempeñar es el de abogado de la solución.

Independientemente de las preferencias de los analistas y de su decisión de adoptar una postura libre de valores (*value-free analyst*), o en cambio un enfoque de compromiso con unos valores (*value-committed analyst*), de actuar como defensores de factores económico-sociales o interpretadores de normas culturales presentes en acciones políticas, creemos que los analistas más preparados tienen un rol importante y legítimo en el proceso democrático de las políticas públicas, lo cual justifica el compromiso con el proceso de aprendizaje y la formación en APP.

A continuación pasamos a discutir las herramientas básicas que se requieren para tener un buen desempeño como analista de políticas públicas.

3.4 CAJA DE HERRAMIENTAS PARA EL APOYO DEL ANÁLISIS Y DISEÑO DE LAS POLÍTICAS PÚBLICAS

Todo buen analista es, ante todo, un buen investigador. Lo contrario puede no ser necesariamente cierto. Así, con el fin de evaluar las causas, características, extensión, consecuencias y posibles soluciones de los problemas públicos, o de los impactos directos, indirectos o potenciales de las políticas públicas implementadas o por implementar, los analistas deben recurrir a distintas fuentes de información y estrategias de investigación. Además del conocimiento sustantivo sobre los temas en cuestión, debe contar con capacidades y habilidades básicas para recabar información, procesarla, analizarla, sintetizarla, interpretarla, aprender, desaprender y producir nueva información y nuevo conocimiento.

Para esta labor el analista debe dotarse de una nutrida caja de herramientas que, dependiendo de lo que se desee indagar en el momento, de la calidad de la información disponible, y del grado de generalización que se busque con los hallazgos y las conclusiones que obtenga, le deben brindar un apoyo necesario para articular sus argumentos y ofrecer recomendaciones acertadas, en otras palabras, hacer un buen trabajo: profesional, serio, juicioso, robusto y responsable.

El Cuadro 6 resume algunos de los métodos de análisis más útiles y que se desarrollarán en los siguientes capítulos. En el Anexo se presenta una lista complementaria de métodos que hacen referencia más a los procesos de recolección de información que a los de análisis que apoyarían el ejercicio profesional que nos ocupa.

Como lo ilustra el Cuadro 6, cada componente del ejercicio analítico cuenta con una batería de métodos que le brindan apoyo, en donde hay métodos que son útiles para más de un componente.

Como lo demuestra el Gráfico 3, la selección de los métodos por utilizar depende tanto de la pregunta que motiva su uso, como de las características de la información disponible y el grado de generalización que esperamos realizar con los hallazgos y las conclusiones obtenidas. Igualmente, una determinante importante del método por escoger tiene que ver con las preferencias del analista.

CUADRO 6: MÉTODOS PARA EL APOYO DEL ANÁLISIS Y DISEÑO DE POLÍTICAS PÚBLICAS

Estructuración del problema	Definición de criterios de decisión	Identificación de alternativas de solución	Evaluación de alternativas	Recomendación y argumentación	Diseño de plan de implementación	Diseño de plan de monitoreo y evaluación
– Análisis de fronteras del problema – Análisis clasificacional – Análisis jerárquico de causas – Análisis causal – árbol del problema – *Synectics* – Análisis de múltiples perspectivas – Análisis de supuestos – Mapeo de argumentaciones y análisis del discurso – Análisis de decisión – Creación de definiciones operacionales – Análisis político – Análisis de actores relevantes	– Definición de objetivos general y específicos – Definición de criterios de viabilidad técnica – Definición de criterios de viabilidad económica y financiera – Definición de criterios de viabilidad política – Definición de criterios de viabilidad administrativa	– Análisis causal - árbol del problema – Análisis de inacción – Benchmarking – Desarrollo de tipologías – Uso de analogías, metáforas y synectics – Modelos lógicos y diseño de escenarios – Modificación de soluciones existentes	– Extrapolación – Pronosticación teórica – Pronosticación intuitiva – Realización de cálculos de desconteo, VPN, TIR, costo de oportunidad, costo-beneficio, etc. – Análisis de sensibilidad – Diseño de fórmulas de asignación – Análisis de decisión, viabilidad política y administrativa – Elaboración de escenarios – Comparación por parejas o 'eliminatorias' – *Satisficing* o 'juego del limbo' – Calificación básica – Orden lexicográfico – Alternativas no dominantes – Criterios ponderados – *Goeller Scorecard*	– Argumentación basada en la autoridad de una persona – Argumentación basada en la autoridad de un método – Argumentación basada en la intuición propia – Argumentación basada en principios éticos – Argumentación basada en las señales – Argumentación basada en la generalización – Argumentación basada en la analogía – Argumentación basada en casos paralelos – Identificación de saltos lógicos y falacias	– Análisis de fallas y riesgos de implementación – Modelos *bottom-up* – Modelos *top-down* – Identificación de pre-requisitos políticos, legales, administrativos, técnicos y financieros – Coordinación interinstitucional	– Operacionalización de objetivos, metas y actividades – Identificación de indicadores de insumo, proceso/producto, resultado e impacto – Modelos econométricos – Modelos no-paramétricos – Estudios de caso – Aproximaciones orientadas por la estimación de costos. – Uso de grupos de control – Comparación antes-después – Comparación con-sin – Comparación plan-realización – Diseño de sistema de seguimiento, monitoreo y evaluación

Métodos de recolección de información: revisión literaria, análisis de contenido, encuestas, entrevistas, sondeos, lluvia de ideas, observación etnográfica, grupos focales, foros, seminarios, experimentos, etc.

Adaptado de Patton & Sawicki, 1993.

GRÁFICO 3: CRITERIOS DE SELECCIÓN DE MÉTODOS ÚTILES PARA EL ADPP

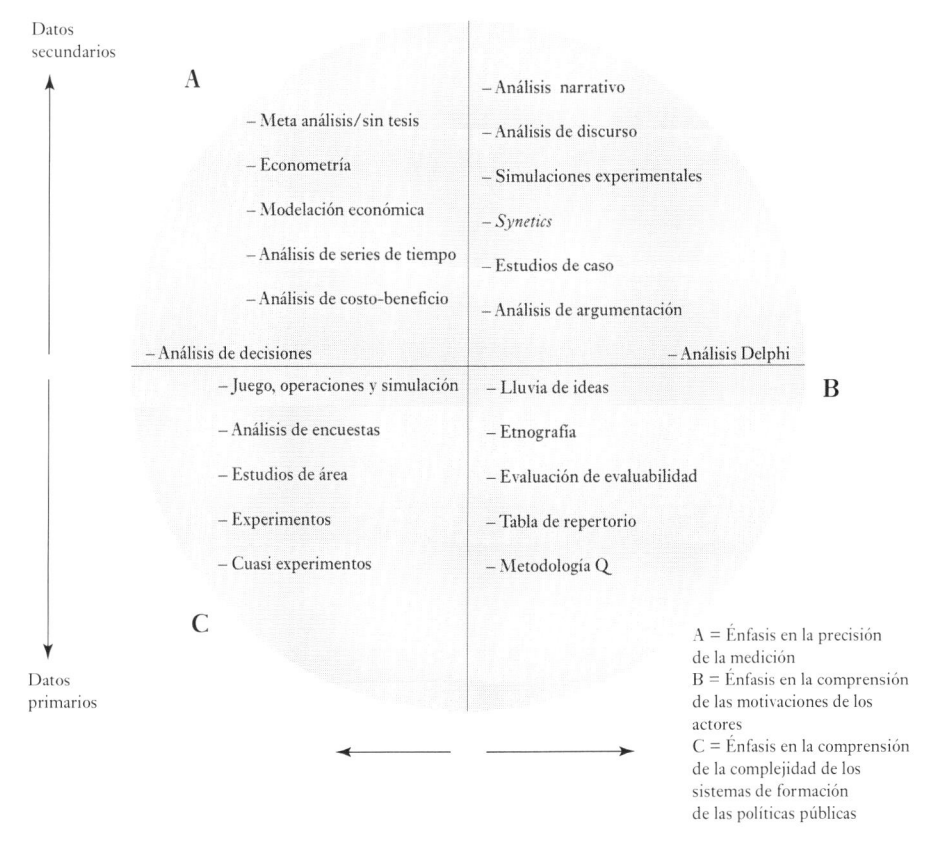

Datos secundarios

A
- Meta análisis/sin tesis
- Econometría
- Modelación económica
- Análisis de series de tiempo
- Análisis de costo-beneficio
- Análisis de decisiones

- Análisis narrativo
- Análisis de discurso
- Simulaciones experimentales
- *Synetics*
- Estudios de caso
- Análisis de argumentación
- Análisis Delphi

B

- Juego, operaciones y simulación
- Análisis de encuestas
- Estudios de área
- Experimentos
- Cuasi experimentos

- Lluvia de ideas
- Etnografía
- Evaluación de evaluabilidad
- Tabla de repertorio
- Metodología Q

C

Datos primarios

A = Énfasis en la precisión de la medición
B = Énfasis en la comprensión de las motivaciones de los actores
C = Énfasis en la comprensión de la complejidad de los sistemas de formación de las políticas públicas

Adaptado de DUNN (2004).

En este *Manual* nos enfocaremos en aquellos métodos que, a juicio de los autores, deben ser bien entendidos como condición *sine qua non* para hacer una buena labor de análisis y diseño, y a partir de la cual se pueda ampliar y enriquecer la caja de herramientas para aumentar sus capacidades y habilidades analíticas. Por considerarlo fuera del alcance de este *Manual*, sugerimos a los lectores remitirse a la extensa literatura que existe sobre el tema, en donde se encontrará información detallada y ampliamente ilustrada con ejemplos para cada método identificado.

En los siguientes capítulos veremos cómo se aplican los métodos seleccionados para aportar así el conocimiento necesario para disminuir el margen de error atribuible al analista de políticas públicas, es decir, para hacer el ejercicio de análisis y diseño de políticas públicas de la mejor forma posible.

3.5 EL CARÁCTER ITERATIVO E INTERACTIVO DEL ANÁLISIS Y DISEÑO DE POLÍTICAS PÚBLICAS

Con una caja de herramientas compuesta por los instrumentos y el saber hacer básico al que se dedica este *Manual*, los analistas estarán en capacidad de facilitar, acompañar, enriquecer y lograr la tan anhelada y esquiva ambición de 'conectar' los problemas y las soluciones promovidas por el Estado, para lograr así solucionar problemas milenarios. Estarán en capacidad de robustecer y blindar el proceso que siguen las políticas públicas en sus diferentes fases, de manera regular o periódica, de forma iterativa (con procesos de avance y revisión) e interactiva (participativa, al menos con el cliente y preferiblemente con todos los actores relevantes).

En efecto, con la caja de herramientas y el saber hacer necesarios, el analista estará en capacidad de aportar el conocimiento disponible para facilitar la conexión 'problema-solución' de la mejor forma posible, promoviendo la toma de decisiones ilustrada de política pública en los procesos de identificación del problema, su inclusión dentro de la agenda política, la identificación de alternativas, su evaluación, la selección de la mejor alternativa, la implementación de la política escogida, el seguimiento, monitoreo y evaluación, y su reforma o terminación (ver Gráfico 1 detallado anteriormente). Más específicamente, estará en capacidad de hacer aportes importantes a los procesos analíticos vinculados a dichas etapas como son la estructuración (verificación, definición y detalle) del problema, la identificación de los criterios de decisión, la de identificación o construcción de alternativas de solución, la evaluación de alternativas, la argumentación persuasiva de la "mejor" solución, el diseño de planes de implementación, el monitoreo y la evaluación ex post, tal como se ilustró en el Gráfico 2.

En este proceso, es necesario tener en cuenta que, como se ilustrará reiteradamente en los siguientes capítulos, el análisis y diseño de políticas públicas es, ante todo, un ejercicio iterativo, esto es, un ejercicio que requiere volver en sí mismo para poder hacer avances importantes. El Gráfico 4 sintetiza este punto, al cual nos iremos refiriendo y desarrollando a medida que abordamos las fases descritas en los capítulos de este *Manual*.

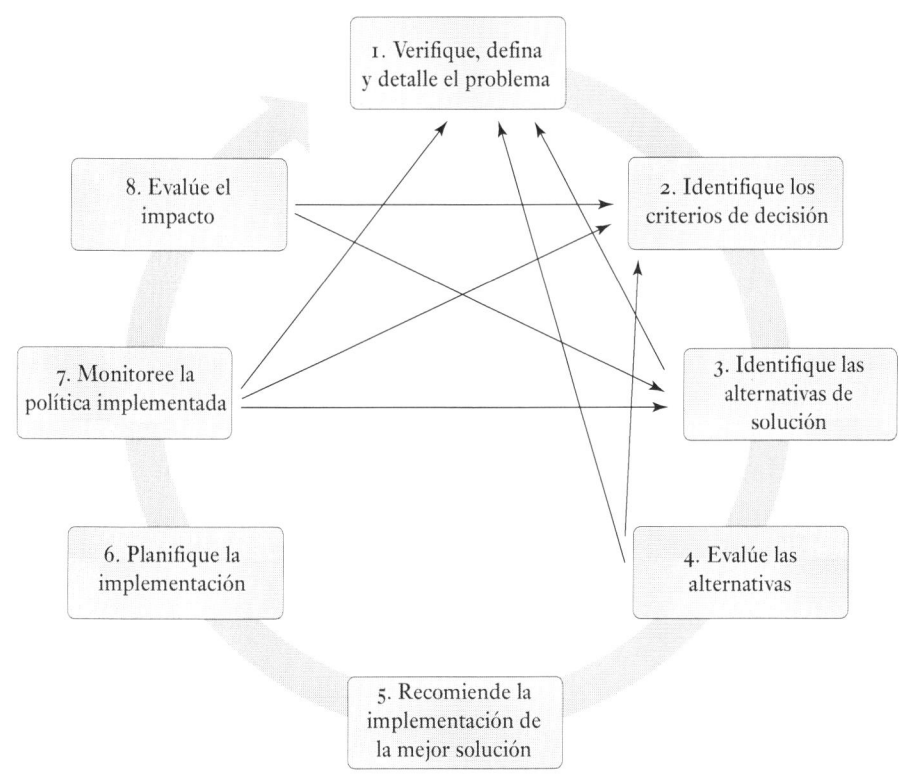

GRÁFICO 4: CARÁCTER ITERATIVO DEL ANÁLISIS Y DISEÑO DE POLÍTICAS PÚBLICAS

1. Verifique, defina y detalle el problema
2. Identifique los criterios de decisión
3. Identifique las alternativas de solución
4. Evalúe las alternativas
5. Recomiende la implementación de la mejor solución
6. Planifique la implementación
7. Monitoree la política implementada
8. Evalúe el impacto

Elaborado por los autores.

Así, como lo ilustra el Gráfico, la definición del problema no sucede una sola vez, sino que esta debe ser el resultado de revisiones constantes, normalmente en las fases de identificación de alternativas de solución y de evaluación de alternativas. Esto con el fin de garantizar una 'conexión' satisfactoria entre las características del problema y su potencial real de solución, a la luz de las capacidades de intervención del Estado. Es común que el analista deba revisar los criterios de evaluación previamente identificados una vez conozca más a fondo las alternativas de solución y al momento de evaluarlas. Cuando se definan los indicadores que soportarían los ejercicios de monitoreo y evaluación, de nuevo será necesario referirse a los criterios de decisión o evaluación. Más adelante volveremos sobre estos puntos.

De cualquier manera, desconocer o no aceptar el carácter iterativo del ejercicio analítico, implicaría que el diseñador se sienta frustrado en la práctica por la imperiosa necesidad de revaluar sus 'logros analíticos' (pues en la medida en que avanza en el proceso analítico aparece nueva información que no se debe ignorar) o, más grave aún, si no revalúa, cometa el error de tercer tipo.

Por otra parte, el ADIPP debe ser, en la medida de lo posible, un ejercicio interactivo o participativo; un ejercicio en el que el conocimiento disponible sobre el tema, tanto de 'expertos' como de 'no expertos', así como de las opiniones de los actores relevantes, tienen mucho que ofrecer. En efecto, el análisis y diseño participativo de políticas públicas es no solo una condición cada vez más presente en las democracias modernas para garantizar una buena gobernabilidad, sino que, además, son un recurso de gran valor que los analistas deben aprender a aprovechar, pues los problemas públicos son, por lo general, de una complejidad tal que abordarlos analíticamente, de manera individual, es ineficaz y riesgoso. Desconocer o no aceptar el carácter interactivo del ADIPP pondría en riesgo su pertinencia, legitimidad e impacto. Sobre estos puntos se volverá más adelante.

3.6 TAREAS Y TALLERES

EJERCICIO 1 *(Problemas y productos analíticos):*
Listar diferentes problemas para ser abordados por cada producto analítico.

Producto analítico	Problema asociado
Investigación de políticas públicas	
Análisis de políticas públicas	
Planeación de políticas públicas	
Pronóstico	
Monitoreo de políticas públicas	
Evaluación de políticas públicas	

EJERCICIO 2 *(Subjetividad del analista):*
Después de leer el siguiente texto, el ejercicio consiste en intentar una definición conjunta de la equidad e identificar una forma justa y aceptable de distribuir una torta para la mayoría de los participantes. La realización de este ejercicio resalta la ausencia total de consenso sobre la definición y la realización concreta de la equidad, aunque pueda existir la voluntad para logar un objetivo común de equidad.

En su texto clásico sobre política pública (Stone, 1988), Deborah cuenta una historia que ilustra la importancia de los valores en el trabajo del analista y en la toma de decisión de las políticas públicas. Se trata de saber cómo se puede dividir una torta de chocolate en un salón de clase de acuerdo con el principio de equidad. Más allá de que el objetivo de equidad pueda entrar en conflicto con otros objetivos, tales como el objetivo de eficiencia, demuestra que existen por lo menos seis perspectivas distintas para dividir la torta equitativamente.

1. Primero, se podrían proporcionar partes iguales para todos los estudiantes que están en el salón. Pero ¿sería justo eso para los estudiantes que no vinieron porque no sabían que se iba a ofrecer torta?

2. Segundo, se podría distribuir la torta con base en la pertenencia a grupos, por ejemplo, dar la mitad de la torta a las mujeres y la otra mitad a los hombres. Pero si hay muchos más hombres en el salón este grupo tendrá menos torta.

3. También se podría buscar ecualizar la comida de cada uno, dando más a los que no tuvieron tiempo para almorzar. Ahora el problema sería cómo distribuir la torta equitativamente en un sentido más amplio, teniendo en cuenta factores externos.

4. También podríamos dar una cuchara a cada uno de los estudiantes, ponerlos a hacer fila en el salón y dejarlos dividirse la torta. Lo que resultará en una distribución desigual, pero proporcionando un punto de partida igual, una igualdad de oportunidad en un sentido.

5. Se podría dividir la torta en 8 partes grandes y hacer una lotería para ver cuáles estudiantes tienen más chance. Lo que también resultaría en una distribución desigual, pero proporcionando a cada uno una igualdad estadística de chance.

6. Finalmente, se podría organizar una elección (una persona, un voto) y entregar la torta al candidato que gana para que se la coma, lo que resultará en una distribución muy desigual, pero en donde cada uno ha dado un voto igual.

EJERCICIO 3 *(Consideraciones éticas)*:
En múltiples ocasiones, el analista se ve enfrentado a dilemas morales difíciles de resolver. Si, por ejemplo, el cliente espera que el analista adopte una posición y este último no la comparte, debe ser consciente que cualquier decisión que tome tiene serias consecuencias. En el proceso de encarar dichos

dilemas, el analista debe sopesar tres diferentes perspectivas del concepto de "lealtad". Estas son la "lealtad para con el cliente", la "lealtad con la causa" y "la lealtad consigo mismo". Igualmente, el analista debe tomar en consideración los efectos tanto de corto como de largo plazo de su decisión. Considere el siguiente ejemplo y responda a la pregunta que aparece al final.

Un alto funcionario de Planeación Nacional le pide a una firma de consultores desarrollar una proyección sobre el negocio de las drogas en Colombia y un plan de inversión de 1 billón de dólares provenientes de los Estados Unidos para combatir las drogas durante los próximos veinte años. Aunque gran parte de la ayuda será destinada a fortalecer el pie de fuerza, también se podrán hacer inversiones en sustitución de cultivos, reparación ambiental y fortalecimiento institucional en las zonas afectadas.

Con dicha inversión los habitantes de las zonas afectadas podrán contar con ayuda para la creación de microempresas, escuelas bien dotadas, vías de acceso, subsidios, entre otros beneficios. La ayuda, sin embargo, deberá ser complementada con una contrapartida por un valor tres veces superior al aportado por los Estados Unidos, proveniente del Presupuesto Nacional.

En un informe preliminar, entregado por los consultores, se proyecta que a diez años la producción de drogas en Colombia habrá desaparecido en aproximadamente la mitad del nivel actual, lo que implicaría una eventual reducción de la inversión en pie de fuerza y hasta en recortar sustancialmente la ayuda extranjera.

El funcionario de Planeación reacciona con furia ante semejantes resultados y ordena una revisión de los análisis hechos. Si se dan a conocer dichos resultados el país dejaría de recibir el apoyo de la cooperación internacional y los partidos de oposición en el país ganarían terreno en la arena política, pidiendo que el actual gobierno revalué su política de seguridad y su plan de desarrollo.

Por su parte en los Estados Unidos el Partido Demócrata presionaría porque la ayuda o bien se corte a la mitad o bien se mantenga por menor tiempo.

Ante la reacción del funcionario de Planeación los consultores revisan sus estimaciones y aceptan usar la cota inferior de las mismas: desaparición del cultivo en 14 años. Dichos resultados tampoco son del agrado del alto funcionario.

El funcionario le pide a los consultores o bien cambiar las cifras u omitir cualquier referencia al respecto en el informe, petición que los consultores rehúsan a hacer toda vez que sienten que ya han ajustado su interpretación de los resultados lo máximo que pueden y que hacer más sería indebido y técnicamente indefendible.

El funcionario criticó en privado de arrogantes a los consultores y le ha pedido a usted, su asesor del DNP en el tema, rescribir el informe, omitiendo las proyecciones. El funcionario le ha pedido a los consultores externos no divulgar sus conclusiones bajo ninguna circunstancia.

¿Usted qué haría? (Al elaborar su respuesta, tenga en cuenta su situación personal actual: edad, estado civil, número de dependientes, condiciones de salud especiales si aplica, etc. No tiene que referirse a ellas de manera explícita, solo tenerlas en cuenta para que la decisión sea, en lo posible, lo más parecido a la realidad. Tratar de convencer al cliente no es una opción. ¡Él tiene las cosas muy claras!

Las opciones se identifican en el Gráfico 5:

GRÁFICO 5: DILEMA ÉTICO INHERENTE AL ADIPP

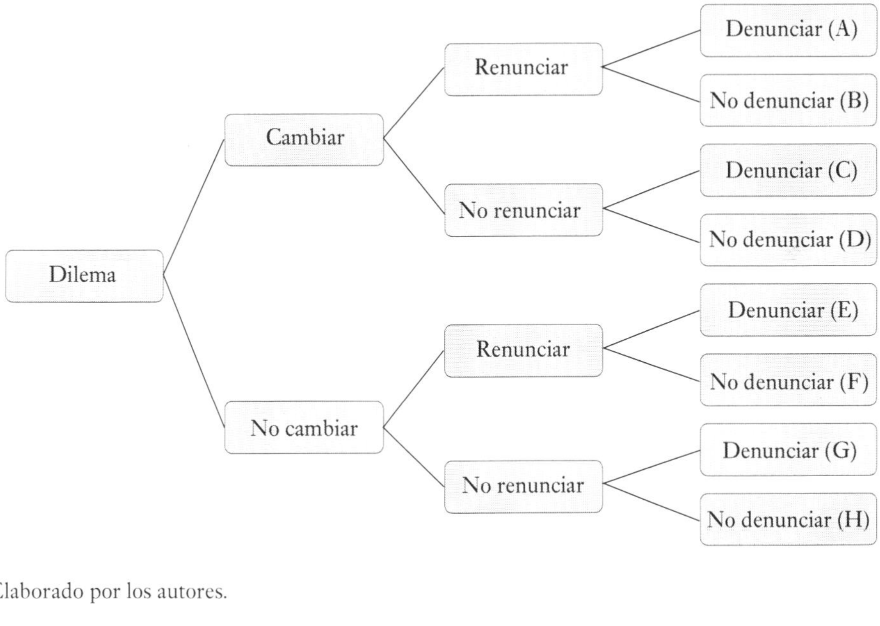

```
                                    ┌─ Denunciar (A)
                        ┌─ Renunciar ┤
                        │            └─ No denunciar (B)
            ┌─ Cambiar ─┤
            │           │              ┌─ Denunciar (C)
            │           └─ No renunciar ┤
Dilema ─────┤                          └─ No denunciar (D)
            │                           ┌─ Denunciar (E)
            │           ┌─ Renunciar ───┤
            │           │               └─ No denunciar (F)
            └─ No cambiar ┤
                        │               ┌─ Denunciar (G)
                        └─ No renunciar ┤
                                        └─ No denunciar (H)
```

Elaborado por los autores.

SEGUNDA PARTE
CONOCIMIENTO PARA ILUSTRAR LA TOMA
DE DECISIONES DE POLÍTICA PÚBLICA

En la primera parte vimos que las políticas públicas, por regla general, siguen un ciclo compuesto por ocho fases que, en breve, inicia con la identificación del problema, pasa por la implementación de soluciones, y culmina con su reforma o terminación. Vimos que existen varias teorías y visiones al respecto de cómo se forma la política pública, y que conocerlas le permite al analista tener una visión de conjunto al respecto de su rol específico. En particular, discutimos sobre el importante papel que el analista puede jugar para que desde una posición objetiva, y entendiendo las dinámicas del proceso, pueda aportar información y conocimiento útil para guiar la toma de decisiones y así contribuir a la solución de problemas públicos. Por último, y particularmente relevante para esta segunda parte, vimos que el análisis y diseño de políticas públicas debe concebirse con un ejercicio iterativo e interactivo.

En esta parte abordaremos las formas como el rol del analista puede ser desempeñado con profesionalismo y alta calidad. Es decir, veremos cómo el conocimiento puede nutrir el proceso que siguen las políticas desde la comprensión misma del problema y la concepción y diseño de soluciones (*Knowledge in the Policy Process*). Para ello, abordaremos primero el mayor reto del analista y diseñador de políticas públicas: la identificación y estructuración del problema público que inspira la acción del Estado. Luego, abordaremos el proceso y los métodos relacionados con la identificación de los criterios de decisión. Por último, nos referimos al proceso y los métodos de identificación de las alternativas de solución; con la evaluación de alternativas, y con la estrategia de argumentación y recomendación de soluciones.

4. EL PROBLEMA DE DEFINIR EL PROBLEMA DE POLÍTICAS PÚBLICAS

En el ejercicio de análisis de política pública la etapa más compleja, más difícil y más importante es la identificación del problema. Si el problema no es bien identificado se corre el riesgo de ser ineficaz a la hora de ofrecer soluciones, pues se pueden ofrecer soluciones a problemas incorrectos. Para algunos estudiosos de la materia como Dunn (2004), la estructuración del problema es prioritaria, incluso está por encima de la solución del problema, lo cual escapa de su control.

Según Aguilar, "quien define es quien decide", pues de la manera como se defina un problema público dependerá el curso de acción, los instrumentos y medios que se utilizarán para intentar resolverlo (Aguilar, 2009). En este capítulo se describirá el proceso de estructuración y definición del problema y se identificará su importancia para la construcción de la política pública.

Es importante tener en cuenta que para varios analistas los problemas no son algo que existe como un objeto concreto que debe ser "encontrado", "descubierto" o "identificado", sino que se trata de constructos mentales que el tomador de decisiones opta, de manera estratégica, denominar, definir y caracterizar como "problema" por conveniencia política (Dery, 1984; Vesely, 2007; Hoppe, 2010).

GRÁFICO 6: PASO 1. ESTRUCTURACIÓN DEL PROBLEMA

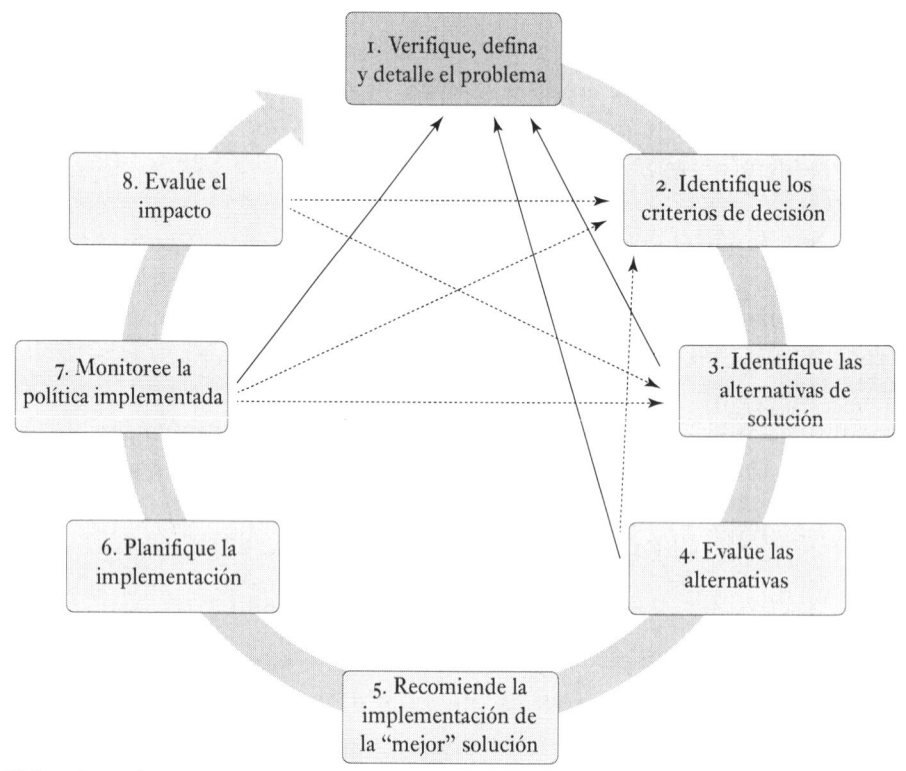

1. Verifique, defina y detalle el problema
2. Identifique los criterios de decisión
3. Identifique las alternativas de solución
4. Evalúe las alternativas
5. Recomiende la implementación de la "mejor" solución
6. Planifique la implementación
7. Monitoree la política implementada
8. Evalúe el impacto

Elaborado por los autores.

Como se puede ver en el Gráfico 6, el proceso analítico, al igual que el proceso político, es cíclico, pero no lineal sino iterativo. En este orden de ideas, la definición del problema es un paso esencial, pero no termina en el momento inicial sino que debe ser abordado reiteradamente a medida que se avanza en las demás fases del ejercicio. En efecto, en las etapas tres y cuatro, al igual que en la etapa siete del proceso analítico, asociadas con identificación de alternativas de solución, la evaluación de alternativas y el diseño del plan de monitoreo, el analista se remite de nuevo a la definición del problema, pues es durante aquellas que la estructuración del problema se pone a prueba; es allí donde se determina si se está cayendo o no en el error del tercer tipo, es decir, dar solución a un problema equivocado.

Este capítulo contiene elementos teóricos como prácticos, orientados, tanto a contribuir al conocimiento del ciclo de las políticas públicas, como a las mejores formas de aportar conocimiento para que el ciclo se lleve a cabo de la mejor forma posible. Así, en la primera parte, se discutirán los elementos conceptuales que permiten entender la naturaleza del principal objeto de estudio de los analistas y diseñadores: los problemas públicos. Allí se abordarán sus características y tipos. Posteriormente, se abordarán las fases típicas que surten los problemas públicos desde su percepción hasta que se decide hacer algo al respecto. El propósito de ese análisis es llamar la atención sobre cómo la sensación problemática se forma, se transforma en situación problemática que demanda una acción, y se formaliza para inspirar el diseño de la acción por implementar. Seguidamente, se presentan los métodos que se sugieren para llevar a cabo de la mejor forma posible la labor del analista en esta tarea, consistente en definir y estructurar bien el problema con miras a proponer una solución efectiva. Estamos convencidos que la discusión teórica ofrecida al principio nutre de manera fundamental la labor instrumental descrita en los métodos, pues el correcto entendimiento de los problemas públicos y de su complejidad determinará la correcta o incorrecta utilización de los métodos e instrumentos propuestos en este capítulo, y a la postre, el éxito o fracaso del diseño de políticas públicas.

4.1 CARACTERÍSTICAS DE LOS PROBLEMAS PÚBLICOS

La Real Academia de la Lengua Española define problema como el "conjunto de hechos o circunstancias que dificultan la consecución de algún fin", o como un "planteamiento de una situación cuya respuesta desconocida debe obtenerse a través de métodos científicos" (*Diccionario de la Lengua Española*, vigésima segunda edición, www.rae.es)

Para DERY, "los problemas de políticas públicas son necesidades, valores u oportunidades de desarrollo que no están resueltas y que son posibles de alcanzar mediante la acción pública" (1984). Dichos problemas son la razón de ser del Estado, por ende, su identificación es de gran importancia para los analistas de políticas públicas.

Otros autores como JEAN-GUSTAVE PADIOLEAU definen el problema público como "el conjunto de problemas percibidos que demanda un debate público, incluso la intervención de las autoridades políticas legítimas". Por su parte, AARON WILDAVSKY lo define como cualquier problema para el cual exista una solución, mientras que JOHAN KINGDON se refiere a un problema público cuando "las personas comienzan a pensar que algo puede hacerse para cambiar la situación" (KINGDON, 2003).

Para los propósitos de este *Manual*, proponemos como definición de problema público toda situación que afecta negativamente los valores materiales e inmateriales de una colectividad, o amenazan afectar el bienestar de la misma en el futuro cercano, y sobre las que se espera que el Estado actúe. Se destacan de esta definición los elementos característicos del proceso que va desde la percepción de que "algo está mal", seguida de la identificación de elementos sustantivos del mismo tales como el hecho de que su existencia afecta ciertos intereses y vulnera ciertos valores, pasando por el reconocimiento de que "se debe hacer algo al respecto" y, por último, de que en efecto el Estado es capaz, al menos hipotéticamente, de solucionarlo. Sobre estos elementos volveremos más adelante.

El llamado de atención sobre la importancia de entender bien los problemas para poder solucionarlos, resulta del dramático descubrimiento de que en la práctica es más común de lo que se esperaría que los gobernantes fracasen en sus políticas públicas más porque han "resuelto" el problema equivocado que porque le hayan dado una solución equivocada al problema correcto. Como ya se discutió, a esto se le conoce como el error del tercer tipo y es el principal reto del analista. Por este motivo, para diseñar una buena política pública, se debe hacer una buena identificación, definición y caracterización del problema que nos preocupa como analistas.

Para una mejor comprensión de la complejidad del objeto principal de estudio de un analista (los problemas de política pública), es necesario tener en cuenta sus características intrínsecas:

1. *Interdependencia de los problemas de políticas públicas*. Los problemas en un área afectan con frecuencia los problemas en otras áreas. Los problemas de política pública no son entidades independientes sino que hacen parte de un sistema más complejo (BROWN, 1971). Los sistemas de problemas interdependientes requieren de un modelo en el cual se estudien los problemas como

unidades indivisibles. Así, como lo argumenta Brown "es mejor resolver diez problemas interdependientes a la vez, que uno solo" (Brown, 1971)[1].

2. *Subjetividad de los problemas de política pública.* Los problemas de política pública están sujetos a interpretaciones humanas. En realidad, los problemas se basan en elementos de una situación problemática que son abstraídos de ella mediante el análisis. Existen elementos objetivos como la tasa de natalidad de una población, sin embargo, dichos datos pueden ser interpretados de diferentes maneras e identificarse o no como problemas. Si una situación o circunstancia constituye un problema es debido a creencias y valoraciones humanas y no producto de los hechos mismos (Aguilar, 1993). Es muy importante no confundir una situación problemática con un problema, dado que este último es una creación mental que resulta de transformar la experiencia en un juicio humano.

3. *Artificialidad de los problemas de política pública.* Los problemas son una creación del ser humano hecha mediante la interpretación y el juicio. Es la sociedad quien decide si quiere mejorar o cambiar una situación problemática. Cotidianamente las sociedades soportan una multitud de condiciones (i.e. el mal tiempo, las enfermedades incurables, la polución), sin embargo, "no todas las condiciones son consideradas como problemas" (Kingdon, 2003). Hasta cuando no se piensa que una acción debe ser iniciada para cambiar las cosas, no se trata de un problema sino solo de una condición. De esta manera, los problemas no existen sin los individuos o grupos que los definen y manifiestan su existencia. Lo anterior quiere decir que no existe un estado "natural" de la sociedad que constituya problemas de política pública. Igualmente, una situación puede ser considerada un "problema" como resultado de la presión ejercida por "abogados de una solución", esto es, "empresarios" que ofrecen "soluciones" y buscan problemas para justificarlas. Como lo argumenta Hoppe, la definición de un problema es en sí una estrategia política (2010).

---

[1] Los sistemas de problemas son sistemas en los cuales:
    a. Todos los elementos son diferentes en propiedades y en comportamiento.
    b. Las propiedades y comportamientos de cada elemento afectan al sistema en su conjunto.
    c. Las propiedades y comportamientos de cada elemento dependen al menos de otro elemento del sistema.
    d. Todos los posibles subgrupos del sistema tienen efectos sobre el (sistema en su) conjunto.

En este orden de ideas, un problema puede ser el producto de un proceso de problematización. Poniendo como ejemplo la política ambiental, se demuestra que la polución empezó a ser considerada como problema a partir de los años 70, mientras que la polución existía desde la aparición de la gran industria. Así, pues, la existencia de un hecho objetivo no implica su calificación automática como problema público. En consecuencia, el problema público resulta de un proceso de problematización, esto es, una serie de mecanismos que intervienen en su definición y en el paso de condición a problema (SHEPPARD, 2009), en el surgimiento de un problema público y en su inscripción en la agenda.

El problema público también resulta del proceso de publicización, esto es, la manera mediante la cual el problema entra en la esfera pública. Un problema puede ser público:

– "En el sentido en que moviliza diferentes públicos (acción sobre la escena pública, movilización colectiva de los diferentes actores involucrados por el problema).

– "Cuando penetra en la arena pública, en el espacio público, y es objeto de un debate público (aquí hay que tomar en cuenta el papel que juegan los medios de comunicación y la inscripción del problema en la agenda mediática).

– "Si las autoridades públicas se hacen cargo de él o si recurre a estas autoridades para resolverlo.

– "Cuando se inscribe en la agenda política y es objeto de politización, es decir, cuando es usado en la puja por el poder".

(Sheppard, 2009, 359).

4. *Dinámicas de los problemas de política pública.* "Tanto los problemas como las soluciones están en constante evolución. Las soluciones a los problemas se pueden volver obsoletas, o los problemas pueden cambiar o transformarse". (DUNN, 2004, 76.)

5. *Incorporan tanto elementos técnicos como políticos.* Los problemas públicos incorporan aspectos de gran complejidad y especialidad que solo pueden ser atendidos apelando a procedimientos, herramientas o materiales que demandan un profundo conocimiento pocas veces ofrecido, de la especialidad de una o varias disciplinas. Igualmente, involucra aspectos que tienen el potencial de afectar la distribución de costos y beneficios y por esa vía alterar la balanza de poder y de intereses de ciertas personas, organizaciones sociales o políticas o instituciones. Por lo general, su "solución"

nunca es 100% "satisfactoria" para todos los involucrados. Más aún, su solución genera nuevos problemas. En efecto, para muchos, los problemas no se resuelven sino que se transforman.

Finalmente, es importante resaltar que el reconocimiento de las características y naturaleza de los problemas (su carácter dinámico, sistémico, subjetivo, estratégico, etc.) ayuda a evitar las posibles consecuencias que acarrea una mala solución, esto es, pérdida de recursos, costos de oportunidad, inefectividad en resolver una situación conflictiva, generación de nuevos problemas, entre otros. Sin duda, la tarea de identificación y definición del problema es un proceso intelectual que sirve de base para todo el análisis y diseño de las políticas públicas.

4.2 TIPOS DE PROBLEMAS

Según Dunn (2004), los problemas se pueden clasificar en tres tipos. Por razones pedagógicas, en este *Manual* se clasifican en dos categorías, pues de esta manera se hacen explícitas las diferencias entre los tipos. Se puede, entonces, hablar de problemas simples y problemas complejos. O, en términos de Dunn (2004), problemas bien estructurados y débilmente estructurados. La estructura de cada una de estas clases está determinada por su complejidad, es decir, el grado en el cual el problema es de hecho un sistema interdependiente de problemas.

¿Por qué el autor se refiere a ellos en términos de estructura? Porque es lo que caracteriza el objeto de análisis. Debe recordarse que el analista debe ser antes que un abogado de la solución, un buen estructurador de problemas. Si se tiene un problema bien estructurado, el trabajo del analista puede ser relativamente más fácil que si tiene que lidiar con un problema débilmente estructurado. Sin embargo, en la política, el analista se enfrenta a una difícil tarea puesto que este no puede elegir el problema. Como ya se vio antes, el problema no está establecido, solo existe una situación problemática. Al analista se le presenta el reto de estructurarlo, definirlo y proponer soluciones.

¿De qué depende la complejidad o la simplicidad del problema? Existen cinco criterios. Estos criterios son: el número de tomadores de decisiones que participarían en su solución, el número de posibles alternativas de solución, lo valores en juego, el nivel de certeza de los resultados y la calculabilidad de los mismos (Dunn, 2004). El Cuadro 7 sintetiza esta caracterización.

CUADRO 7: TIPOS DE PROBLEMA SEGÚN SU ESTRUCTURA

Elementos	Problemas bien estructurados (simples)	Problemas débilmente estructurados (complejos)
Tomadores de decisiones	Uno o pocos	Muchos
Alternativas de solución	Limitadas	Muchas
Valores (*definir)	Consenso	Conflicto
Resultados	Certeros	Inciertos
Probabilidades	Calculables	No calculables

Adaptado de Dunn (2004).

Esta división sirve como una categorización conceptual que ayuda al analista a identificar a qué tipo problema se enfrenta y cuáles son sus características. Existen problemas que son, por naturaleza, complejos o en palabras de Dunn (2004), débilmente estructurados, la diferencia entre estos y los simples o bien estructurados depende del nivel de interrelación con otros problemas. En otras palabras, un problema es simple o complejo dependiendo del grado en el cual el problema sea un sistema interdependiente de problemas (Dunn, 2004, 79).

4.2.1 PROBLEMAS SIMPLES O BIEN ESTRUCTURADOS

Para Dunn (2004) los problemas simples son todos aquellos que tienen una cantidad limitada de tomadores de decisiones (uno o pocos), un número reducido de alternativas, un grado de consenso alto entre los actores involucrados (*stakeholders*), unos resultados certeros y, por último, con unas probabilidades de éxito o fracaso calculables.

Dentro de la categoría de problemas simples se incluyen la falta de un acueducto en las favelas de Río de Janeiro, pues son pocas personas las que deciden al respecto: el alcalde, las autoridades locales, la comunidad, entre otros. Así mismo, las alternativas son limitadas, pues la variedad de las mismas para la creación del acueducto serían de carácter principalmente técnico; por dónde pasan las líneas del acueducto, el modo de financiación, el material por utilizar, el contratista, etc. El grado de consenso en este ejemplo sería alto, pues son relativamente pocos los valores e intereses en conflicto. En cuanto a los resultados se puede decir que hay un grado alto de certeza de los efectos de cada alternativa, pues el no hacer nada tendría como resultado una situación igual, el crear el acueducto con características A, B o C tendría resultados específicos para la población. Finalmente, calcular el impacto de un diseño u otro también es una tarea realizada con algún grado de precisión.

Otro ejemplo de problema simple es una epidemia en Haití, pues el número de tomadores de decisiones es relativamente bajo, las alternativas de solución son escasas (pues habría que controlar la epidemia mediante jornadas de vacunación, programas de atención y prevención, campañas informativas, entre otros), nadie pondría en duda la importancia de resolver el problema ni cuestionaría los métodos médicos. Los resultados al aplicar una solución son previsibles y las probabilidades de éxito son calculables. Dadas las características anteriores, en este tipo de problemas es relativamente más fácil llegar a consensos y acuerdos que si el problema fuese más complejo en sus características.

4.2.2 PROBLEMAS DÉBILMENTE ESTRUCTURADOS O COMPLEJOS

Los problemas complejos son aquellos en los cuales existen un gran número de tomadores de decisiones que, en general, tienen valores e intereses en conflicto. Las alternativas de solución en este tipo de problemas son ilimitadas y, por lo general, los resultados de dichas alternativas son inciertos. Las probabilidades de éxito en los problemas débilmente estructurados son incalculables.

Un ejemplo de problema complejo es la pobreza. Dentro de los actores involucrados están los miembros del gobierno en áreas como la educación, la seguridad social, la salud, la economía; miembros del legislativo, la sociedad civil organizada, los empresarios, los sindicatos, incluso agentes internacionales y no gubernamentales. No es de extrañar que entre estos actores existan conflictos de valores. Los resultados de las soluciones que se propongan para este problema, al ser tan complejos, son difíciles de predecir y las probabilidades de éxito son prácticamente incalculables.

El aborto ilegal es otro buen ejemplo de problema complejo. En este caso los tomadores de decisión son diversos: el Congreso, el Ministerio de Educación, el Ministerio de Protección Social, centros educativos, centros médicos, las cortes, las organizaciones no gubernamentales, entre otros. Adicionalmente, existen conflictos de valores en cuanto al problema; la visión de la Iglesia es diferente a la del gobierno y no hay consenso entre diferentes grupos sociales. Por otra parte, las alternativas de solución son diversas y sus resultados son inciertos.

Como antes se dijo, todo problema tiene dos grandes componentes: el político y el técnico. Si el analista debe recomendar soluciones a un problema simple, sus conocimientos y habilidades en lo técnico serán de particular valor. Si el analista se enfrenta a un problema complejo, sus conocimientos y habilidades en lo político serán de especial relevancia. El analista debe hacer frente a las características propias de cada tipo de problema. En el caso de los problemas simples, el análisis se concentra en la comparación de alternativas en donde los criterios técnicos predominan. En el caso de problemas complejos, las alternativas requieren de un estudio relativamente más político, en el que se deberían tener en cuenta los conflictos de intereses, los impactos socio económicos, el carácter, ideológico, sociológico, etc.

Otra forma de dar cuenta de la complejidad de los problemas es la ofrecida por Hoppe (2010), para quien esta depende tanto del nivel de consenso en valores y normas en juego como de la certeza que se tiene sobre la capacidad para abordarlos de manera efectiva. Así, para Hoppe, cuando se está frente a problemas en donde hay consenso en valores y normas sociales y, además, hay certeza sobre las capacidades del Estado para solucionarlo se habla de problemas estructurados. Un ejemplo de este tipo de problemas es el del mal estado de la malla vial. Cuando se está frente a problemas en donde hay consenso en valores y normas sociales, pero no hay certeza sobre las capacidades del Estado para solucionarlo se habla de problemas moderadamente estructurados, en donde el "carácter moderador" viene del lado de los medios o instrumentos. Un ejemplo es el de la inseguridad vial. Cuando se está frente a problemas en donde no hay consenso en cuanto a los valores sociales a defender, pero si sobre la capacidad para incidir en ellos de manera efectiva, se habla de problemas moderadamente estructurados también, pero en donde el carácter moderador proviene de los fines u objetivos sociales. El ejemplo allí es el del crecimiento demográfico. Por último, cuando se está ante problemas en donde ni hay consenso en valores ni hay certeza sobre el éxito de la intervención, se habla de problemas no-estructurados. Un ejemplo sería el de la prostitución, la drogadicción u otras decisiones individuales de los adultos que dividen la opinión pública y sobre los que no se cree haya "soluciones exitosas".

Por último, queremos ofrecer para el debate otra forma de clasificar los problemas según su grado de complejidad. En nuestra opinión, se trata de una clasificación instrumentalmente más útil que las ofrecidas por los autores en la materia hasta el momento. Se trata de diferenciar los problemas teniendo en cuenta el carácter político y el grado de (o ausencia de) consenso posible en cuanto a la percepción del problema como de las formas de solucionarlo. En parte, la dicotomía planteada responde a las diferencias ideológicas que enmarcan los debates públicos. Así, por un lado, hablaríamos de problemas bien estructurados cuando hay consenso en cuanto a "qué", o cuál es el problema, y "cómo" enfrentarlo. Un ejemplo de este tipo de problemas es el de la falta de colegios en municipios alejados o la falta de médicos rurales, etc. Hablaríamos de dos tipos de problemas moderadamente estructurados: cuando hay consenso en cuanto al "qué", pero no en cuanto al "cómo" (i.e. la pobreza, el desempleo, etc.), y cuando hay consenso en cuanto al "cómo", pero no en cuanto al "qué" (i.e. crecimiento demográfico, proliferación de armas, etc.). Por último, habría un cierto tipo de problema y es el relacionado al estado en el que no hay consenso en cuanto al "qué" ni en cuanto al "cómo" (i.e. falta de espacio público, movilidad urbana, etc.). El Cuadro 8 ilustra esta clasificación.

CUADRO 8: TIPO DE PROBLEMA SEGÚN LOS CONSENSOS EN CUANTO AL "QUÉ" Y AL "CÓMO"

¿"Cuál" es el problema? vs. ¿"Cómo" solucionarlo?

| | | Consenso en cuanto al "cómo" ||
		Sí	No
Consenso en cuanto al "qué"	Sí	Problemas estructurados (e.g. puente, escuela, hospital)	Problema moderadamente estructurado (e.g. pobreza, desempleo)
	No	Problema moderadamente estructurado (e.g. proliferación de armas, aborto	Problemas no estructurados (e.g. espacio público movilidad urbano)

Adaptado de Hoppe, 2010.

Lo anterior da cuenta de la complejidad de la labor del analista, quien debe enfrentarse a objetos de análisis tan "gaseosos". Por fortuna, los estudiosos de las políticas públicas han avanzado rápidamente en ofrecer visiones, recursos y herramientas de trabajo para facilitar la labor de los analistas. Si bien estas no garantizan *per se* el éxito en la solución de los problemas, si contribuyen a mejorar las prácticas y por esa vía reducir los errores y los costos asociados a ellos. En este sentido, todo aporte a la labor intelectual es ganancia, por eso discutiremos tanto el proceso que siguen los problemas desde su percepción hasta que son tenidos en cuenta para inspirar el diseño de soluciones. Posteriormente, pasaremos revista a los métodos más utilizados y útiles para facilitar el proceso de estructuración e identificación de los problemas.

4.3 CICLO DE LA MADURACIÓN DE LOS PROBLEMAS

Dunn (2004) identifica cuatro fases en la estructuración del problema: experimentación del problema, búsqueda del problema, definición del problema, y especificación del problema (Dunn, 2004, 83). Por considerarlo más útil y claro, partimos de dicha visión para darle un tratamiento distinto y caracterizar los momentos y etapas críticas identificables que van desde la experimentación de la sensación problemática (*input* psicológico), pasa por su ascenso a situación problemática (*input* político), sigue por la objetivización del problema (*input* académico), y culmina con la formalización del problema orientado a inspirar el diseño de soluciones (*input* técnico). Mientras que en las dos primeras fases la intervención del analista es casi nula[2], en las dos últimas es fundamental. El Gráfico 7 sintetiza nuestra visión al resecto.

---

2   Excepto cuando el analista busca incidir en la percepción pública o jugar el papel de abogado de la solución por intereses políticos. De esto hablaremos más adelante.

GRÁFICO 7: CICLO DE MADURACIÓN DEL PROBLEMA
PREVIO A LA SOLUCIÓN

Input psicológico	Input político	Input académico	Input técnico
↓	↓	↓	↓
Sensación problemática	Situación problemática	Objetivización del problema	Formalización

Solución

Sociedad tomadora de decisiones | Analista de políticas públicas

Elaborado por los autores.

En este *Manual* se interpretan las etapas de Dunn (2004) en términos de sus resultados más que en términos de las acciones que implican su estructuración. Creemos que esta visión enriquece la comprensión del proceso de estructuración del problema, y ofrece el contexto necesario para dimensionar el ejercicio que implica el uso de los instrumentos y métodos presentados en el *Manual*. A continuación se detalla cada fase.

4.3.1 LA SENSACIÓN PROBLEMÁTICA

La primera fase del proceso de estructuración del problema consiste en el reconocimiento emocional y psicológico que se desprende de "vivenciar" la presencia o la existencia de un problema o, como lo define Dunn (2004), de una necesidad no satisfecha, unos valores o unas oportunidades de mejorar que solo se pueden alcanzar con la intervención del Estado (Dunn, 2004,72). En esta fase, típicamente se perciben expresiones como "algo malo está pasando", "me molesta esta situación", "hay algo que no funciona bien", etc. Aquí se encuentra la génesis de la política pública. Sin ella, no se hace nada. En esta fase, el analista no juega ningún papel. De hecho, podría ser totalmente ajeno a la situación en cuestión.

4.3.2 LA SITUACIÓN PROBLEMÁTICA

La "sensación problemática" puede ascender a "situación problemática" en la escala política en función del número de los afectados y la gravedad inherente. Como lo afirma Aguilar (1993), se trata del conjunto de experiencias observadas o vividas por los sujetos que tienen como resultado conclusiones negativas, y que generan consecuencias que difieren de las condiciones deseadas. En esta etapa la sensación problemática se colectiviza, lo que lleva a la existencia de demandas organizadas concretas a "hacer algo al respecto". El papel del analista en esta fase sigue siendo más bien pasivo. Es, posiblemente, un "simple" observador, el cual se entera de lo que se está gestando a través de los noticieros.

La sensación problemática, sumada a una demanda y preocupación colectiva sobre el tema, desemboca en una situación problemática, pues está basada en percepciones y sensaciones colectivas que tienen como resultado una apreciación negativa sobre la situación. En este contexto se percibe que el Estado debe y puede hacer algo. Las reformas a la educación, el acceso y gratuidad de la prestación del servicio de salud, etcétera, son ejemplos de conquistas sociales que resultan de una demanda colectiva.

Por otra parte, en algunos casos la sensación problemática puede ascender al estatus de "situación" por vía del reconocimiento que el tomador de decisiones puede hacer de una necesidad como es el caso de la deserción escolar o la inversión en ciencia y tecnología, sobre los cuales no hay y puede que no exista una demanda social en el mediano o en el largo plazo. Así mismo, la situación problemática puede constituirse como consecuencia de un mandato legal o institucional como es el caso de problemas relacionados con corrupción en los cuales se *debe* intervenir, una presión internacional como, por ejemplo, en casos de violaciones a los derechos humanos, o una ventana de oportunidad para la acción pública ante la existencia de problemas no atendidos y/o no reconocidos de manera colectiva como puede ser la identificación de bajos niveles de turismo internos, donde la acción sería deseable[3].

El Gráfico 8 ilustra las diferentes variables que influyen en la conformación de una situación prolemática.

---

[3] El abordaje del proceso que culmina con la inclusión de un problema en la agenda pública es ampliamente ilustrado en KINGDON, J. W. (2003). *Agendas, alternatives, and public policies*. New York, Longman.

GRÁFICO 8: FACTORES QUE EXPLICAN LA SITUACIÓN PROBLEMÁTICA

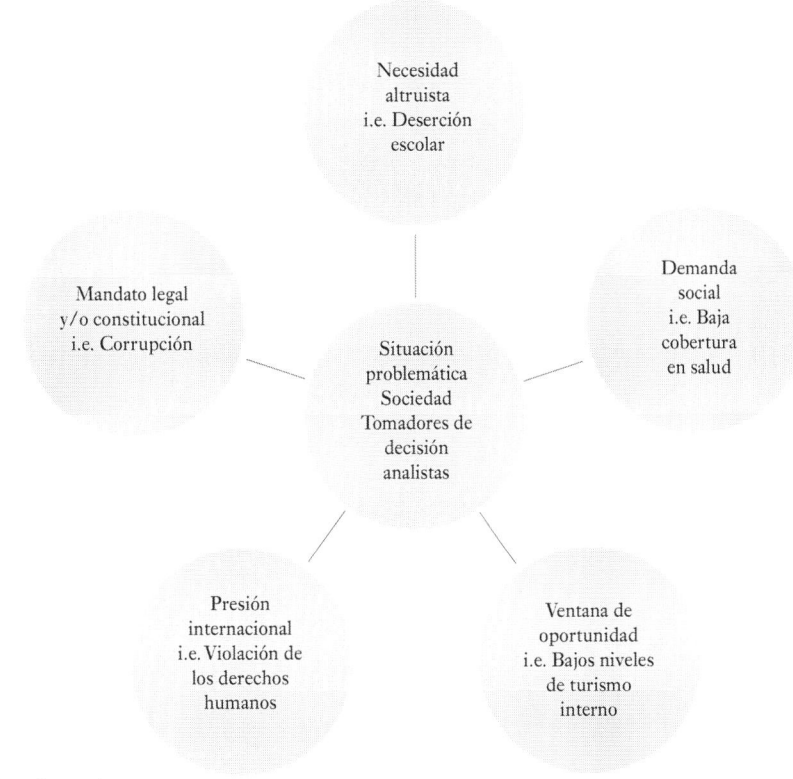

- Necesidad altruista i.e. Deserción escolar
- Demanda social i.e. Baja cobertura en salud
- Ventana de oportunidad i.e. Bajos niveles de turismo interno
- Presión internacional i.e. Violación de los derechos humanos
- Mandato legal y/o constitucional i.e. Corrupción

Centro: Situación problemática Sociedad Tomadores de decisión analistas

Elaborado por los autores.

4.3.3 LA OBJETIVIZACIÓN DEL PROBLEMA

4.3.3.1 EL METAPROBLEMA

La segunda etapa para la estructuración del problema es la relativa a la identificación de las diferentes formas que puede adoptar la sensación problemática para hallar así el metaproblema. En la práctica los analistas rara vez se ven enfrentados con un problema simple o bien estructurado. La mayoría de las veces los analistas se encuentran con multiplicidad de sensaciones problemáticas que han sido definidas como problemas de maneras diferentes por actores y tomadores de decisiones a través del proceso de política pública. El metaproblema es el "problema de problemas", es la sumatoria de las representaciones individuales del problema, es decir, de la forma como los diferentes actores visualizan o perciben "el" problema.

En esta fase el rol del analista es fundamental. Aquí el analista tiene un objetivo claro, esto es, estructurar el metaproblema, es decir, definir un problema de segundo orden que contendrá diferentes problemas de primer orden. Para cumplir esa meta el analista empieza a hacer una identificación de las ideas, las visiones, los conceptos, las variables, los supuestos, las premisas, los objetivos, los paradigmas, las políticas, etc, que estarían asociados a una visión del problema, a una representación del mismo por parte de los distintos actores, de aquellos que tienen algo que decir al respecto.

Un método muy útil para la estructuración del metaproblema es el análisis de fronteras del problema. Mediante un ejercicio juicioso de investigación, el analista puede llegar a encontrar las fronteras del mismo. Para ello, el analista indaga, cuestiona, entrevista, lee, estudia las diferentes formas en que el problema es o podría ser representado. El método de "bola de nieve" es muy útil para ello. En este proceso el analista contacta a las personas de su entorno más cercano que conozcan del problema y puedan aportar definiciones del mismo. Al final de la entrevista pide que le proporcionen la referencia de otras personas o fuentes que estén involucradas o relacionadas o interesadas en el tema, y así sucesivamente. Mediante este proceso el analista puede recoger diferentes elementos de las definiciones proporcionadas sobre el problema y, adicionalmente, puede identificar los actores involucrados en el tema, aumentando así el acervo de información y conocimientos sobre el asunto. Cuando el analista no pueda encontrar ideas nuevas o fuentes diferentes, habrá encontrado los límites del metaproblema. Más adelante este método se estudiará en forma detallada.

Por ejemplo, en el caso del problema de la contaminación ambiental, el analista se puede topar con personas que opinen que la contaminación es un mal necesario en el proceso de desarrollo de un país. Para esa definición del problema, una solución viable sería establecer estándares mínimos de contaminación que a su vez proteja el medioambiente y no impida el desarrollo. Otra percepción del problema que el analista puede encontrar es la que afirma que la contaminación es consecuencia de los empresarios insensibles que solo desean aumentar el margen de utilidad de su empresa independientemente de las externalidades negativas para el medioambiente que ello genere. Frente a esta visión del problema, una alternativa de solución podría ser castigar las utilidades de las empresas por contaminar o, mejor aún, definir estímulos tributarios para la producción limpia. De esta manera se "juega el juego" que entienden estos empresarios y se logran los dos objetivos en cuestión: generar utilidades y proteger el medioambiente. Una visión alternativa del problema puede ser la referente a la contaminación como resultado de los consumidores que no tienen en cuenta o no se interesan por el efecto o externalidad asociada con el producto que compran y consumen, probablemente porque solo se fijan en los precios de los productos que desean comprar. Desde esta perspectiva una solución viable sería implementar campañas de sensibilización de los consumidores para que consuman productos limpios que afecten menos el medioambiente. El metaproblema para efectos del ejemplo anterior sería la recopilación de todo el panorama de percepciones, actores, visiones, paradigmas acerca de la contaminación.

En la práctica, todas las formas como se representa el problema del ejemplo tienen algo de razón. Por ello una visión holística, completa y compleja del analista le permitiría diseñar soluciones más adecuadas, lo que aumentaría su probabilidad de ofrecer la recomendación a una solución exitosa. Por el contrario, si el analista no hiciese el ejercicio de buscar el metaproblema, correría el riesgo de tener en cuenta una única visión (cualquiera de las anteriores u otra) y de esa manera ofrecer una solución sesgada, lo que reduciría la probabilidad de éxito de solucionar el problema real en todas sus dimensiones, cayendo en el error del tercer tipo antes discutido.

4.3.3.2 EL PROBLEMA SUSTANTIVO

Mientras que el ejercicio de encontrar el metaproblema consiste en identificar la complejidad del mismo en todas sus dimensiones y características, en esta fase se busca mover el ejercicio analítico en dirección a la acción. Así, la fase consistente en encontrar el problema sustantivo busca empezar a definir el problema en términos más operacionales, más "manejables".

Se trata de un reto intelectual que implica reconocer los elementos sustantivos del problema desde una perspectiva particular en donde el analista toma una posición, privilegiando una visión sobre las demás. En efecto, en la práctica la visión predominante, que en últimas se tenga de los problemas, depende en gran medida de la profesión, la experiencia y la trayectoria del analista. Así, un economista tiende a ver siempre los problemas desde la perspectiva economicista, esto es, con énfasis en los factores que afectan a la producción y la distribución de bienes y servicios, la eficiencia económica, el punto de equilibrio, etc. Esta visión primará, entonces, en el momento de analizar un problema y de ofrecer una solución. Si, por el contrario, el analista tiene una preferencia por analizar los problemas públicos desde la ciencia política, tenderá a ver las cosas desde la perspectiva del énfasis en la distribución del poder e influencia de los diferentes actores involucrados.

De nuevo, es muy probable que los problemas tengan tanto de lo uno como de lo otro, pero si solo se centra en uno de los dos, se limita la probabilidad de ver otras dimensiones del problema que también son importantes. La escogencia de un marco conceptual es similar a la escogencia de una visión del mundo, de una ideología o de una religión, e indica el compromiso con una visión de la realidad muy particular. Inevitablemente representa un sesgo. De aquí se desprende uno de los elementos característicos del ejercicio analítico, consistente en buscar las formas para evitar los sesgos en la medida de lo posible. Sin embargo, los sesgos no siempre son malos, pues hay que reconocer que son ellos los que en definitiva dan cabida a la acción.

En efecto, en la práctica se parte de dos escenarios: el escenario de la simplicidad y el escenario de la complejidad (ver Gráfico 9). En el primero, se ven fenómenos desde el punto de vista disciplinario. En el segundo, se ven desde la perspectiva multidisciplinaria u holística. Sin duda, la multidisciplinariedad es mejor a la unidisciplinariedad. Sin embargo, ubicarse en el extremo de la complejidad y no dar prioridad a una visión predominante, "sesgada", traería consigo el riesgo de no hacer nada, de preferir quedarse quietos, con lo que ello puede implicar desde el punto de vista moral, pues para eso está el Estado. Tener una visión compleja evita caer en la simplicidad, el reduccionismo, pero aumenta la probabilidad de no hacer nada. Por otro lado, como ya se vio, ubicarse en el extremo de la simplicidad conlleva a caer en el error del tercer tipo, de ofrecer una solución al problema que no es. En la práctica, lo ideal es no ubicarse en ninguno de los dos extremos del espectro. En efecto, se trata de un dilema ético consistente en no saber si es mejor actuar que no actuar. Como se verá más adelante, no hacer nada también se considera una "solución". Sin embargo, esta debe ser una conclusión derivada de un ejercicio analítico y no el resultado de la indecisión o la negligencia.

GRÁFICO 9: ESPECTRO DE LA DECISIÓN

Escenario de simplicidad　　　　　　　　　　Escenario de complejidad

Problema sustantivo

Elaborado por los autores.

En la medida de lo posible, se deben crear equipos interdisciplinarios para analizar los problemas y disminuir así las falencias que tienen los analistas individualmente considerados. Por ejemplo, si se quiere solucionar el tema de movilidad, no es suficiente verlo desde la perspectiva económica, probablemente también sea importante la psicológica, la sociológica, la antropológica, la filosófica, la política, la legal, la administrativa o la histórica, es decir, una gran cantidad de saberes, perspectivas y experiencias en las que todos tienen algo que decir con algo de razón y que apunta a entender mejor las distintas dimensiones del problema en cuestión.

Sin embargo, aunque existan equipos interdisciplinarios en la práctica siempre se impone una visión sobre las demás. Hay que anotar, no obstante, que esta no será una visión simplista, pues será una visión más elaborada, producto de la deliberación interdisciplinaria en donde se conocen las fortalezas y debilidades de cada argumento y se opta por la decisión más convincente, más plausible, menos propensa al error o al fracaso. Es esta visión, más compleja que la individual, pero más simple que la grupal, la que dará paso a la acción, a la implementación de soluciones de política pública más exitosa.

Otra razón por la cual es útil encontrar los elementos sustantivos del problema es para identificar el campo de acción del cliente de acuerdo con sus competencias estatutarias. Por ejemplo, ¿qué es lo que hace al problema "de espacio público" un problema de estética urbana o de competencia leal o de seguridad o de empleo? ¿quién debe hacer qué ante este problema? ¿qué hace la mortalidad infantil un problema de corrupción, de falta de recursos, de educación o de voluntad política? ¿qué le corresponde hacer al cliente? Hay que evitar, por supuesto, definir el problema en función del marco de competencia del cliente. Lo que hay que hacer es reconocer el vacío que puede ser llenado por el cliente entendiendo el problema en toda su complejidad y sugerir el establecimiento de puentes comunicantes entre tomadores de decisiones y los actores involucrados.

Por ejemplo, del metaproblema del desempleo se pueden derivar diferentes problemas sustantivos. Se puede tomar desde la perspectiva de la educación, entendiendo el problema como una consecuencia de la falta de capacitación de la población, desde la perspectiva de mercado, entendiendo el problema como una cuestión de oferta y demanda laboral, desde una posición social o política, entendiéndolo como la consecuencia de una política laboral inadecuada. Dependiendo de cuál sea la posición elegida se definen los aspectos sustantivos del problema, el campo de acción y los actores, es decir, el problema sustantivo. Por lo tanto, de un metaproblema, se pueden derivar diferentes problemas sustantivos.

4.3.4 LA FORMALIZACIÓN DEL PROBLEMA

La última fase del proceso de estructuración del problema consiste en definir el problema formal que es el primer peldaño en el proceso de la acción, es el que conecta el ejercicio analítico con el ejercicio de implementación. Retomando la representación del espectro de la decisión discutido arriba, se trata de un ejercicio que implica un desplazamiento adicional hacia el polo de la simplicidad, considerado necesario aunque riesgoso. Este ejercicio consiste en hacer una representación mental del problema mediante el uso de modelos. En efecto, los problemas se "formalizan" con el uso de dichos artefactos. Según Dunn (2004), los modelos pueden ser expresados como conceptos, diagramas, gráficas o ecuaciones matemáticas, y obligan al analista a explicitar los elementos de una situación problemática (Dunn, 2004). Cuando se define un modelo, se hacen construcciones o constructos artificiales de la realidad, que permiten ordenar las ideas e interpretaciones de la experiencia de una sensación problemática. Los modelos ayudan a distinguir entre los aspectos esenciales y los prescindibles.

Cuando se dejan de lado algunas variables o relaciones causales por afuera del modelo, se opta por una visión (derivada de los componentes sustantivos identificados) y por una solución o una combinación de ellas y se asume que las relaciones que no están presentes no son esenciales y, por ende, no deben ser una preocupación en el diseño. Cuando se hace una gráfica, se esquematiza o formaliza el problema, ya sea utilizando esquemas sencillos o fórmulas complejas, se está tomando una opción, una preferencia, se está explicitando la visión que el analista tiene respecto del problema. Por eso esta metodología ayuda también al analista a identificar los sesgos y los supuestos que se utilizan y sirven para evaluar las ideas convencionales, lugares comunes, métodos de análisis, etc.

Por ejemplo, en el caso del problema de la pobreza, si se "ilustra" o expresa como la consecuencia del desempleo, la mala educación, la corrupción, la ineficacia administrativa y el modelo de mercado, se estarían explicitando varios sesgos, mostrando varias preferencias por ciertas variables o por unas relaciones causales en detrimento de otras. Así, de alguna forma, se está dando una señal con respecto a las características de las soluciones por diseñar. En la medida en que todo modelo implica la identificación de causas que dan cuenta del problema, así como la identificación de las consecuencias de no hacer nada, las soluciones por recomendar serían tan solo el resultado lógico de cómo se ha percibido el problema y cómo este ha sido modelado. El modelo permite visualizar lo que se va hacer (y a la postre lo que no se va hacer). Permite también servir de herramienta de negociación, de discusión y servir de guía a la implementación, el monitoreo y la evaluación ex-post. El problema formal se constituye en la primera propuesta formal presentada por el analista a partir de la cual se puede discutir, hacer contrapropuestas, críticas, etc. Es la antesala a la acción.

El Gráfico 10 ilustra dos ejemplos básicos del problema. Mientras que en el diagrama de la izquierda se da por entendido que se diseñarán políticas públicas que prioricen el empleo y la educación como causas directas y principales de la pobreza, en el diagrama de la derecha se está tomando la educación como una causa del desempleo, y el desempleo como causa indirecta de la pobreza, por lo tanto, se estaría indicando que no se van a diseñar políticas de educación relacionadas con la pobreza como tal, sino políticas de empleo que prioricen el tema de la educación. En esa medida, no solo se da relevancia a las relaciones causales que están directamente asociadas a la pobreza sino a las relaciones que explican cómo el desempleo conduce o explica la pobreza. De este modo, la política pública no solo tendrá en cuenta los determinantes de la pobreza a primer nivel sino también a segundo, y eventualmente al tercer, cuarto o quinto

La política pública se convierte en un producto más elaborado, pues se tiene una visión más amplia del asunto y, de esta manera, se amplía el espectro de la acción pública, con lo cual se aumentan las probabilidades de éxito. El efecto contrario también es posible, esto es, identificar variables y relaciones causales que no son ciertas, lo que podría generar más problemas de los que ya existen. El modelo hace explícita esta visión y facilita el diseño, la decisión y la implementación y, de cualquier manera, facilita el debate constructivo.

GRÁFICO 10: EJEMPLO DE MODELOS BÁSICOS
DEL PROBLEMA

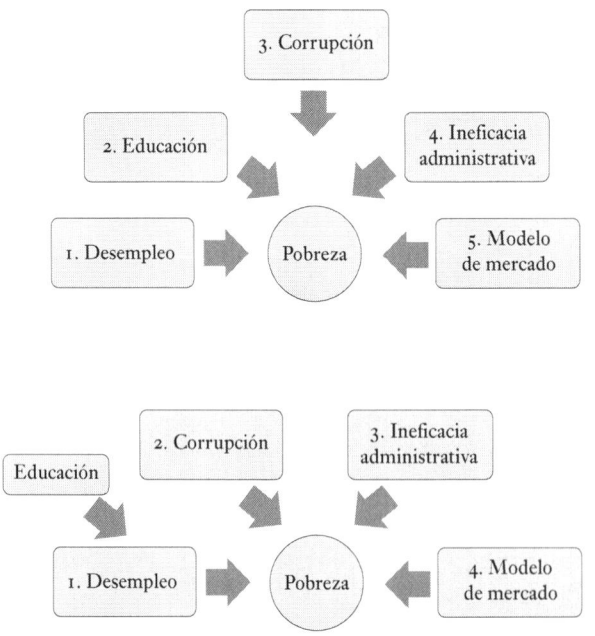

Elaborado por los autores.

Aunque los modelos son muy útiles para la estructuración del problema no hay que olvidar que son meras situaciones representativas de la "realidad" o de las situaciones problemáticas en un momento dado y de acuerdo con la información y el conocimiento disponible. Es importante reconocer que no son fiel copia de la realidad y que por ello deben ser revisados con frecuencia, pues no solo la realidad cambia, también la información y el conocimiento disponible al respecto. Aquí radica la importancia de los ejercicios de monitoreo y la evaluación a los que nos referiremos más adelante.

4.3.4.1 LOS MODELOS DEL PROBLEMA

Los modelos descriptivos y normativos

Según DUNN (2004), los modelos pueden ser clasificados en diferentes tipos. Una de las clasificaciones existentes está dada según el propósito del modelo. Aquí se encuentran los modelos descriptivos o los modelos normativos.

Los modelos descriptivos son los que muestran la relación entre dos o más variables, su objetivo es explicar o predecir las causas y consecuencias de las diferentes opciones de política pública. Estos modelos son utilizados para monitorear los resultados de las acciones de política pública y para prever el desempeño económico (DUNN, 2004). Un ejemplo de modelo descriptivo simple es el que se ilustra en el Gráfico 11, en el que se representa la relación entre ahorro e interés, y que simplemente se puede manifestar mediante dos ejes que muestran en qué medida aumenta el ahorro cuando aumenta la tasa deinterés.

GRÁFICO 11: EJEMPLO DE MODELO DESCRIPTIVO: RELACIÓN AHORRO-INTERÉS

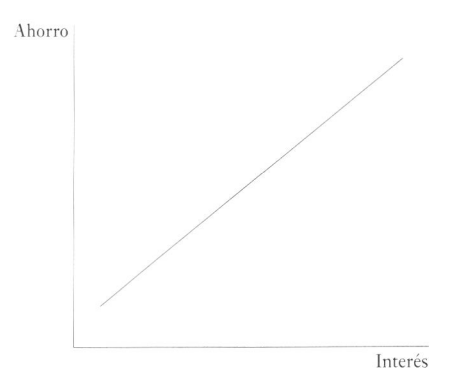

Elaborado por los autores.

Por su parte, los modelos normativos son los que de alguna manera conllevan implícita la atribución a una relación causal definida como "deseable", es decir, no solo tienen como objetivo el predecir y explicar, sino también proveer y sugerir reglas y recomendaciones para optimizar el logro de alguna utilidad o valor (DUNN, 2004). Mediante estos se pretende demostrar el resultado esperado y las variables que deben cumplirse para obtener dicha meta. Por ejemplo, con el objetivo de obtener ganancias en un negocio X, se representa un modelo en donde se tienen en cuenta variables como las ventas, los costos, la demanda del producto, gastos operativos, entre otros. De esta manera, el modelo identifica mediante qué medios se espera lograr dicho objetivo.

En el caso de las políticas públicas estos modelos son útiles para predecir las causas y las consecuencias de las decisiones de política pública. Para el caso concreto de la fase de definición del problema, estos ayudan a enriquecer el posterior análisis causal.

Los modelos verbales, gráficos, simbólicos y procedimentales

Los modelos también se clasifican según las formas de expresión. Dentro de esta tipología se encentran los modelos verbales, los modelos simbólicos o gráficos y los modelos procedimentales o simulatorios.

Los modelos verbales son expresados en el leguaje cotidiano, son los que utilizan los políticos en el congreso, por ejemplo, los senadores o los representantes, quienes en su discurso están tratando de convencer al auditorio de que su modelo es el más adecuado. Ellos tienen una propuesta sobre cuál es el problema, el propósito de una política pública, las causas, las consecuencias y las posibles soluciones a los problemas que les preocupa. De esta manera, se puede "mapear" lo que dice un congresista, sus ideas y argumentos, descomponiendo y despejando lo que se considera es el modelo del argumento. Sin embargo, un limitante de dicho modelo es que las ideas sobre predicciones o recomendaciones pueden estar escondidas o implícitas en el discurso, por lo cual se hace difícil reconstruir y examinar los argumentos como un todo (DUNN, 2004). Un ejemplo de modelo verbal es que "la distancia más corta entre dos puntos es una línea recta". Allí es fácilmente visible en donde está el modelo y la forma como están relacionadas las variables.

El modelo simbólico o gráfico utiliza, por lo general, símbolos matemáticos para describir la relación entre elementos claves del problema. Por ejemplo, con la fórmula productividad = f (salario, educación, tecnología, motivación) sugieren los determinantes de la productividad. Se pueden obtener mediante este modelo, predicciones o soluciones óptimas haciendo uso de métodos estadísticos, matemáticos o lógicos.

El modelo gráfico más completo es el que se utiliza para describir las causas del problema, las características del mismo, las consecuencias de no hacer nada, los actores, las posibles formas de solucionar el problema. Todo esto puede ser representado de manera gráfica en un tablero o en una hoja en blanco. A continuación, a manera de ejemplo, se presenta el Gráfico 12 de un modelo causal que incluye causas y consecuencias del problema de la pobreza. Esta ilustración incluye relaciones entre los elementos causales y una priorización de las consecuencias.

GRÁFICO 12: EJEMPLO DE MODELO DE CAUSAS Y CONSECUENCIAS DE LA POBREZA

Modelo causal (pobreza)

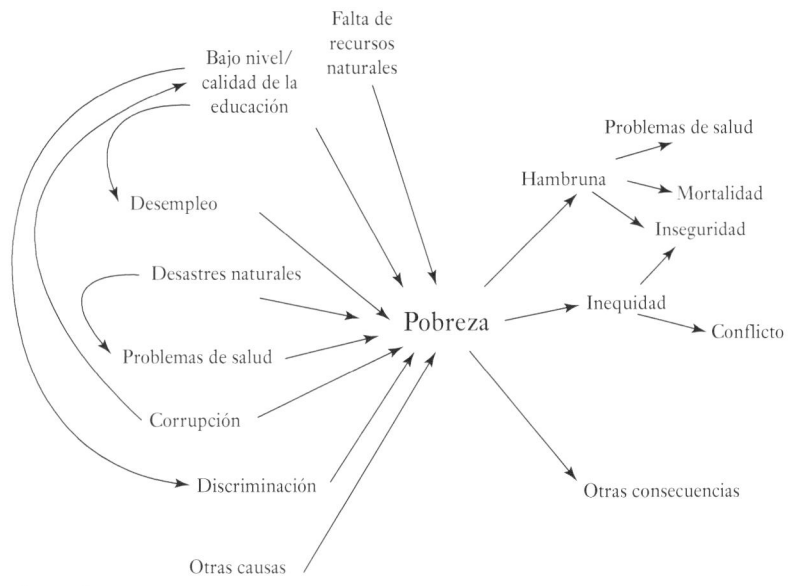

Elaborado por los autores.

Para que este modelo esté completo en su fase descriptiva y pueda ser útil, habría que agregarle las posibles soluciones y los actores involucrados. En este proceso es importante resaltar que un buen modelo debe ser consistente, esto es, asegurarse de que toda solución está asociada a una o varias causas, las cuales deben haber sido debidamente identificadas. Igualmente es esencial que toda causa identificada esté representada y asociada al menos a una solución. Así, en el modelo no debe haber causas sin soluciones asociadas, ni soluciones que no estén sustentadas en las causas identificadas previamente. Sujetarse a un buen modelo impide caer en el error del tercer tipo. Una vez elegido el modelo por desarrollar, se deben hacer explícitas tanto las variables que el analista considera como relevantes (y por deducción las variables consideradas irrelevantes y que, por ende, fueron excluidas del modelo). Así mismo, se debe expresar con claridad cuál es la relación existente entre éstas, cuáles son variables antecedentes, cuáles son variables consecuentes, etc. Así, pues, el modelo se convierte en la teoría implícita de la política pública.

Por otra parte, los modelos procedimentales o simulatorios son aquellos que identifican diferentes momentos del proceso de toma de decisiones. Tomando como punto de partida la decisión que esté bajo análisis, el Gráfico 13 ilustra la bifurcación de la decisión en dos, tres o cuatro niveles en los que se exponen las posibles soluciones, las consecuencias de cada una de ellas, las probabilidades de éxito y las posibles formas de reaccionar en caso de fracaso. Poniendo como ejemplo de nuevo el caso de la contaminación, se podría o bien regular la industria o educar a los consumidores. Si la solución adoptada es la regulación, puede que esta determinación tenga como consecuencia el aumento, la disminución o la continuidad de los niveles de contaminación como resultado de la política pública implementada. Según el resultado, se identifica un nuevo punto de decisión futuro. Por ejemplo, frente a cada uno de los resultados no exitosos se podría prever una acción como la desregulación, y frente a los resultados exitosos se podría pensar en acompañar a la política pública implementada con más regulación o complementarla con una política educativa.

GRÁFICO 13: EJEMPLO DE MODELO SIMULATORIO

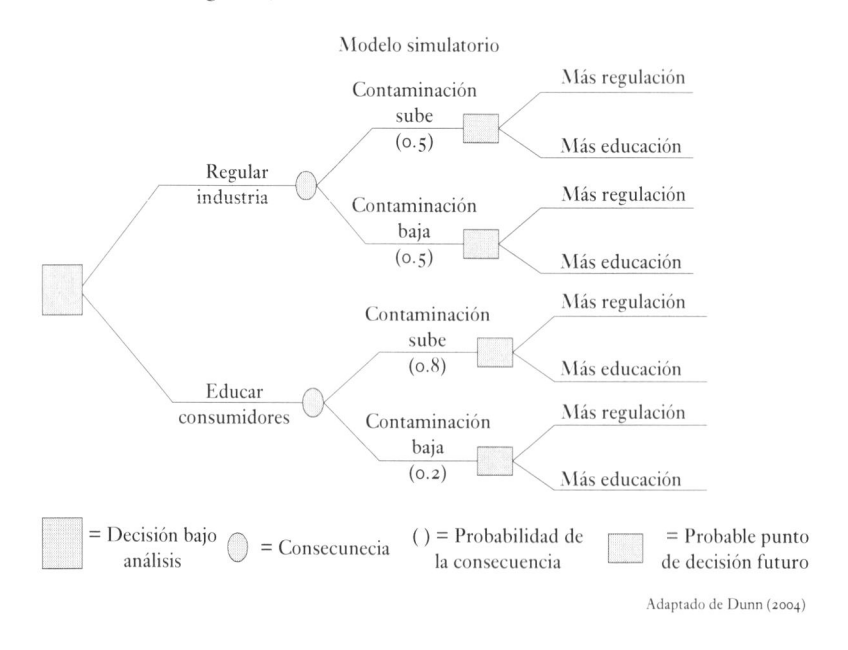

Adaptado de Dunn (2004)

Es importante reconocer que los modelos son simples representaciones de la "realidad" y, por ende, deben ser considerados como una versión limitada de la misma, en tanto que aquella no puede ser sustituida por un modelo por muy complejo y completo que sea. Por ello, en la práctica debemos trabajar con constructos mentales imperfectos. El riesgo de esto es asumir como verdades supuestos que hacen "lógico" y facilitan nuestro discurso y que hacen referencia a nuestra propia forma de ver el mundo que nos rodea. Se trata de un sesgo que puede impedir ser exitosos en la recomendación de una solución efectiva al problema que ocupe.

Para poner un ejemplo de lo anterior es muy común utilizar el ejercicio de los nueve puntos que se ilustra en los Gráficos 14 y 15. En este ejercicio el analista debe unir nueve puntos equidistantes entre sí que forman un cuadrado de tres puntos por tres puntos. Estos puntos representan centros comerciales que el alcalde de la ciudad desea unir. Para unir estos puntos el alcalde solo dispone de la maquinaria y el presupuesto necesarios para hacer cuatro autopistas rectas de una calzada cada una. Una de las exigencias de la administración es que cada autopista debe empezar donde termina la anterior. En este punto, al analista le dan un mapa con la ubicación de los centros comerciales y le piden que diseñe una alternativa para poder conectar a todos los entros comerciales.

GRÁFICO 14: EJEMPLO DE PROBLEMA: DESCONEXIÓN ENTRE CENTROS COMERCIALES

```
A       B       C

D       E       F

G       H       I
```

El analista tendrá que hacer su mejor esfuerzo para cumplir con esa meta. Hay varias soluciones a este problema, una de ellas se ilustra a continuación en el Gráfico 15.

GRÁFICO 15: EJEMPLO DE SOLUCIÓN: CONEXIÓN CREATIVA ENTRE CENTROS COMERCIALES

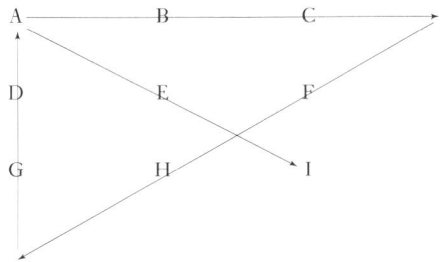

Adaptado de Dunn, 2004.

La lección de este ejercicio es que si el analista se sujeta a lo que es considerado como "válido", según una serie de parámetros y supuestos que no han sido explícitos ni son fundamentados, pero que se asumen "ciertos" u "obvios", la posibilidad para ofrecer soluciones creativas y eficaces a los problemas se verá limitada. En este ejemplo las soluciones "obvias" nacen del preconcepto de que el límite de acción es el cuadrado. Sin embargo, nadie ha dicho que no se pueda utilizar más espacio del establecido por la distribución de los centros comerciales. Una solución creativa que puede resolver el problema puede no resultar si los perjuicios enceguecen el análisis.

En efecto, esto sucede muy comúnmente en la vida práctica en el proceso de análisis de políticas públicas. El analista tiende a hacer suposiciones y a limitar su capacidad creativa y de recursividad para solucionar problemas porque muy probablemente se encuentra limitado por una gran cantidad de convenciones, lugares comunes, visiones del mundo, modelos causales, etc., que le impiden "salirse del cajón" y de esa manera ofrecer soluciones satisfactorias a los problemas de política pública.

El siguiente apartado describe los métodos de estructuración de problemas de política pública. Para esto la literatura ofrece un gran número de herramientas. Aquí se expondrán solo ocho de ellas, las consideradas por los autores como las más útiles.

Como antes se vio, la estructuración del problema es el proceso mediante el cual se generan y analizan las diferentes conceptualizaciones de una situación problemática, se identifica el metaproblema, se reconocen los aspectos sustantivos del mismo y se diseña un modelo a partir de la formalización del problema. Existen diferentes técnicas y métodos que ayudan al analista a llevar a cabo actividades de estructuración en cada fase. Cada método expuesto en este capítulo tiene diferentes *objetivos o propósitos* específicos; distintos *procedimientos* para su implementación; diversas *fuentes de conocimiento* que hacen referencia a la información y el saber necesarios y distintos *criterios de evaluación* para juzgar el éxito de la metodología escogida.

4.4 MÉTODOS PARA IDENTIFICAR, ESTRUCTURAR Y DEFINIR EL PROBLEMA DE POLÍTICAS PÚBLICAS

Las fases de estructuración del problema permiten llegar a una formulación operativa del mismo, los métodos de estructuración del problema permiten no sólo definir la formulación de este sino entender las dinámicas subyacentes del problema, implicando un grado más profundo de complejidad y análisis. En esta sección se proponen algunos de dichos métodos con el fin de brindar al analista instrumentos prácticos y metodológicos para lograr una buena definición y estructuración del problema. Es importante aclarar que la aplicación de cada método le brinda al analista oportunidades invaluables de clarificar sus ideas y avanzar en la identificación de las soluciones que mejor responden al problema. Por ende, estos no son mutuamente excluyentes y es, a criterio del analista, escoger cuáles utilizar (según sus preferencias y/o la del cliente y, en cualquier caso, según la disponibilidad de información). Mientras que aplicar uno solo puede ser insuficiente, aplicarlos todos podría ser redundante.

4.4.1 LLUVIA DE IDEAS

El primer método es el conocido como lluvias de ideas. Es un método bastante común y útil. En general, las personas lo hacen cuando tienen que resolver problemas y no tienen suficiente claridad sobre qué hacer. Es también llamado el método de la hoja en blanco. Implica que hay claridad con respecto a la existencia de una sensación problemática, pero no sobre las características del problema ni sobre la manera de abordarlo. Se toma una hoja en blanco y se escriben allí gran cantidad de ideas, propuestas, soluciones, etc., todo lo que venga a la mente de manera que se pueda ir ganando conciencia y familiaridad al respecto del problema y las posibles soluciones.

Este ejercicio puede ser tan formal como se quiera. Se puede llevar a cabo de manera individual o colectiva. Es mejor si se lleva a cabo en grupo, no demasiado grande. El propósito de este método es crear ideas, objetivos y estrategias. El procedimiento es reunir a personas en seminarios de decisión para deliberar sobre los temas de interés común durante una mañana o todo un día a manera de "retiro espiritual". El grupo debe estar formado por individuos provenientes de diversos sectores, que representen diferentes intereses, que tengan perspectivas distintas. Con la ayuda de un moderador se discute todo lo que los asistentes juzguen relevante discutir sobre el problema que los reúne y así, poco a poco, se van decantando las ideas, de manera que a la final de la jornada de trabajo se hayan construido consensos, acuerdos, etc., en los cuales todos hayan tenido la oportunidad de expresarse y así verse reflejados en el producto final.

La fuente de conocimiento es el grupo, entre más diverso sea el grupo, mejor. El criterio de evaluación es el consenso, no la unanimidad, pues es poco probable, pero si un consenso relativamente aceptable. Este método es bastante útil y favorable también para ganar legitimidad y generar compromisos por parte de los participantes, quienes se sienten partícipes y propietarios del producto final. De alguna forma, este método legitima la decisión, pues es democrático y tiene todas las ventajas de un proceso abierto y transparente de toma de decisiones.

4.4.2 ANÁLISIS DE FRONTERAS DEL PROBLEMA

El siguiente método, presentado por DUNN (2004), es conocido como el análisis de fronteras. El propósito de este método es estimar los límites del metaproblema. Como ya se vio, el procedimiento consiste en un muestreo de saturación o bola de nieve en el cual se obtienen las diferentes perspectivas o representaciones que puedan existir sobre el problema. Este proceso se lleva a cabo recogiendo los nombres de todos los actores relevantes relacionados con el problema y acumulando por indagación el mayor número de representaciones del problema hasta llegar al punto a partir del cual no hay nada nuevo que aprender. Así, después de indagar, preguntar, encuestar, leer sobre el problema (causas, características, actores, consecuencias, posibles soluciones, ventajas y desventajas de las mismas, etc.) se debe llegar a un punto en el cual ya no se puede aprender nada nuevo. Este es el punto a partir del cual la curva de aprendizaje empieza a mostrar un proceso de ralentizamiento, de estabilización o de planicie, punto a partir del cual se ha llegado a la frontera del metaproblema. Este punto indica que, por más que se investigue, se encontraría una simple repetición. El Gráfico 16 ilustra las características de este étodo.

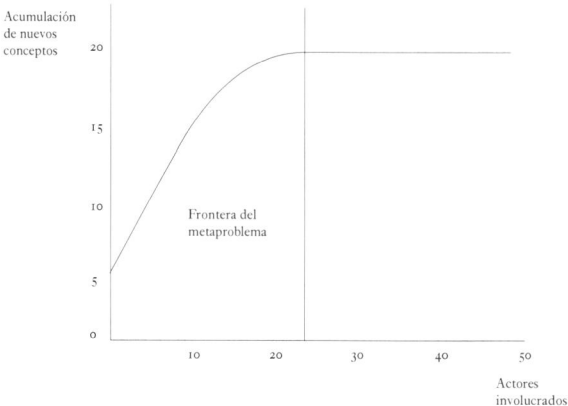

GRÁFICO 16: ANÁLISIS DE FRONTERA

Adaptado de DUNN, 2004.

La fuente de conocimiento de este método es el sistema de saberes sobre el tema, y los criterios de evaluación estarían relacionados con el límite construido, es decir, con los medios para identificar si realmente se ha llegado a la cima o frontera donde ya no es posible aprender nada nuevo. Al llegar a este punto el analista adquiere el estatus de "experto", pues muy probablemente nadie más sabe tanto o más que él o ella. Más importante aún, cuando se llega a este punto es cuando se está en la mejor condición posible para diseñar una política pública. Hacerlo antes implicaría correr el riesgo de caer en el error del tercer tipo, pues implicaría que todavía no se tiene conocimiento de todas las formas de entender el problema y que todavía hay algo que aprender al respecto. El criterio de evaluación consistirá en determinar en qué punto se encuentra el analista y cuánto le falta para llegar a la frontera, si es que ya no se encuentra sobre ella.

En la actualidad existen varias herramientas computacionales que facilitan la realización de este ejercicio. Además de las obvias de elaboración de encuestas, se encuentran las que facilitan el análisis de contenido como Atlasti, N-Vivo, entre otras. Explicar su funcionamiento se sale del alcance de este *Manual*.

4.4.3 ANÁLISIS CLASIFICACIONAL

El siguiente método se denomina análisis clasificacional. El propósito de este método es clarificar conceptos. El procedimiento consiste en hacer una división lógica y una clasificación de conceptos mediante el uso de conjuntos. La fuente de conocimiento es el analista quien debe procurar que las clases sean relevantes, exhaustivas, independientes, consistentes y jerarquizadas (DUNN, 2004). Si se quiere entender mejor el proceso o las características de un problema, la clasificación permite hacer ese ejercicio de manera más eficaz.

Volviendo al ejemplo de la pobreza, el ejercicio debería hacer una distinción entre el grupo poblacional que se encuentra bajo la línea de pobreza y los que están bajo la línea de pobreza extrema, aquellos que reciben subsidios y aquellos que no. De este modo se estarían dividiendo las características del problema en diferentes conjuntos lo cual permite una mayor claridad en cuanto a las diferencias o similitudes entre las mismas.

El criterio de evaluación es la consistencia lógica, es decir, determinar hasta qué punto son estas clases relevantes, exhaustivas, independientes consistentes y jerarquizadas. No hacer una buena clasificación podría conducir a ofrecer soluciones que, combinadas, produzcan resultados neutros, conduciendo a la ineficiencia de las políticas públicas, pues es probable que se pierdan de vista elementos importantes que hacen parte esencial del problema como sistema. En el caso de la pobreza, siguiendo el ejemplo propuesto por Dunn (2004), cuando se dividen las familias con respecto a la línea de pobreza, la división puede arrojar una caracterización que proyecta un número X de familias pobres en el país. Las alternativas propuestas, estarán basadas en esta proyección. Sin embargo, si se tienen en cuenta otros factores como por ejemplo las familias que reciben subsidios del Estado, se tendrían que proponer otras alternativas de solución, pues al número de familias identificadas inicialmente se tendrían que sumar todas aquellas que de no recibir subsidios estarían bajo la línea de pobreza. En este caso, el no hacer una clasificación y división exhaustiva y relevante, llevaría al analista a proponer alternativas de solución basadas en un problema que no es, cayendo en el error del tercer tipo al no tener en cuenta todos los factores necesarios.

En el caso de un problema sobre la adicción a la heroína, se podría hacer una clasificación entre los efectos en los usuarios y los efectos en los demás. Así, por ejemplo, se puede tener un panorama más claro de las características del problema en sus diferentes dimensiones; por una parte, algunas personas pueden considerar que el problema radica en el consumo y, por lo tanto, la política pública planteada estará encaminada hacia la reducción del consumo. Para otras personas el fin de la política pública debe ser mejorar la calidad de vida de los consumidores, y para otros debe ser reducir los delitos cometidos por los consumidores de heroína. Dependiendo de cuál sea la formulación del problema las soluciones propuestas serán distintas. En este caso las soluciones pueden variar entre el tratamiento obligatorio para los consumidores, la legalización de la heroína, medidas punitivas para los productores y compradores, entre otros (Aguilar, 1993). El Gráfico 17 ilustra el ejemplo.

Sea cual fuere la solución, su éxito depende de que se haya dibujado un panorama claro y se haya hecho una clasificación relevante y exhaustiva de los elementos del problema.

GRÁFICO 17: EJEMPLO DE ANÁLISIS CLASIFICACIONAL: EFECTOS EN LOS USUARIOS DE LA HEROÍNA

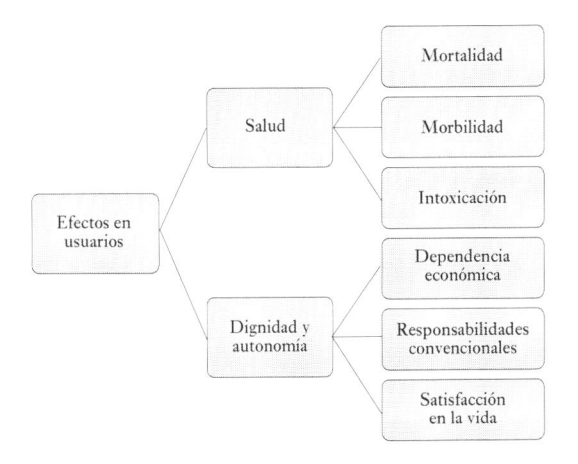

Adaptado de MARK H. MOORE (1976) "Anatomía del problema de la heroína: un ejercicio de definición de problemas" (AGUILAR, 1993, pág. 194).

4.4.4 ANÁLISIS SISTÉMICO DE PROBLEMAS

Este método, inspirado en el análisis de sensibilidad, de impactos cruzados o de Vester, permite dimensionar y jerarquizar los problemas bajo el entendido de que estos no existen en el vacío sino que hacen parte de un sistema complejo, en donde son a la vez causa y efecto de fenómenos de interés. Más concretamente, su aplicación permite comprender las (inter)relaciones entre factores que explican la situación problemática. Para ello, se deben identificar tanto los factores que explican la situación problemática, como su capacidad de influir en, o verse influido por, otros factores, y las formas como se ejerce dicha influencia. Por ejemplo, es bien conocido que hay una estrecha relación entre educación, empleo y pobreza, como quiera que esta última sea definida. La aplicación de este método nos permite dilucidar dicha relación a partir de la identificación de la dirección e intensidad con que un factor influye y se ve influido por otro(s). Así, con este método, se pueden identificar los factores altamente influyentes, pero poco sensibles a otros; factores poco influyentes y altamente sensibles a la influencia de otros; factores moderadamente influyentes y moderadamente sensibles; y factores altamente influyentes y altamente sensibles. El Gráfico 18 ilustra los cuatro tipos de factores que pueden ser identificados para entender la relación entre sí que explicanoblema.

GRÁFICO 18: ANÁLISIS SISTÉMICO DE PROBLEMAS

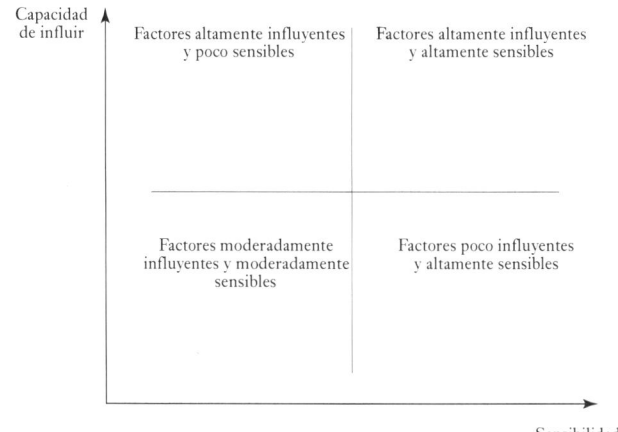

```
Capacidad
de influir    │ Factores altamente influyentes    Factores altamente influyentes
              │    y poco sensibles                   y altamente sensibles
              │
              │
              │────────────────────────────────────────────────
              │
              │ Factores moderadamente              Factores poco influyentes
              │ influyentes y moderadamente          y altamente sensibles
              │     sensibles
              │
              └──────────────────────────────────────────────→
                                              Sensibilidad/capacidad
                                               de ser influenciado
```

Elaborado por los autores.

Para clasificar los factores se debe construir una matriz en donde la primera fila y la primera columna sean iguales y listen los mismos factores, y en donde las celdas que los relacionan den cuenta del grado de influencia de un factor sobre otro: si el factor A influye altamente en B, su calificación debe ser alta (3, por ejemplo), si es mediana comparado con otra relación (por ejemplo, con C o D), su calificación debe ser media (2), y si incide relativamente poco en B, su calificación debe ser baja (v.g. 1). Al final, se suman los valores horizontalmente (a nivel de las filas) para dar cuenta de la capacidad que tiene cada factor para influir en los demás, y se suman los valores obtenidos verticalmente (a nivel de las columnas) para dar cuenta de la sensibilidad de cada factor frente a los demás. Son los factores altamente influyentes, sean sensibles o no, los que deben inspirar la selección del problema para tratar por el ejecutivo, autónomamente o en coordinación, según la capacidad de acción (incluida la competencia) del cliente.

Así, retomando el ejemplo de tres factores mencionados, podríamos concluir, de manera simplificada, que mientras que la baja educación incide altamente en el bajo nivel de empleo, su impacto es relativamente menor al que produce sobre la pobreza, y si la pobreza se ve más afectada por la falta de empleo que por la falta de educación, y afecta a su vez relativamente más el nivel de empleo que el nivel de educación, una forma eficaz de reducir la pobreza a largo plazo, y romper el círculo vicioso que la mantiene, pasa necesariamente por una mayor inversión en educación generadora de empleo.

La fuente de conocimiento necesario para aplicar este método es el analista mismo o un seminario, y el criterio de evaluación es la exhaustividad en la identificación de los factores y la consistencia lógica en cuanto a los valores atribuidos a los efectos estudiados.

4.4.5 ANÁLISIS CAUSAL – ÁRBOL DEL PROBLEMA

En vista del carácter iterativo, no-lineal, del análisis y diseño de políticas públicas, a veces es útil pensar en posibles soluciones para entender mejor el problema. En efecto, la identificación temprana de soluciones implica necesariamente pensar en su relación con las causas que las justifican. De esta manera, el análisis causal es una de las herramientas disponibles para estudiar las características y dimensiones de los problemas públicos. Si bien en ciencias sociales estas relaciones de causas-efecto son con frecuencia cuestionadas porque asumen una certidumbre que en ocasiones no es fácil de aceptar, se constituyen en un esfuerzo muy importante y un ejercicio que hay que hacer de la mejor forma posible.

Cada causa identificada es parte del efecto de otra relación causa-efecto, lo que permite la identificación de una secuencia causal. Una secuencia causal es una secuencia de factores relacionados por una lógica de causa-efecto que contribuye a un problema definido. Es de gran importancia jerarquizar el análisis causal, a través de la identificación de las causas directas del problema (con frecuencia, son condiciones sociales o físicas específicas). Estas condiciones, a su vez, son causadas por comportamientos humanos o problemas del sistema. Los problemas del sistema pueden ser causados por la baja capacidad institucional o dinámicas de poder implícitas y por comportamientos humanos que son predeterminados por conocimiento, actitudes y creencias de los individuos, los cuales tiene raíces en el contexto o ambiente del problema.

El árbol de causas es un método recomendado para hacer el análisis causal. Representa un enfoque de sistema en el sentido que busca identificar secuencias causales en su contexto y no causas aisladas.

En la fase de estructuración de problemas y diseño de alternativas, es necesario escoger unas causas específicas del problema. Existen una multitud de factores causales que llevan al problema, pero muy pocas veces se pueden manejar y solucionar todas las causas. Entonces es necesario escoger una o unas causas principales para diseñar soluciones. Para ello, se deben escoger las causas principales con base en su importancia relativa respecto al problema, el potencial de sinergias en relación con otras intervenciones y la capacidad de intervención que tiene el hacedor de políticas públicas sobre dichas causas. En el Gráfico 19 se ilustra el árbol del problema en un caso de desnutrición infantil.

GRÁFICO 19: EJEMPLO DE ÁRBOL DEL PROBLEMA DE LA DESNUTRICIÓN INFANTIL

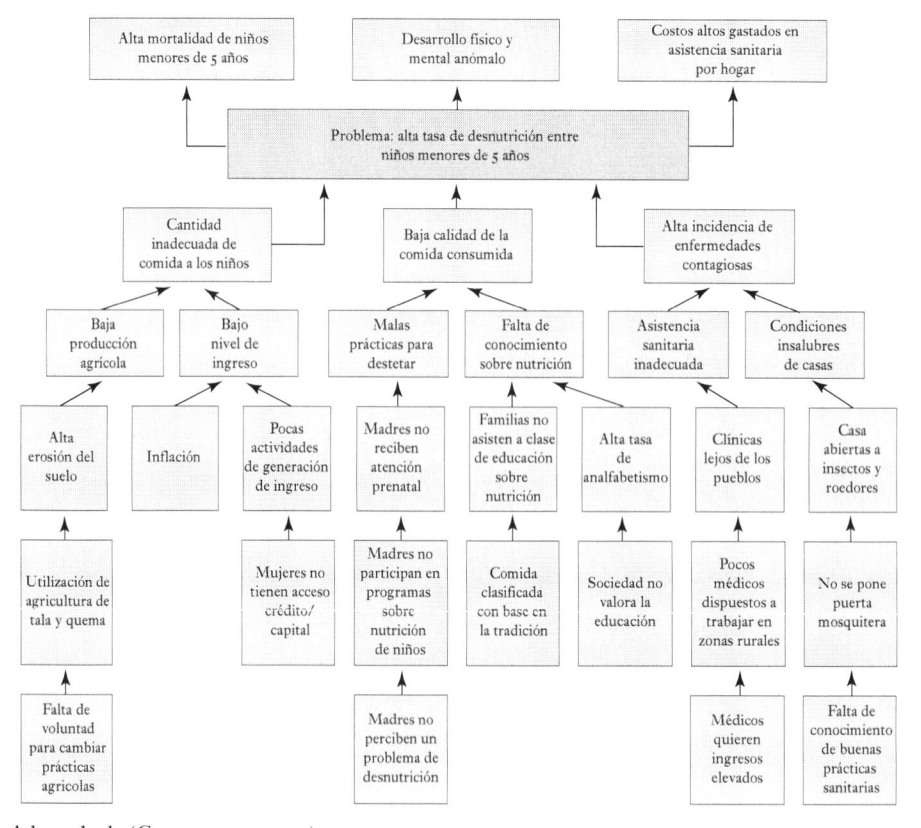

Adaptado de (CADWELL, 2002, 72).

Este método puede ser enriquecido con el análisis jerárquico de causas, al cual antes se hizo referencia.

4.4.6 ANÁLISIS DE JERARQUÍA DE CAUSAS

El siguiente método es conocido como análisis de jerarquía de causas. Este método, propuesto por DUNN (2004), tiene como propósito la identificación de causas posibles, causas plausibles y causas accionables. El procedimiento consiste en una división lógica y clasificación de causas de manera que se pueda distinguir entre:

– Causas posibles: eventos, circunstancias o acciones que contribuyen a la ocurrencia de un problema.

– Causas plausibles: acciones, circunstancias o eventos que influyen en la ocurrencia de una situación problemática.

– Causas accionables: aquellas que son sujeto de control y manipulación por parte de los hacedores de políticas.

Creemos que este método tal y como lo describe DUNN (2004) es poco útil. Por esta razón, para efectos del presente *Manual* sugerimos darle a esta clasificación una visión práctica y enfocada hacia el campo de acción del tomador de decisiones. Así, definimos las causas posibles como aquellas sobre las cuales no se puede hacer nada, las causas plausibles como aquellas sobre las cuales se podría hacer algo, pero se sale de la competencia del cliente, y las causas accionables como las que explican el problema y sobre las cuales no solo se podría hacer algo al respecto sino que, además, estaría dentro de la competencia del cliente.

Si se toma el caso del problema de la movilidad en Bogotá se podrían identificar como causas posibles la migración masiva de damnificados por inundaciones hacia la capital, la distribución y localización de las zonas industriales, productivas y residenciales, entre otras. En efecto, en principio no se puede hacer nada al respecto, pues no se podría cambiar la distribución de toda la ciudad, o impedir a la gente que entre a la capital a buscar vivienda y empleo. Son factores que podrían explicar el problema, pero sobre los cuales no se puede hacer nada, o sobre los cuales las probabilidades de éxito en el corto o mediano plazo son inciertas, sino nulas dadas las condiciones actuales.

Por otro lado, una causa plausible para un problema de desabastecimiento del ejército en zonas de fronteras podría ser la falta de carreteras e infraestructura. Aunque sea una causa demostrable y comprobable científica y fácticamente, la pregunta es, ¿se puede hacer algo al respecto? Probablemente sí, eventualmente se podrían construir carreteras que comuniquen las fronteras con otras ciudades proveedoras de insumos para el ejército, pero al fin y al cabo esto se escapa del marco de acción del cliente, pues el Ministerio de Defensa no es el encargado de construir carreteras, toda vez que esta responsabilidad le compete al Ministerio de Transporte.

Con respecto a las causas accionables, para el problema de la movilidad, por ejemplo, si el cliente es la Secretaría de Movilidad se podría hablar de falta de infraestructura y redes viales. En efecto, se está hablando de algo que se puede solucionar mediante la construcción de puentes, túneles, orejas, etc. La falta de vías es una causa sobre la cual la Secretaría podría tomar acción.

En el caso del problema de la heroína, si el cliente fuera la Policía, dentro de las causas posibles estarían las predisposiciones hereditarias. Dentro de las causas plausibles se encontrarían las condiciones psicosociales o la curiosidad. Y, por último, dentro de las causas accionables estaría la existencia de redes de iniciación, la disponibilidad de la oferta, entre otras causas que se encuentran dentro del poder de acción de la policía.

En la práctica este ejercicio se lleva a cabo a manera de filtro, de embudo, en el cual se listan primero todas las causas tanto posibles como plausibles y accionables, después solo se listan las causas plausibles y las accionables y, por último, se listan solo las causas accionables. Es un ejercicio algo repetitivo, pero con gran potencial para entender el fenómeno bajo estudio cuando se aplica juiciosamente. Con este método de alguna forma se están dando los primeros pasos en el diseño de políticas públicas para la solución del problema que nos preocupa, pues es sobre las causas accionables y algunas causas plausibles sobre las cuales se diseñan las políticas públicas.

La fuente de conocimiento de este método es el analista, quien conoce y ha hecho el ejercicio de identificación de causas. El criterio de evaluación es la consistencia lógica, es decir, hasta qué punto las causas que han sido identificadas son posibles, son plausibles o son accionables.

La utilidad de este ejercicio radica en que toda política pública responde a las causas accionables y, en algunos casos, dependiendo de la coordinación inter-institucional, también de algunas causas plausibles. Nunca, en cambio, sobre las causas posibles.

4.4.7 ANÁLISIS DE ACTORES RELEVANTES

Los actores involucrados son los individuos, grupos u organizaciones que tienen un interés en el problema o la solución, que pueden ser afectados por el problema y/o las intervenciones públicas correspondientes o pueden incidir en su desarrollo.

Mediante el análisis de actores relevantes se pueden conocer los actores principales con interés potencial en el problema, así mismo, permite entender sus roles, responsabilidades, intereses y preocupaciones frente al problema. Por otra parte, se pueden identificar estrategias para fomentar oportunidades de colaboración y mitigar conflictos potenciales. Este método comienza identificando los actores afectados o con interés en el problema o las soluciones. Es importante considerar desarrollos futuros y posibles impactos secundarios para tener en cuenta un amplio rango de actores involucrados. Es recomendado reunir a los actores en grupos homogéneos con características, intereses y preocupaciones similares. Es importante desagregar suficientemente los grupos de actores, teniendo en cuenta la relevancia del enfoque diferencial cuando sea relevante (grupo étnico, de género, edad, ubicación territorial).

El segundo paso consiste en identificar las posiciones, roles y funciones, intereses y preocupaciones, la capacidad de incidir y el poder relativo de cada actor involucrado en el problema. Para este análisis, es importante tener en cuenta las siguientes distinciones:

Interés vs. Posición: la posición es el rol oficial formal del actor involucrado, su posición pública, la cual puede no reflejar sus intereses subyacentes.

Importancia vs. Influencia: el actor involucrado puede tener un rol fundamental en el problema sin tener una capacidad de incidir significativamente (es el caso de los grupos comunitarios, por ejemplo).

Finalmente, es importante identificar las relaciones entre los actores involucrados, haciendo énfasis en el análisis de las potencialidades de conflicto o cooperación, para determinar cómo las relaciones entre actores pueden afectar las alternativas de soluciones y poder identificar estrategias para maximizar el impacto de las soluciones propuestas. A continuación el Cuadro 9 presenta un modelo de tabla de análisis de involucrados.

CUADRO 9: MODELO DE TABLA DE ANÁLISIS DE INVOLUCRADOS

Actor involucrado	Características Estatuto o rol del actor	Percepción del actor respecto del problema	Intereses del actor	Capacidad de incidir	Acuerdos o conflictos potenciales
Identificación de los grupos relevantes de actores afectados o con un interés en el problema	¿Qué tipo de persona y organismo es el actor? ¿Qué rol y funciones tiene a su cargo? ¿Cuáles son sus características principales relacionadas con la problemática dada?	¿Cómo percibe cada actor el problema? ¿Cuáles son desde su punto de vista las causas principales y los problemas asociados que determinan el problema? Este análisis implica entender las representaciones que el actor ha construido respecto de la problemática.	¿Cuáles son los intereses que cada actor posee y defiende en relación con el problema fundamental? En algunos casos los intereses surgen de mandatos formales definidos por la ubicación del actor en un contexto institucional y en otros, reflejan intereses subyacentes del actor.	¿Cuáles son los recursos de poder sean económicos, políticos, institucionales o de cualquier otra índole que poseen los actores para imponer o defender sus intereses o sus mandatos en relación con la problemática analizada?	¿Cuáles son las relaciones del actor con otros actores involucrados? ¿Cómo el actor se podría ver afectado por las alternativas de solución? ¿Qué acuerdos o conflictos se podrían generar con cada uno de los actores involucrados?

Elaborado por los autores.

En el Cuadro 10 del siguiente recuadro se ilustra un ejemplo de análisis de involucrados para el caso del consumo de heroína.

RECUADRO: EJEMPLO DE ANÁLISIS DE INVOLUCRADOS

CUADRO 10: CONSUMO DE HEROÍNA

Actor involucrado	Características Estatuto o rol del actor	Percepción del actor respecto del problema	Intereses del actor	Capacidad de incidir	Acuerdos o conflictos potenciales
Consumidores	Individuos afectados por el problema. Son el objetivo de la política.	A veces no reconocen su existencia y cuando lo hacen se piensan víctimas.	Gozar de la libertad de decidir qué es mejor para ellos (incluso consumir).	Baja	No desean que se les penalice, sino que sean tratados como enfermos.
Familias y comunidad	Afectados por el problema. Pueden contribuir a su solución.	Su existencia afecta la paz, la seguridad y la armonía familiar.	Interés en recuperar miembro.	Media	Demandan solución integral.
Policía	Órgano llamado a ser parte de la solución a través de la represión.	Es responsabilidad de los narcotraficantes y de los adictos mismos.	Interés en disminuir el narcotráfico y demás delitos asociados.	Alta	Prefieren la represión.
Narcotraficantes	Organizaciones clandestinas causantes del problema.	Es una oportunidad.	Interés económico en expandir el consumo.	Alta	No están interesados en una solución.
Autoridades de salud pública	Órganos llamados a ser parte de la solución a través de sus servicios.	Es responsabilidad compartida.	Interés social por mitigar efectos del consumo.	Media	Privilegian la prevención, la dosis mínima en casos necesarios, y el acompañamiento psicoafectivo.

Elaborado por los autores.

4.4.8 *SYNECTICS*

El siguiente método de estructuración del problema es el conocido como *Synectics*. El propósito es reconocer similitudes y analogías entre problemas. El procedimiento consiste en la construcción de analogías personales, directas, metafóricas e imaginarias (DUNN, 2004). La *Synectics* es un método ampliamente utilizado en países en desarrollo en donde no existe información suficiente para entender bien las características del problema y sus posibles consecuencias y soluciones. Dada la carencia de información, se acude a las comparaciones con temas similares enmarcados dentro de un mismo contexto o las comparaciones con un mismo tema de referencia, pero dentro de contextos distintos.

Por ejemplo, asumiendo que se tiene suficiente información sobre las características, las causas, las consecuencias y las posibles soluciones para problemas de alcoholismo, se podría asumir que se está en capacidad de solucionar el problema de drogadicción, pues se deduce que el problema de alcoholismo es parecido en muchos aspectos al problema de drogadicción, y que las causas que generan el alcoholismo son parecidas a las que generan la drogadicción. Así, en principio, la efectividad de las soluciones para atacar el alcoholismo podrían funcionar, obviamente guardadas la especificidades, para el caso de la drogadicción en un mismo contexto.

Lo anterior es si se hace una comparación entre problemas, pero se puede también hacer *Synectics* comparando el mismo problema en escenarios distintos. Por ejemplo, si no se tiene conocimiento de cómo atacar el problema de narcotráfico en México, pero sí hay suficiente información respecto de cómo se ha hecho como, por ejemplo, en Colombia, se podría asumir que la forma de solucionar el problema de narcotráfico en México se podría hacer de la misma forma como se ha hecho en Colombia.

La fuente de conocimiento de este método es el analista o en grupo, y el criterio de evaluación es la plausibilidad de las comparaciones, es decir, ¿hasta qué punto se parecen el problema del alcoholismo y de la drogadicción en Argentina?, ¿qué los hace distintos? O ¿hasta qué punto el problema del narcotráfico en México es parecido al problema del narcotráfico en Colombia?, etc. Se trata, pues, de un método bastante útil, pero el riesgo que se corre en hacer comparaciones entre cosas que no son comparables es latente.

4.4.9 ANÁLISIS DE MÚLTIPLES PERSPECTIVAS

El siguiente método es el conocido como de análisis de múltiples perspectivas. Este método es parecido al de lluvia de ideas, con la diferencia de que aquí el público es seleccionado con un propósito muy concreto: se trata de entender los problemas débilmente estructurados desde las perspectivas técnicas, organizacionales y personales (Dunn, 2004). Se involucra en el ejercicio de lluvia de ideas a aquellas personas que tienen algo que decir al respecto de estas tres perspectivas (por ejemplo, convocar a un ingeniero, un abogado y un escritor). La fuente de conocimiento es el grupo y el criterio de evaluación es el mayor entendimiento alcanzado sobre el problema bajo estudio.

4.4.10 ANÁLISIS DE SUPUESTOS

El último método es el de análisis de supuestos. Este es particularmente útil para el caso de los problemas débilmente estructurados. Este método está diseñado para superar algunas limitaciones del análisis de políticas públicas. Estas limitaciones hacen referencia a que el análisis se basa a menudo en los supuestos de un solo tomador de decisiones, o que los analistas por lo general fallan en tomar en cuenta diferentes puntos de vista sobre la naturaleza del problema y sus posibles soluciones.

Este método, expuesto por DUNN (2004), propone elaborar síntesis creativas basadas en supuestos conflictivos. El procedimiento consiste en hacer explícitos los supuestos en que se basan las soluciones planteadas. Luego, se contrastan los supuestos y se identifican las diferentes soluciones que se derivarían de ellos. Si la contra solución es plausible se contrastan las soluciones. Este ejercicio permite identificar hipótesis rivales que conducen a soluciones plausibles. Si se llega a supuestos consensuados tras su validación con información común y verificable se puede evaluar la plausibilidad entre las soluciones en conflicto. El Gráfico 20 ilustra la estructura básica de este método.

GRÁFICO 20: ESTRUCTURA DEL ANÁLISIS DE SUPUESTOS

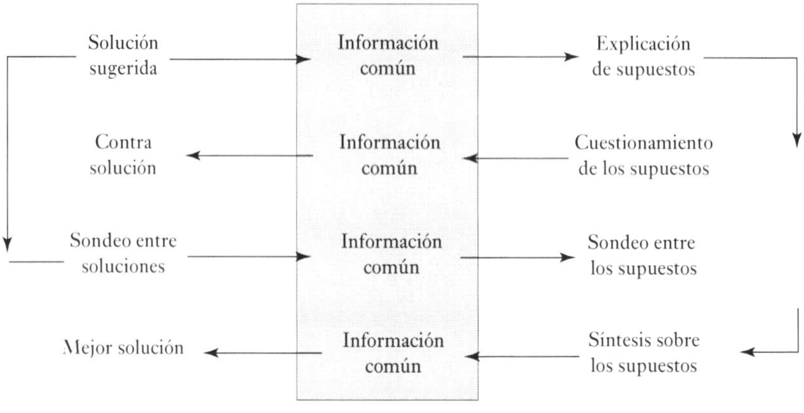

Solución sugerida	Información común	Explicación de supuestos
Contra solución	Información común	Cuestionamiento de los supuestos
Sondeo entre soluciones	Información común	Sondeo entre los supuestos
Mejor solución	Información común	Síntesis sobre los supuestos

Adaptado de DUNN, 2004.

Por ejemplo, se puede tomar el caso de las diferentes formas de hacer frente a la pobreza. Existen dos bandos en conflictivo; unos dicen que la mejor forma de atacar la pobreza es a través de la generación de empleo, lo cual, a su vez, se logra a través de la reducción de impuestos a las empresas. Por su parte, el otro bando dice que la mejor forma de atacar la pobreza es mediante el otorgamiento de subsidios directos a los desempleados, para que de esta manera satisfagan sus necesidades básicas.

El supuesto del primer grupo es que en la medida en que se reduzcan los impuestos de las empresas ellas tendrían un excedente que podrían destinar a la continuación de sus actividades y, en esa medida, mantener el empleo o incluso aumentar sus utilidades de manera que pueda hacer inversiones nuevas que demandarán nueva mano de obra. Esos son supuestos que habría que contrastar. ¿Si es cierto que mediante la reducción de impuestos las empresas generan más empleos, o será más bien que aumentan su ahorro o consumo, o sus inversiones externas o de especulación y en realidad no generan empleos localmente?

En el caso del otro bando el supuesto de que el subsidio directo funciona favorablemente contra la pobreza es que este subsidio estaría orientado a satisfacer las necesidades básicas y una vez logrado esos mínimos necesarios se fomentaría el emprendimiento. Habría que contrastar hasta qué punto esos recursos son destinados a aquellos asuntos y que ello conduzca a generar medios de subsistencia.

Una vez identificados los supuestos, se sondean. Si resulta que ninguno de los dos supuestos propuestos por los bandos se cumple satisfactoriamente, se podría concluir en otra solución que se sustenta en otros supuestos, se podría pensar en reducir la pobreza siguiendo una vía intermedia, mediante la promoción de proyectos productivos, por ejemplo, liderados por los individuos sin empleo, pero con espíritu emprendedor y con el apoyo de las empresas, quienes podrían ver reducida su base tributaria si contribuyen a dichos proyectos.

La fuente de conocimiento de este método es el grupo. Entre más disperso el grupo, mejor. El criterio de evaluación es el conflicto: entre más conflicto exista es mejor porque así podríamos llegar a lo que se considera una "mejor solución".

Este es un método relativamente más complejo que los anteriores, pero sin duda es el más enriquecedor y contundente en la medida en que lo que se observa y se pone en escrutinio son los supuestos que sustentan las soluciones sugeridas. Con este se hacen avances sustanciales en la comprensión de las características y matices del problema.

CUADRO 11: MÉTODOS MÁS COMUNES PARA LA ESTRUCTURACIÓN DE PROBLEMAS

Método	Propósito	Procedimiento	Fuente de conocimiento	Criterio de evaluación
Lluvia de ideas	Crear ideas, objetivos y estrategias	Generación y evaluación de ideas en seminarios de decisión o en diseño de escenarios libres u operacionales	El grupo	Consenso
Análisis de fronteras del problema	Estimar los límites del metaproblema	Muestreo de saturación (bola de nieve), obtención de representaciones del problema, estimación de la frontera por acumulación (i.e. "espacio público")	Sistema de saberes sobre el tema	¿Es correcto el límite construido?
Análisis clasificacional	Clarificar conceptos	División lógica y clasificación de conceptos. Uso de conjuntos (i.e. desempleo de mujeres pobres cabeza de hogar)	Es el analista	Consistencia lógica
Análisis sistémico de problemas o de sensibilidad	Comprender las interrelaciones entre factores que explican la situación problemática	Identificación de factores según su capacidad de influir en, o verse influido por, otros factores, y las formas como se ejerce dicha influencia.	El analista o un grupo	Exhaustividad en la identificación de los factores y la consistencia lógica.
Árbol del problema	Conocimiento profundo de los factores causales subyacentes al problema.	División lógica y clasificación de causas y efectos	El analista	Consistencia lógica
Análisis de jerarquía de causas	Identificación de causas posibles, plausibles y accionables	División lógica y clasificación de causas (i.e. ¿pobreza: pereza?, ¿falta de formación?¿falta de oportunidades?	El analista	Consistencia lógica
Análisis de actores relevantes	Identificación de actores y sus posiciones, roles y funciones, intereses y preocupaciones.	Identificación de actores, sondeo, análisis de intereses y potencialidades de conflicto.	El analista o un grupo	Exhaustividad de la información adquirida
Synectics	Reconocer similitudes entre problemas	Construcción de analogías personales, directas, metafóricas e imaginarias (i.e. drogadicción vs alcoholismo)	El analista o un grupo	Plausibilidad de las comparaciones
Análisis de múltiples perspectivas	Entender mejor los problemas débilmente estructurados	Análisis de perspectivas técnicas, organizacionales y personales	El grupo	Mayor entendimiento
Análisis de supuestos	Elaborar síntesis creativas basadas en supuestos conflictivos	Identificación de actores, explicitación de suposiciones, contrastación, sondeo y síntesis	El grupo	Conflicto

Elaborado por los autores.

El Cuadro 11 resume el propósito, el procedimiento y las características de los ocho métodos discutidos en este capítulo.

De esta manera finaliza la fase estructuración de problemas de políticas públicas y la primera fase del proceso de análisis de políticas públicas. A continuación se discute la fase de identificación de criterios de decisión.

4.5 TAREAS Y TALLERES

Un método para identificar hipótesis rivales

El siguiente ejercicio consiste en identificar el problema, los supuestos, los actores y posiciones en diferentes políticas públicas. Mediante este ejercicio se evidencia el papel de las visiones del mundo, de la ideología, y de los mitos populares en la estructuración de problemas públicos.

Ejemplo 1: Política de protección a la propiedad intelectual en el sector farmacéutico en Colombia.
 –¿Cuál es el problema?
 –¿Cuáles son los supuestos implícitos/subyacentes?
 –¿Quiénes son los actores relevantes y sus posiciones?
 –¿Cuáles son las consecuencias intencionadas y no intencionadas de la política?

Ejemplo 2: Política de apoyo a la realización de cine en Colombia.
 –¿Cuál es el problema?
 –¿Cuáles son los supuestos implícitos/subyacentes?
 –¿Quiénes son los actores relevantes y sus posiciones?
 –¿Cuáles son las consecuencias intencionadas y no intencionadas de la política?

Ejemplo 3: Política de apoyo a la inversión en I+D en Colombia.
 –¿Cuál es el problema?
 –¿Cuáles son los supuestos implícitos/subyacentes?
 –¿Quiénes son los actores relevantes y sus posiciones?
 –¿Cuáles son las consecuencias intencionadas y no intencionadas de la política?

EJERCICIO *(jerarquía de causas)*:

La actividad para realizar ahora consiste en que el lector debe hacer el proceso de identificación de causas posibles, causas plausibles y causas accionables relacionadas con el problema bajo estudio.

EJERCICIO *(análisis causal)*

Revisar las siguientes frases e identificar el problema (P), las causas (CA) o consecuencias del problema (CO):

- La población en el pueblo tiene bajos ingresos ___
- Los hombres adultos y los jóvenes tienen acceso a alimentos más nutritivos que las mujeres y los niños ___
- La mayoría de niños en el pueblo sufre de desnutrición ___
- Los niños se vuelven más propensos a enfermedades contagiosas ___
- Muchos hombres gastan sus ingresos en alcohol y no en comida para la familia ___
- Los niños no desarrollan capacidades cognitivas normales ___
- En hogares con mujer cabeza de familia, la alimentación está más pobre y el nivel de ingreso más bajo ___
- En estos hogares la tasa de asistencia escolar de los niños está más baja___
- Las mujeres son excluidas de los procesos de decisión en la comunidad ___
- Las mujeres viudas no heredan las tierras de los esposos ___
- Las escuelas están abarrotadas y normalmente las niñas son las últimas para inscribirse ___
- La cultura y las tradiciones generan un modelo de sociedad patriarcal ___
- La tasa de mortalidad infantil es alta en los hogares con mujer cabeza de familia ___

5. IDENTIFICACIÓN DE CRITERIOS DE DECISIÓN Y DE ALTERNATIVAS DE SOLUCIÓN

Una vez se tiene conocimiento relativamente certero sobre las características del problema, su ubicación geográfica, qué lo genera, quiénes contribuyen a él, quiénes son los afectados por él, desde cuándo sucede, si tiene o no solución en el corto plazo, y si puede o no ser solucionado por el cliente, se pasa a la siguiente tarea del proceso, la cual consiste en identificar qué se necesita para que haya una solución efectiva, qué objetivos específicos queremos alcanzar, qué definimos como una "buena solución" y qué características deberá reunir dicha solución. La Gráfica 21 ilustra el lugar en que nos encontramos en esta fase dentro del análisis y diseño de la política pública.

GRÁFICO 21: PASO 2: IDENTIFICACIÓN DE CRITERIOS DE DECISIÓN

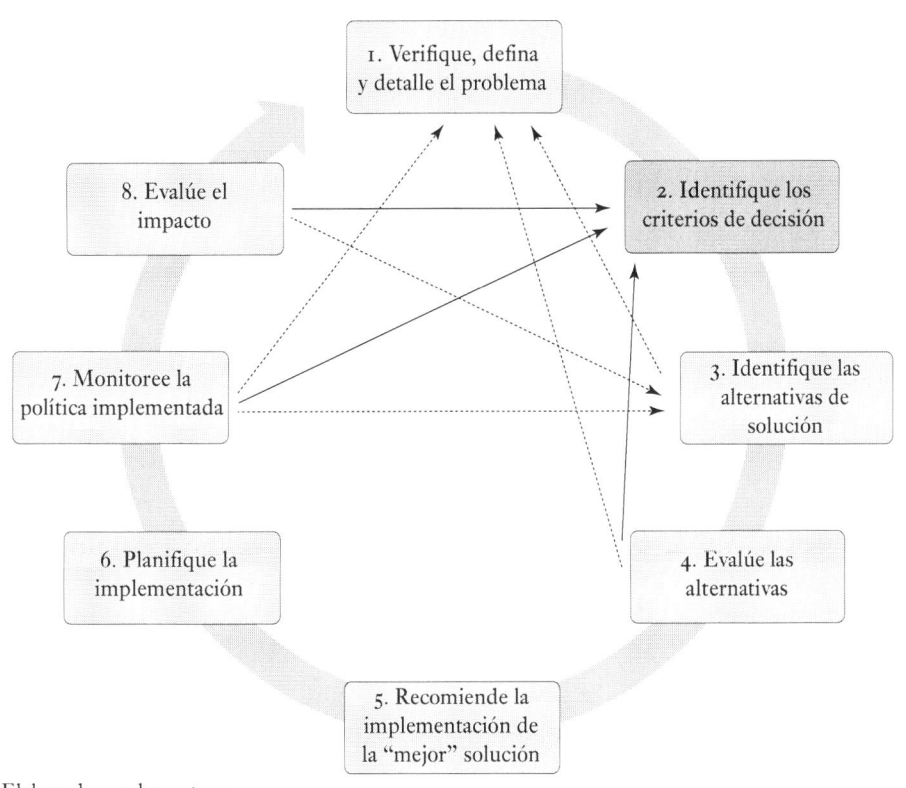

Elaborado por los autores.

Como lo ilustra la Gráfica, y se detallará más adelante, se trata del segundo paso del proceso de análisis y diseño de políticas públicas. Su rol principal es aportar a la identificación de soluciones efectivas mediante la identificación de objetivos claros y de las características o atributos que debe tener la política pública requerida para que esta sea juzgada como satisfactoria.

La definición de criterios de evaluación nos permite orientar la búsqueda de soluciones, la elección de las "mejores" soluciones, el diseño del plan de implementación, el monitoreo y la evaluación. Si bien es un paso que se debe definir en segunda instancia una vez se tenga claro el problema para orientar el resto del ejercicio analítico, su establecimiento definitivo solo sucede tras su validación o modificación una vez hayan sido contrastados con el plan de monitoreo y evaluación. Esto, dado el carácter iterativo antes discutido, y que se explicará más adelante.

En este contexto, reconocemos que la "solución" es un concepto mixto que incorpora elementos tanto fácticos como subjetivos que dan cuenta de la desaparición de un problema claramente identificado, y que es percibida como una respuesta ante la existencia de una situación que impide la realización de deseos y aspiraciones de la mayoría. En este sentido, llamamos alternativas de solución a las acciones, medidas, proyectos, programas, campañas, y otras formas de intervención que pueden hacer parte de las políticas públicas, y que pueden estar expresadas en reglamentos, decretos u otras formas de implementación y cristalización, a las que se le atribuye la capacidad teórica o real de propender por la terminación del problema identificado. Aquí tomamos la definición de Bardach, quien define las alternativas de solución como las opciones de política, o cursos de acción alternativos, o estrategias de intervención necesarias para solucionar el problema o mitigar sus efectos públicos (Bardach, 1999, 31).

Ahora bien, en esta fase de identificación de criterios y alternativas de solución, el primer paso es definir los objetivos, el segundo es identificar los criterios de decisión que nos permitan evaluar de forma objetiva las alternativas de solución posible al problema, y el tercero, es buscar las posibles soluciones por considerar. A continuación se describen dichos pasos.

5.1 DEFINICIÓN DE OBJETIVOS GENERAL Y ESPECÍFICOS

El primer paso a tomar es el de definir el objetivo general y los objetivos específicos que se pretenden alcanzar con las soluciones que queremos proponer para atender el problema definido. Antes de ello, es importante distinguir entre objetivos y metas, pues ambos conceptos suelen usarse indiscriminadamente como símiles, cuando en realidad hacen relación a nociones distintas. Cinco son las principales diferencias identificadas: a) ambos tienen orientación al futuro, sin embargo, los objetivos proponen propósitos amplios mientras que las metas buscan proponer propósitos específicos; b) los objetivos, por lo general, no son cuantificables mientras que las metas lo son y, por lo general, lo deben ser; c) contrario a las metas, los objetivos no especifican períodos de tiempo en los cuales las políticas están dadas a alcanzar las consecuencias deseables; d) los objetivos son aspiraciones ambiciosas mientras que las metas son logros realizables por alcanzar; y e) los objetivos definen poblaciones objetivo en términos amplios, mientras que las metas definen poblaciones objetivo específicas. El Cuadro 12 presenta una síntesis de dichas diferencias.

CUADRO 12: CONTRASTES ENTRE OBJETIVOS Y METAS

Características	Objetivos	Metas
Propósitos	Expresado ampliamente. i.e., elevar la calidad del sistema de salud	Concreto. i.e., incrementar el número de médicos en 10 %
Definición de términos	Formal. i.e., la calidad del sistema de salud refiere al acceso a los servicios médicos de salud	Operacional. i.e., la calidad del sistema de salud refiere al número de médicos por cada 100.000 personas
Período de tiempo	No especificado. i.e., en el futuro	Especificado. i.e., ejemplo: En el período 2012-2015
Procedimiento de medida	No cuantitativo. i.e., adecuado seguro médico	Frecuentemente cuantitativo. i.e., cobertura de un 80%
Tratamiento de grupo objetivo	Ampliamente definidos. i.e., personas en necesidad de cuidado	Específicamente definidos. i.e., familias con un ingreso anual por debajo de los 40 millones COP

Adaptado de (DUNN, 2004, 134)

Es importante resaltar que este paso solo sugiere el establecimiento del objetivo general y los objetivos específicos. En cuanto a las metas, solo se deben definir con base en las alternativas de solución que se determine implementar, pues su lugar específico "natural" dentro del ejercicio analítico se ubica en el Plan de Monitoreo y Evaluación, es decir, como parte constitutiva de la última fase del ADIPP. Sin embargo, dado el carácter no-lineal del ejercicio analítico, es importante empezar a visualizar dichas metas desde esta fase. De esto hablaremos posteriormente.

Ahora bien, las diferencias entre objetivo general y objetivos específicos, se pueden expresar de la siguiente manera: el objetivo general se relaciona directamente con el problema formal definido, debido a que este es la formulación del deseo de solucionar lo que origina la sensación problemática y, por tanto, su planteamiento debe ir en términos de lo que se aspira alcanzar. Es la enunciación en términos positivos del problema. Por ejemplo, ante el problema definido como altos índices de hacinamiento crítico en las cárceles del país, el objetivo general que se podría plantear sería: disminución del hacinamiento en las cárceles.

Igualmente, el objetivo general o deseo general –manteniendo la misma línea discursiva propuesta para diferenciar entre metas y objetivos– se define como la sumatoria de objetivos específicos planteados frente al problema que se aborda. Por esta razón, los objetivos específicos son, a su vez, esos deseos más específicos que contribuyen a alcanzar el objetivo general.

Para este *Manual*, los objetivos específicos se asocian a aquellas causas que se han identificado como causas accionables –entendiendo que ellas son las que enmarcaran el accionar del cliente según sus facultades– así como con aquellas causas que se han identificado como plausibles –entendiendo estas como las que explican el problema según estudios u expertos, pero que no son de la competencia del cliente– que se han identificado como fundamentales de tener en cuenta para solucionar el problema en cuestión. Así, toda causa accionable o "coordinable" (para el caso de las plausibles claves) tendría una relación con al menos un objetivo específico, es decir, cada generador del problema formal propone un deseo específico de ser solucionado para, a su vez, alcanzar el objetivo general que se propone.

A continuación, se expone un ejemplo que permite ilustrar cómo un analista ha manejado el planteamiento de objetivos claros que persigue una política, partiendo de la definición del problema.

Luis Aguilar expone el ejemplo de Mark H. Moore, *Anatomía del problema de la heroína*, u originalmente titulado *Anatomy of the Heroin Problem: An exercise in Problem Definition*, en donde se revisa cómo la política sobre la heroína genera posiciones disímiles (Aguilar, 1993, 189), pues, por un lado, están los que consideran que el objetivo debe ser la reducción de su consumo y, por el otro, los que reclaman que el objetivo debe ser mejorar la calidad de vida de los consumidores. Así, como afirma Moore, el gobierno podría perseguir ambos objetivos a través de alternativas de solución que respondan a los distintos ámbitos de aplicación.

La relativa amplitud o estrechez del ámbito de aplicación de las alternativas de solución que defina el analista, orienta la intervención en grupos objetivo. Por ejemplo, para el caso antes descrito, se define si se busca influir en la conducta de la sociedad en general o si se busca influir en la conducta de quienes ya usan la heroína. Esas dos categorías de ámbito pueden, a su vez, ser abordadas según se quiera influir en un amplio rango de conductas con políticas generales para la sociedad en general, o si se quiere influir solo en el consumo de heroína con políticas preventivas.

El Cuadro 13 resume el trabajo de Moore según los ámbitos de aplicación de las alternativas de solución.

CUADRO 13: EJEMPLO: OBJETIVOS Y ÁMBITOS DE LAS ALTERNATIVAS

Objetivo A: Reducir el número de personas que consumen heroína		Objetivo B: Mejorar la conducta y condiciones de los consumidores actuales	
Políticas que influyen en la conducta de la sociedad en general		Políticas que influyen solo en la conducta de quienes ya usan la heroína	
1 Políticas que influyen en un amplio rango de conducta (Políticas generales)	2 Políticas que solo influyen en el consumo de heroína (Políticas preventivas, población vulnerable)	3 Políticas que influyen en un amplio rango de conducta	4 Políticas que solo influyen en el consumo de heroína
Macro políticas de empleo	Prohibición de todas las ventas y uso de heroína	Comunidades terapéuticas	Desintoxicación ambulatoria
Programas de bienestar	Programas de educación sobre drogas	Psicoterapia individual	Tratamiento "sin esqueleto", o desarticulado a base de metadón
Programas de salud pública	Detección temprana y programas de cuarentena	Tratamiento con metadón y servicios auxiliares	
Programas antipobreza	Programas de inmunización antagonista temprana	Libertad bajo palabra y condicional	
Programas de capacitación		Consumidores internados en hospitales psiquiátricos	
Prohibición de tratos discriminatorios en las contrataciones		Programas de empleo asegurado	
Programas contra la delincuencia juvenil			
Cárceles y prisiones			

Adaptado de (Aguilar, 1993)

Avanzando en el ejemplo que brinda AGUILAR sobre el análisis de MARK MOORE, el autor argumenta que hay políticas que atacan síntomas y políticas que atacan causas, y que mientras que las políticas que atacan síntomas están diseñadas principalmente para reducir el consumo de quienes la usan actualmente, las políticas que atacan las causas tienen cobertura más amplia: buscan modificar más aspectos de la conducta (no solo el consumo) y extender su influencia a una porción mayor de la población total (AGUILAR, 1993).

En efecto, las políticas o alternativas de solución que solo atacan síntomas son ineficientes en la medida que no curan la enfermedad, mientras que aquellas alternativas que atacan la enfermedad eliminando sus causas son más eficientes. Como se vio en el ejemplo de MOORE, es de gran importancia establecer los objetivos de la intervención y, con ello, establecer de paso los ámbitos de aplicación de las alternativas de solución por proponer. Tener claro tanto los objetivos como los ámbitos de aplicación de las alternativas permite que los procesos posteriores de establecimiento de criterios de decisión y de identificación de alternativas de solución sean más coherentes y efectivos.

Es de resaltar que el proceso de definir criterios de decisión debe anteceder la identificación de alternativas, pues dicha secuencia ayuda al analista a evitar encerrarse en alternativas preferidas que no responden al problema de manera satisfactoria. Veamos, pues, a continuación las características de estos dos procesos.

5.2 IDENTIFICACIÓN Y DEFINICIÓN DE CRITERIOS DE DECISIÓN

Los criterios de decisión son factores, juicios de valor prestablecidos que determina el analista de común acuerdo con el cliente para evaluar todas las alternativas de solución que van a ser identificadas, constituyéndose en el marco para generar recomendaciones de políticas públicas.

La literatura destaca una serie de criterios de decisión utilizados con frecuencia para juzgar la idoneidad de las alternativas de solución que se puedan identificar o construir en respuesta al problema identificado. PATTON y SAWICKI (1993) proponen, como primer paso el definir y establecer criterios que sean aceptables y útiles. En cuanto a la aceptación por parte del cliente, advierten que en la práctica los tomadores de decisiones pueden no mostrarse dispuestos a establecer criterios claros, en la medida que tendrían que argumentar sus decisiones sobre conceptos como equidad, eficiencia, y no quisieran apoyar su decisión a favor de un grupo en detrimento de otro (Patton y Sawicki, 1993).

Así, para buscar una aceptación básica de los mismos, y antes de intentar la construcción de los criterios con el cliente, es indispensable identificar las preferencias y el perfil del mismo, sus hojas de ruta –si son gobernantes se asocian con sus planes y programas de gobierno expresados en épocas electorales y sus planes de desarrollo establecidos ya en el momento de gobernar– para identificar, a partir de ellos, los principales intereses en donde el cliente buscaría priorizar, la forma como él o ella entiende el problema y sus elementos sustantivos, identificar las preferencias ideológicas o la visión sobre cómo se deben abordar los problemas, etc., todo ello con el propósito de iniciar el proceso de construcción de los criterios con un terreno abonado para la decisión.

De cualquier manera, es importante tener en cuenta que tener presentes dichos asuntos no debe conducir a limitar el espectro posible de análisis, pues en muchas ocasiones el decisor o bien no tiene claros los criterios y en parte es por ello que acude a sus servicios, o bien no quiere ver en su analista a alguien que no tiene capacidad propia de proponer visiones alternativas, si se quiere incluso "rivales" a las suyas. En este sentido, cuando no hay coincidencias entre la visión del analista y la del cliente, el analista no debe imponer sus preferencias, pero tampoco debe dejar de hacer ver al cliente, de manera profesional y respetuosa, las visiones alternativas. En últimas, él o ella deciden. En el largo plazo esta posición analítica, crítica y objetiva puede ser altamente apreciada por el cliente. Sin embargo, no hay que olvidar que en la práctica hay varios perfiles de decisores, en donde algunos pueden ser de mente abierta y apreciar la dialéctica y la crítica, y otros pueden manejar su ego de manera distinta.

En cuanto a la utilidad de los criterios, Patton y Sawicki (1993) sugieren el uso de los siguientes cuatro criterios más comúnmente utilizados:

1. La viabilidad técnica: la cual hace referencia a la pregunta ¿Existen los recursos técnicos y el saber hacer para implementar la alternativa de solución? Este criterio busca medir si la alternativa funcionaría en un sentido técnico.

2. La viabilidad política: la cual plantea ¿qué tan complejo es el ambiente político donde se debe abordar el problema?, ¿qué tan impopular o qué tan fácil políticamente puede ser aceptado para el cliente implementar la alternativa? Este criterio busca enmarcar si será necesario considerar lo estable o turbulento del ambiente político y se mide en términos de impacto

posible en los grupos de interés como son los legisladores, los administradores públicos, los ciudadanos y sus movimientos, los grupos barriales o comunales, los sindicatos, los partidos políticos, etc. La pregunta central es si sería aceptada o podría ser aceptada en los grupos relevantes de interés. Establecer este criterio de decisión indica que el contexto político en el cual se deben tomar las decisiones es de gran relevancia y quizás existan grupo de interés con la suficiente capacidad de incidencia como para impedir o revertir la implementación de alternativas de solución escogida.

3. La viabilidad administrativa: la cual busca responder ¿están dispuestas las condiciones necesarias para su implementación? Este criterio mide cuán posible es la implementación de la alternativa en un contexto administrativo. Por ejemplo, reconocer si el *staff* o personal disponible cooperaría con la entrega del servicio propuesto, o si se tienen las capacidades, facilidades o herramientas físicas y materiales para implementar la alternativa.

4. La viabilidad económica y financiera: la cual busca responder ¿el costo de la alternativa puede ser cubierto con recursos públicos, u otras fuentes de recursos para su implementación? Este criterio es de vital importancia por cuanto, por un lado, la ausencia de recursos es una constante con la cual todo administrador debe trabajar y, por otro, en la administración pública la destinación de los mismos en la gran mayoría de los casos ya viene definida por la ley, y los problemas por superar con los recursos de libre destinación son usualmente numerosos[4].

Adicional a estos cuatro criterios, se sugiere revisar la utilización de otros seis criterios propuestos por WILLIAM DUNN (2004), denominados *effectiveness, efficiency, adequacy, equity, responsiveness,* y *appropriateness*, los cuales procuraremos definir en español de la mejor forma posible a pesar de la especificidad de algunos de ellos. Por último, agregamos una serie de criterios a la lista básica, los cuales han sido identificados útiles con base en la experiencia de los autores del presente *Manual*. Estos son:

1. La efectividad: plantea la inquietud ¿la alternativa logra el objetivo que se pretende alcanzar, a la luz del tiempo que se requiere en su implementación y los recursos por invertir? Una política es efectiva cuando logra el objetivo

---

[4] Para PATTON y SAWICKI (1993), este criterio propone la medición de beneficios directos o indirectos, de corto o largo plazo, cuantificables o no, sin embargo, bajo este *Manual* estos análisis serán abordados más adelante bajo el criterio de costo beneficio de manera individual e independiente.

propuesto teniendo en cuenta la relación tiempo y recursos necesarios para lograrlo.

2. La eficiencia: busca responder ¿estarán bien invertidos los recursos destinados al logro de los objetivos mientras se maximizan los beneficios con ellos? Una alternativa o política es eficiente cuando es efectiva y logra el resultado a bajo costo al mismo tiempo.

3. La suficiencia: se refiere a ¿la alternativa soluciona las necesidades, satisface los valores u propicia las oportunidades que dieron origen al problema por abordar? Este criterio muestra la relación entre las alternativas y los resultados valorados. El criterio de suficiencia estudia cuatro tipos de problemas según DUNN (2004):

a. Problemas de primer tipo: son aquellos que implican costos fijos y efectividad variable. Cuando la mayoría del presupuesto de gastos se constituye en costos fijos, la prioridad es maximizar la efectividad con recursos disponibles. Las respuestas a estos problemas son llamadas *equal-cost analysis* en donde los analistas deben comparar las alternativas y su efectividad, teniendo en cuenta que los costos son constantes. La alternativa de solución más adecuada es la que maximiza el logro de los objetivos mientras permanecen las limitaciones de los costos fijos. Ejemplo: dado un presupuesto fijo de 1 millón de dólares para cada uno de los programas, un analista en políticas de salud recomendara la alternativa que tenga mayor calidad para el sistema de salud en la comunidad.

b. Problemas de segundo tipo: son aquellos que tienen una efectividad fija y unos costos variables. En esta situación se intenta disminuir los costos, pues la efectividad esperada es la misma para todos los casos. Las respuestas a estos problemas son llamadas *equal-effectiveness analysis* en donde los analistas comparan las alternativas que varían en costos mientras la efectividad es la misma. Las alternativas de solución más adecuadas para este tipo de problemas son aquellas cuyo costo sea el más bajo mientras alcanza el grado fijo de efectividad. Ejemplo: Si el sistema de transporte público debe servir al menos a 100.000 personas al año, el problema es identificar cuál de las alternativas (bus, metro, tren) pueden alcanzar el grado fijo de efectividad al menor costo.

c. Problemas del tercer tipo: son aquellos donde se tienen costos variables y efectividad variable. Las respuestas a estos problemas son llamadas *variable-cost-variable-effectiveness analysis*. En este caso la solución más adecuada es aquella que maximice la proporción entre costo y efectividad.

Ejemplo: El escoger un presupuesto óptimo para maximizar los objetivos propuestos por una agencia o institución.

d. Problemas del cuarto tipo: son aquellos que poseen los costos y la efectividad fijos. Las respuestas a estos problemas son llamadas *equal-cost-equal-effectiveness analysis* y son particularmente difíciles de resolver porque los analistas no solo están limitados por unos costos que no se pueden exceder sino, además, por unos niveles de efectividad que se deben alcanzar. En casos donde alguno de los dos requisitos no se pueda cumplir, bien sea por costos imposibles o efectividades inalcanzables, la mejor alternativa es no hacer nada. Ejemplo: Si el sistema de transporte público debe servir a un mínimo de 100.000 personas al año con unos costos fijos establecidos, cualquier alternativa de solución debe satisfacer ambas limitaciones, de lo contrario serían rechazadas.

4. La equidad: está estrechamente relacionada con la racionalidad social y legal-justicia, y se refiere a la pregunta ¿qué distribución de cargas y beneficios a los grupos que conforman la sociedad plantea la implementación de la alternativa? Una política equitativa es aquella en que las cargas y los beneficios son distribuidos de igual manera para todos los individuos. Este criterio está relacionado con los dilemas éticos asociados con la distribución de los recursos en la sociedad ¿cómo puede una política pública maximizar el bienestar de la sociedad y no solo el de un grupo particular de individuos? Para este criterio existen algunos sub-criterios que pueden ayudar a resolver dilemas típicos asociados a la equidad:

a. *Maximización del bienestar individual.* El analista intenta maximizar el bienestar de todos los individuos de forma simultánea. Ello requeriría de un ranking de preferencias transitivas construido con base en todos los valores de cada individuo. A través del "Teorema de imposibilidad de Arrow"[5] se ha demostrado que esto puede ser imposible inclusive cuando hay dos personas y tres alternativas. *Ejemplo:* Una población desplazada que necesita ser reasentada y tiene tres alternativas de lugares diferentes. Si a la población de 5000 habitantes se le pregunta por su orden de prioridad de cada una de

---

[5] Conocida también como la Paradoja de ARROW, esta expone que cuando se tienen al menos tres alternativas para que un cierto número de personas voten por ellas, no es posible diseñar un sistema de votación que permita generalizar las preferencias de los individuos hacia una preferencia global de la comunidad el cual debe satisfacer varias características deseables simultáneamente (Ver infra, 2.1.2., páginas 43-44). Este teorema fue enunciado por el premio nobel KENNETH ARROW.

las tres opciones, el sistema buscaría reflejar una primera mejor opción, una segunda mejor opción, y una tercera mejor opción sin embargo, este sistema puede que no refleje todos los valores que cada persona tuvo en cuenta.

Es decir, un tipo de pregunta usual para este caso es: ¿priorice de 1 a 3, el lugar en donde quisiera que el reasentamiento se realice, en donde 1 es el lugar de mayor preferencia y 3 el de menor? Asúmase que las respuestas a la pregunta sobre los 3 lugares (A, B y C), se expresan de la siguiente manera como se ilustra en el Cuadro 14:

CUADRO 14: TEOREMA DE LA IMPOSIBILIDAD DE ARROW

Respuestas	Zona A	Zona B	Zona C	Tamaño de la muestra encuestada
Primera mejor opción	50%	10%	40%	
Segunda mejor opción	30%	15%	55%	353
Tercera mejor opción	20%	75%	5%	
Número de respuestas a la pregunta formulada				1059

Adaptado de Dunn, 2004.

Esos resultados demuestran la dificultad para definir y decidir en qué lugar se debería dar el reasentamiento, garantizando la satisfacción de todos los encuestados cuando ellos deben elegir entre tres o más alternativas de solución.

b. *Protección de un bienestar básico.* En este punto el analista intenta incrementar el bienestar de un grupo, mientras intenta proteger el bienestar de grupos en peores condiciones. Esto está basado en la teoría del "Óptimo de Pareto", según el cual, el bienestar consiste en que al menos uno de los actores se beneficie sin que ningún otro salga perjudicado. *Ejemplo:* Ante un problema de abastecimiento de agua a las personas de bajos recursos de una comuna de la ciudad, el gobierno plantea la provisión de agua a dicha población objetivo, apoyándose en un esquema que permite que los estratos sociales más altos deben pagar en su consumo un valor mayor sobre cada metro cúbico consumido y con ese valor subsidiar la prestación de servicios de agua a los estratos sociales más necesitados.

c. *Maximización del bienestar neto.* Aquí el analista se basa en el criterio de Kaldor-Hicks, en el cual las ganancias de unos deben ser capaces de compensar la pérdida de los otros actores. *Ejemplo:* El incremento del salario mínimo legal a los trabajadores podría incrementar los costos en los que tienen que incurrir los empleadores, pero podría también incrementar el consumo de los productos ofrecidos en el mercado.

d. *Maximización del bienestar distributivo.* El analista intenta maximizar beneficios redistribuidos para un grupo específico de la sociedad. Por ejemplo, los oprimidos raciales, pobres o enfermos. Un criterio de redistribución fue propuesto por el filósofo JOHN RAWLS: un Estado social es mejor que otro si este resulta en una ganancia de bienestar para los miembros de una sociedad que menos tienen o más necesitan. *Ejemplo:* La ley podrá establecer una circunscripción especial para asegurar la participación y representación en los procesos electorales de grupos étnicos como lo son los afro descendientes o indígenas.

Cabe mencionar que ninguno de estos sub-criterios es totalmente satisfactorio si se concibe de manera independiente, y que cada uno posee sus debilidades. Esto se debe a que en la sociedad existen muchas variables culturales, políticas y jurídicas que no puede solucionarse con un simple razonamiento económico.

5. La capacidad de respuesta: este criterio se refiere al interrogante ¿los criterios de efectividad, eficacia, suficiencia y la equidad, envuelven los verdaderos valores, necesidades y deseos del grupo al que se dirige la política pública? Este criterio busca determinar el grado en que una alternativa satisface las necesidades, preferencias o valores de grupos particulares de la sociedad identificados como población objetivo. Este criterio es importante, pues las alternativas pueden cumplir con todos los demás criterios posibles y aun así no responder a las necesidades del grupo que se supone se beneficiará de la política.

6. *Appropriateness* (preferimos dejarlo en inglés por no encontrar una buena traducción. Probablemente sería "pertinencia para la sociedad". Lo dejamos a juicio del lector): este criterio está íntimamente relacionado con cuán apropiada es la política pública para la sociedad. Es decir, mientras todos los otros criterios dan por sentados sus objetivos, este criterio cuestiona su pertinencia para la sociedad para lo cual toma todos los criterios en conjunto y utiliza un *higher order criteria* (metacriteria) que ayuda a priorizar, de forma lógica, entre todos los criterios.

Este criterio no posee una definición única, por esto es mejor entenderlo a través de un ejemplo: ¿Es la equidad un criterio razonable cuando existen de por medio razones de tipo ético dentro del problema? Es decir, muchas veces una solución que sea equitativa no es necesariamente apropiada para la sociedad y sus convicciones morales y éticas. En algunos casos las soluciones más eficientes, equitativas o eficaces necesitarían incurrir en complejos dilemas morales para ser solucionadas. La pena de muerte, el aborto y la investigación genética son algunos ejemplos de tipos de políticas que presentan estos problemas.

Por último, sugerimos agregar a la lista de criterios claves para evaluar alternativas los siguientes:

1. Impactos secundarios/externalidades: este criterio busca responder a la pregunta ¿qué efectos positivos y negativos no intencionados podrían resultar de la implementación de la alternativa en cuestión? Este es un criterio particularmente importante en la medida en que toda intervención pública produce efectos no intencionados, los cuales pueden ser de ambos tipos, positivos y negativos. Ejemplo de estos efectos son el (des)empleo, el daño medioambiental, la salud pública, etc., los cuales podrían ser denominados "efectos secundarios" en tanto que no son el centro de interés de la política, pero no por ello son de menor importancia.

2. Impactos en otras políticas: este criterio busca responder a la pregunta ¿cómo afectaría la alternativa en cuestión a la implementación y al logro de los objetivos de otras políticas públicas en curso? Al igual que el criterio anterior, este indicador llama la atención al respecto de la importancia de hacer el análisis de las alternativas teniendo en cuenta el contexto en que se implementarían, pues en principio no sería deseable consolidar una política que resulte por afectar, de manera grave, la implementación de otras igualmente justificadas, anulando así sus efectos buscados.

3. Estabilidad: Este criterio busca responder si los objetivos se alcanzarían a pesar de que se presenten disturbios o cambios, es decir, ¿qué pasa si las condiciones cambian? A manera de ejemplo, qué pasaría si la alternativa depende de recursos por regalías del petróleo y estas se acaban por una caída en la explotación petrolera? Este criterio es asociado al usado por otros analistas como el de robustez. A su vez, se asocia con factores externos al accionar del cliente.

4. Vulnerabilidad: este criterio pretende evaluar si la alternativa continúa su implementación o ejecución en caso de que una de las partes del proceso falle. En otras palabras sería resolver el interrogante: ¿qué pasaría si alguno de sus componentes falla? A manera de ejemplo, ¿qué pasaría si el alcalde municipal o el gobernador es destituido por fallas administrativas y la alternativa dependía de su voluntad? Este criterio se asocia con factores más internos del accionar del cliente.

5. Comunicabilidad: este criterio busca responder a la pregunta ¿la alternativa es fácil de entender por aquellos involucrados y no dentro del problema?

6. Mérito: este criterio plantea el interrogante ¿la alternativa responde a las necesidades/demandas del problema?

7. Simplicidad: este criterio plantea la pregunta ¿qué tan difícil es la implementación de la alternativa seleccionada? Como ejemplo, se puede preguntar ¿qué tan fácil de implementar es el desarrollo de granjas auto sostenibles en el desierto?

8. Compatibilidad: este criterio indaga sobre ¿qué tan congruente es la alternativa de solución con las normas y procedimientos de mayor jerarquía?

9. Reversibilidad: este criterio pregunta ¿qué tan difícil es regresar a las condiciones iniciales si la alternativa falla? En otras palabras el analista se pregunta ¿podemos desmontarla sin mayores traumatismos? Un ejemplo de ello podría ser el sistema de restricción vehicular conocido como el "pico y placa" implementado en Bogotá y los traumatismos de su posible desmonte sin otras intervenciones desarrolladas paralelamente mientras su implementación.

Habiendo detallado una serie de criterios comúnmente usados, es importante tener en cuenta que los criterios pueden ser de una gran variedad y que su relevancia no depende principalmente de la naturaleza del problema que se busque afrontar, los objetivos propuestos y el tipo de programa o políticas que estén bajo análisis. Por ejemplo, ante problemas relacionados con la falta de infraestructura moderna para la exportación, se pueden proponer criterios relacionados con el impacto medioambiental (con la deforestación de zonas protegidas), el impacto social sobre comunidades indígenas, etc.

En todo este proceso de análisis de políticas públicas siempre surge la pregunta, ¿por qué la fase de definición de los criterios debe anteceder a la fase de identificación de las alternativas de solución? La razón es que el análisis de las alternativas debe hacerse a la luz de lo que el analista y el cliente juzguen a priori como "deseable". En efecto, identificar las alternativas antes de definir los criterios con los cuales estas serán evaluadas sesgaría la selección misma de las alternativas, lo cual limitaría nuestra creatividad e incrementaría la probabilidad del analista de caer en el error de tercer tipo.

Es importante enfatizar que en este punto del proceso analítico se espera que el analista sea un "abogado del problema" más que un "abogado de la solución". De otra manera, el espectro analítico se reduciría sustancialmente y nuestra probabilidad de éxito en la solución de los problemas se vería limitada. Toda selección de alternativas debe hacerse de manera transparente, explícita y considerando las alternativas de solución posible (excluyendo obviamente las que a simple vista parezcan absurdas tales como pensar en la promoción del uso del caballo en las grandes ciudades para dar solución a los problemas de contaminación ambiental que resulta de la relativa inmovilidad vehicular, o de promover el uso de vehículos voladores, etc.) Para ello, es importante indagar entre los actores involucrados, sus intereses, sus posiciones, sus posturas. Esto permitiría priorizar entre criterios.

Una última recomendación en este punto del proceso, es que debe haber una priorización entre criterios de decisión, pues no todos los criterios cuentan o valen o pesan lo mismo. Además, se deben ofrecer definiciones operacionales de los conceptos utilizados. Por ejemplo, si la alternativa debe ser "eficaz" se debe ofrecer una definición operativa del concepto de "eficacia". ¿Qué se debe entender por eficaz o ineficaz a la luz del problema analizado? En ocasiones es útil listar los indicadores que darían cuenta de la "eficacia". Por ejemplo, volviendo al tema de movilidad, uno de los principales indicadores de la solución del problema es la disminución del tiempo de desplazamiento. En el caso del maltrato de mujeres sería el número de denuncias. En el caso del problema de la baja calidad de la educación, el indicador sería el puntaje promedio en las pruebas estandarizadas, etc.

Una vez se tiene claridad sobre los objetivos por alcanzar y los atributos que deben tener las alternativas de solución para que estas sean elegidas, pasamos a discutir lo relativo a la identificación de alternativas de solución.

5.3 IDENTIFICACIÓN DE ALTERNATIVAS DE SOLUCIÓN

Una vez se tiene (o se cree tener) claro el problema y se han definido los criterios de evaluación que nos servirán de guía para la toma de decisiones, entramos al paso 3 del análisis y diseño de políticas públicas: la identificación de alternativas. Además del valor obvio de esta fase, es importante tener en cuenta que, dado el carácter iterativo del ADIPP al que nos hemos referido en contadas ocasiones y que retomamos en el Gráfico 22, la definición del problema público en cuestión puede (y suele) ser modificado en esta fase, pues al momento de recabar mayor información sobre las posibles formas de atacarlo es probable encontrar aspectos desconocidos del mismo, o simplemente, de la imposibilidad de ser resuelto en el corto o mediano plazo y con los recursos disponibles. En efecto, la revisión del problema a la luz de las alternativas identificadas debe conducir a establecer, en parte, la elegibilidad o idoneidad inicial de las mismas, y en dicho ejercicio es posible que se encuentre que el problema deba ser reformulado. Sin embargo, como se verá más adelante, si bien esto es previsible y en muchos casos deseable, es importante evitar que se re-definan los problemas simplemente para que coincidan con las características de la solución preferida por el cliente o por el analista.

GRÁFICO 22: PASO 3: IDENTIFICACIÓN DE ALTERNATIVAS DE SOLUCIÓN

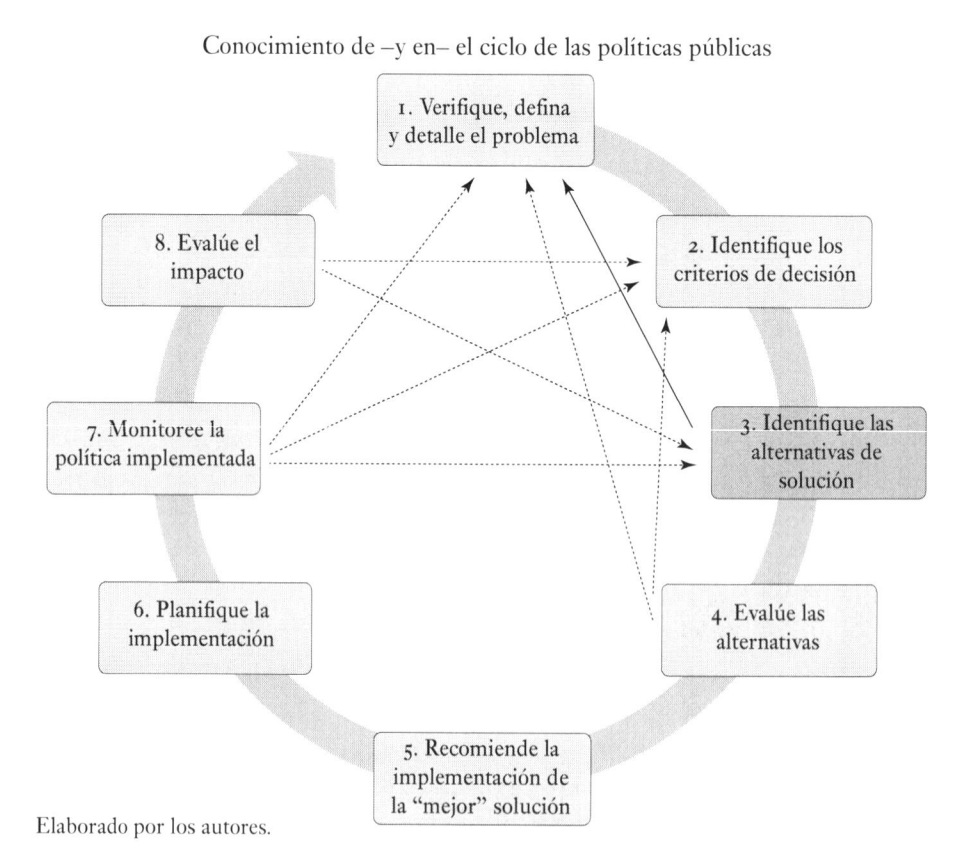

Conocimiento de –y en– el ciclo de las políticas públicas

1. Verifique, defina y detalle el problema
2. Identifique los criterios de decisión
3. Identifique las alternativas de solución
4. Evalúe las alternativas
5. Recomiende la implementación de la "mejor" solución
6. Planifique la implementación
7. Monitoree la política implementada
8. Evalúe el impacto

Elaborado por los autores.

Como se dijo al inicio de este capítulo, es importante tener en cuenta que, al igual que el concepto de "problema", el de "solución" es también un concepto relativo y subjetivo. Aquí la pregunta que se haría es: ¿solución para quién? En efecto, mientras que para algunos una acción de Estado es percibida como una solución a los problemas existentes, para otros se trata de una fuente de nuevos problemas. A continuación discutiremos algunos tipos de solución más comunes.

5.3.1 TIPOS DE SOLUCIÓN

En la literatura se pueden encontrar varios tipos de soluciones: hay soluciones activas o pasivas, las cuales resultan de la acción o la inacción, decisión a la que nos referiremos más adelante. Hay también soluciones directas o indirectas; soluciones monetarias o no monetarias; soluciones incrementales, radicales o innovadoras; soluciones exitosas o fallidas; soluciones reactivas o preventivas; soluciones informativas, coercitivas o incentivadoras; soluciones distributivas, redistributivas o regulatorias; soluciones locales, regionales, nacionales o exteriores; soluciones de corto o de largo plazo; soluciones focalizadas o generales; soluciones simples o complejas; soluciones sectoriales o transversales; soluciones sociales, económicas, ambientales, de seguridad, de ciencia y tecnología, de innovación, de educación, etc.

O'HARE en su escrito de 1989, propone una clasificación de soluciones entre directas e indirectas, las cuales pueden ser monetarias y no monetarias. En primer lugar, las soluciones directas pueden ser monetarias e implican proveer o adquirir. Dentro de la clasificación de soluciones monetarias directas está, por ejemplo, el proveer la construcción de un puente. También está el adquirir o comprar tecnología nacional para promover las capacidades locales de ciencia y tecnología.

Por otra parte, las soluciones no monetarias directas incluyen las acciones de prohibir y de requerir o exigir. Un ejemplo de solución no monetaria directa sería la de prohibir la estafa so pena de acarrear cárcel para los infractores. También están las soluciones no monetarias directas como las de requerir, por ejemplo, el cumplimiento de reglas fitosanitarias.

En segundo lugar, las soluciones indirectas pueden ser de carácter monetario o no monetario. Dentro de las soluciones monetarias indirectas están las multas o los impuestos, y los subsidios o los impuestos en cumplimiento de leyes antimonopolio. O el no cobro del IVA para computadores, pues sería un subsidio que tendría un efecto favorable en la competitividad y la productividad cuyo costo estaría asumido principalmente por el mercado.

Por su parte, una solución no monetaria indirecta puede resultar de la acción del Estado de informar o de implorar. Dentro del primer tipo los sistemas de información de precios para generar mayor transparencia son un ejemplo. La realización de campañas publicitarias contra el consumo de drogas, o la promoción de un destino turístico, son otro ejemplo. El Cuadro 15 resume la clasificación propuesta por O'HARE:

CUADRO 15: TIPOS DE POLÍTICAS PÚBLICAS SEGÚN O'HARE

	Directa	Indirecta
Monetaria	*Proveer*	*Impuesto / multa*
	→ Construir un puente	→ Antimonopolio, sobre tasa a la gasolina
	Adquirir	*Subsidio*
	→ Comprar tecnología nacional	→ No IVA para computadores, exención por donaciones
No monetaria	*Prohibir*	*Informar*
	→ Penas, sanciones, cárcel para estafadores	→ Sistema de precios
	Requerir	*Implorar*
	→ Reglas fitosanitarias	→ Campaña contra las drogas

Adaptado de (O'HARE, 1989).

Mientras que en las políticas públicas directas el Estado es quien ofrece la solución, en las indirectas es el ciudadano, la sociedad o el mercado el que ofrece la solución o está en la posición, o en la obligación, de ofrecer una solución.

Por su parte, WEIMER y VINING (2004) proponen una agrupación en las siguientes cinco categorías: 1) *freeing* (libertar), facilitar y estimular mercados; 2) usar impuestos y subsidios para alterar incentivos; 3) establecer normas; 4) suministrar bienes a través de mecanismos que no son de mercado; y 5) proveer seguros y protección económica. A continuación se exponen ejemplos para cada categoría:

1. Libertar, facilitar y estimular mercados: sobre la liberación de mercados se reconocen medidas como la desregulación, legalización y privatización. Sobre la facilitación de los mercados se pueden mencionar la asignación a través de los derechos de propiedad y la creación de nuevos bienes merca-

deables. Por último, sobre el estímulo a los mercados, se destacan los remates, las licitaciones, etc.

2. Uso de impuestos y subsidios para alterar los incentivos: estos involucran las siguientes subcategorías:

2.1 Impuestos a la oferta: estos impuestos buscan o bien desestimular la producción o bien aprovechar sus rentas para propósitos redistributivos. Es el caso del impuesto sobre la renta que recae sobre entidades económicas (y también sobre las personas), lo que permite gravar las utilidades que dejan los negocios.

2.2 Subsidios a la oferta: el propósito de estos subsidios es fomentar la producción de ciertos bienes o servicios. Dentro de estos se destacan la cofinanciación de proyectos por parte del gobierno nacional a través de contrapartidas en las que las entidades del gobierno ofrecen recursos, bienes o servicios a bajo precio para que el sector privado desarrolle su actividad empresarial. A manera de ejemplo se puede citar el caso de los proyectos que el Fondo de Promoción Turística de Colombia aporta a las entidades territoriales (alcaldías y gobernaciones) cofinanciando hasta un 70% de los mismos para los proyectos que busquen mejorar la competitividad de los destinos a través de obras de infraestructura. Otro ejemplo clásico de subsidio a la producción, es la financiación del Estado a proyectos de investigación y desarrollo orientada a fomentar la innovación tecnológica nacional.

Así mismo, dentro de esta subcategoría podríamos mencionar los estímulos tributarios como la exención del pago de impuesto de renta a los inversionistas que quieran construir alojamientos o remodelar sus instalaciones dentro de la industria turística. O la reducción del impuesto a las empresas que desarrollen actividades de investigación y desarrollo. Incluso cabe incluir en esta subcategoría los créditos con tasas compensadas que Bancoldex en Colombia otorga a empresarios del sector turístico según sus líneas especiales de crédito.

2.3 Impuestos a la demanda: dentro de este grupo se incluyen los impuestos destinados a, o bien desestimular el consumo de ciertos bienes o servicios, o bien a aprovechar dicho consumo con miras a recaudar más recursos públicos. Como ejemplo están los impuestos al tabaco y los licores.

2.4 Subsidios a la demanda: el propósito de este subsidio es fomentar el consumo de ciertos productos, bien sea porque revisten un bien social o porque se espera con ello fomentar su oferta por parte de los productores de los bienes o servicios en cuestión. Es el caso del subsidio otorgado a quienes quieran comprar casa propia y con ello estimular el sector de la construcción.

3. Establecer normar o regulación: sobre este tipo de solución se propone la siguiente clasificación:

3.1 Marcos legales: dentro de los marcos legales que se pueden establecer encontramos las leyes civiles de responsabilidad y las leyes criminales.

3.2 Reglamentación: sobre reglamentación encontramos la regulación de precios de los productos básicos de la canasta de consumo familiar, los registros, certificaciones y licencias necesarias para desarrollar una actividad económica o profesional.

4. Provisión de bienes a través de mecanismos distintos al mercado: dentro de esta subcategoría se encuentra la provisión directa a través de empresas del Estado, las agencias autónomas como las corporaciones gubernamentales y los distritos especiales, la contratación directa o la contratación indirecta a través de ONG u otros intermediarios sin ánimo de lucro. A manera de ejemplo está la construcción de carreteras, la defensa nacional, la educación pública, las campañas de saneamiento público, etc.

5. Proveer seguros y protección económica: este grupo se asocia a las soluciones de garantías o seguros y colchones, lo cuales explicaremos a continuación:

5.1 Garantías y seguros: dentro de estos encontramos las garantías ofrecidas por entidades del Estado a créditos o inversiones de particulares, los seguros obligatorios, los seguros subsidiados, los encajes y reservas (*Stockpiling*), los rescates a empresas en peligro de bancarrota, las tomas temporales de participación (*buy-outs*) de empresas en dificultades o en proceso de ser reformadas, los períodos de gracia otorgados a los créditos públicos, las normas transitorias (*grandfathering*) destinadas a proteger temporalmente las empresas en proceso de consolidación, los auxilios, etc. A manera de ejemplo, podremos citar el seguro obligatorio para quienes porten armas, tal como sucede con quienes manejan automóviles, para cubrir daños a terceros en caso de un accidente, los auxilios otorgados para paliar los efectos de los desastres naturales, o la gran variedad de medidas adoptadas recientemente tanto en los EE.UU. como en Europa con ocasión de la crisis financiera desatada por la explosión de la burbuja inmobiliaria norteamericana, entre otros.

Igualmente, es importante destacar como un tipo de "solución" el no hacer nada, en la medida que esto puede ser mejor que intentar resolver el problema, toda vez que se podría empeorar la situación que se busca afrontar. Un ejemplo clásico de no hacer nada, de preferencia de la corriente neo-liberal, es dejar que "la mano invisible del mercado" se encargue de dar solución a los problemas sin una intervención activa del Estado. Como se discute más adelante, el carácter de política pública de "no hacer nada" es un tema de debate.

Como ya se dijo, el concepto de "solución" es relativo, subjetivo, en donde cabría preguntarse ¿solución para quién? El carácter relativo de "solución" se debe a que toda acción conlleva efectos secundarios, deseados o no deseados. Por ejemplo, en el caso de la alta accidentalidad automovilística causada presumiblemente por jóvenes de 18 a 21 años, podríamos decir que la mejor solución sería aumentar la edad mínima para conducir. Sin embargo, es fácil imaginar que varios actores no compartirían la misma opinión, en razón a los efectos secundarios o externalidades que se derivan de ella, lo que hace que dicha "solución" se constituya en causa de nuevos problemas.

En efecto, para el ejemplo en cuestión, el aumento de la edad mínima para conducir podría tener al menos tres impactos visibles. El primero, que la política naturalmente generaría una reducción, una caída en el número de accidentes ocasionados por los jóvenes menores de 21 años. Ese es el efecto deseado. Sin embargo, si aumentamos la edad mínima para conducir, también haría que se redujeran las ventas de automóviles y de seguros, e implicaría que algunos universitarios, o profesionales, menores de 21 años, debieran ser conducidos por sus padres u otros adultos a sus destinos, o que deban tomar transporte público y, creámoslo o no, habría mucha gente poco contenta con la medida.

Así, tendríamos al menos tres actores con algo qué decir al respecto de la solución ofrecida. La Secretaría de Tránsito, los padres y los electores o los votantes, y las compañías de venta de automóviles y de seguros. Podríamos ver que todos estarían contentos con el primer efecto, es decir, con la reducción del número de accidentes causados por jóvenes. Finalmente, ese es el problema que inspira, en primera instancia, el diseño de una política pública en este sentido. En cambio veríamos que los padres o electores y las compañías de ventas de automóviles, o de seguros, no estarían muy de acuerdo con esta medida por el hecho de que habría menos jóvenes con capacidad de utilizar el carro y entonces tendrían que acudir a los padres para que los transportaran, lo cual también implicaría que las compañías de automóviles y seguros redujeran sus ventas.

En cuanto al tercer efecto, es decir la reducción de ventas de automóviles y seguros, mientras que la Secretaría de Tránsito no tendría ningún inconveniente y los padres/electores podrían verlo como algo positivo (y una excusa para no ceder ante las presiones de los hijos que quieren hacerse a un automóvil), naturalmente sería muy mal recibido por parte de las compañías de automóviles y de seguros, pues implicaría menores ingresos. El Cuadro 16 sintetiza esta discusión y ejemplifica el carácter relativo de toda "solución".

Problema: Accidentes automovilísticos
Solución: Aumento de la edad mínima para manejar

CUADRO 16: EL CARÁCTER RELATIVO
DE LAS "SOLUCIONES"

Actores intereses \ Efectos	Menos accidentes ocasionados por jóvenes	Menos jóvenes conduciendo	Menos ventas de carros y seguros
Secretaría de tránsito	+	?	?
Padres / Votantes	+	−	+
Compañías de carros y seguros	+	−	−

Adaptado de Patton y Sawicki (1993).

En suma, vemos que todas las soluciones que se planteen son relativas, y que cada una de ellas tiene externalidades positivas o negativas para diferentes grupos de actores o *stakeholders*. Es de destacar que cada alternativa de solución supone efectos secundarios que debemos tener presentes y prever, con el ánimo de diseñar planes que mitiguen el riesgo, que esos efectos secundarios escalen si son negativos y terminen entorpeciendo la implementación de las alternativas de solución escogidas; impidiendo así alcanzar los objetivos propuestos.

5.3.2 FUENTES DE IDEAS O DE SOLUCIONES

Como ya se dijo, una vez el problema público ha sido claramente identificado y debidamente estructurado, el siguiente reto del analista es identificar o diseñar la mejor alternativa de solución posible. Para ello, hemos dicho que se deben definir los objetivos y los criterios de decisión que deberán servir de guía en el proceso de selección de la mejor solución, y que la consecuencia de no hacer un ejercicio juicioso es cometer el error del tercer tipo al cual nos referimos en el capítulo anterior (recomendar una política pública para solucionar el problema equivocado), en donde las preferencias del cliente o del analista por una solución particular, o el desconocimiento de mejores alternativas, contribuyen a fracasar en el logro de los objetivos sociales buscados.

Para la identificación y construcción de alternativas de solución se debe tener en cuenta que, como se discutió arriba, por lo general los problemas "simples" requieren de la identificación de alternativas que demandan un conocimiento más técnico que político, en donde el número de alternativas de solución es relativamente pequeño, mientras que buscar alternativas para problemas más "complejos" requiere de un conocimiento más amplio de los factores en juego así como del quehacer político y de los escenarios bajo alta incertidumbre que, por lo general, conducen a identificar un número mayor de alternativas.

Aquí se discuten algunos métodos y procedimientos más comúnmente utilizados para identificar las alternativas más relevantes de solución. Para ello, se requiere combinar altos niveles de creatividad y de investigación. Antes de referirnos a las fuentes típicas de ideas de alternativas de solución, es importante reconocer que, como dijimos, el "no hacer nada" puede eventualmente ser considerado como una alternativa de "acción" aceptable. En efecto, contrario a la inacción por indecisión o la negligencia, el no hacer nada como decisión resultante de un análisis juicioso de los escenarios, ventajas, desventajas, impactos, etc. podría ser considerada como una política pública, consistente, en este caso, en dejar que las circunstancias cambien por sí solas, de manera natural y que con el tiempo desaparezca el problema o, alternativamente, porque se piense que hacer algo podría empeorar las cosas.

En efecto, es importante tener presente que en algunas ocasiones "hacer algo" puede conducir a aumentar el problema o a causar nuevos problemas de mayor gravedad. Por ello, un análisis riguroso puede concluir que "no hacer nada" sería la mejor alternativa de acción. Por otra parte, plantear no hacer nada cuando no hay un análisis que lo justifique, sería mera negligencia e ineficiencia institucional. O, el no hacer nada porque "no hay recursos" podría también definirse como incapacidad u inoperatividad institucional. En efecto, en algunos casos, la falta de recursos es una excusa recurrente para los carentes de imaginación. Hoy en día hay una multiplicidad de mecanismos que los gobernantes desconocen para apalancar recursos de la sociedad o el mercado por vía de voluntariados, apelando a la responsabilidad social empresarial, a la cooperación internacional, a los empréstitos, los *joint ventures*, y demás estrategias no convencionales e innovadoras. De esto hablaremos más adelante.

El debate, sin embargo, a este respecto está abierto. Mientras que, como vimos arriba para Michael E. Kraft y Scott R. Furlong (2007) la política pública se define como un curso de acción o inacción gubernamental en respuesta a problemas públicos, para otros como Repetto, el no hacer nada es más una decisión o acto público, pero no una política pública Dye (1992), define la política pública como todo lo que el Estado hace o deja de hacer. En nuestra opinión, entonces, la decisión de no hacer nada sería una alternativa de solución y, en caso de resultar como conclusión de un ejercicio analítico juicioso como el que se propone en este *Manual*, se debería considerar como una política pública.

De cualquier manera, y por razones analíticas, el "no hacer nada" es una decisión que siempre debe ser tenida en cuenta para ser comparada con las otras alternativas. Debe ser considerada para evaluar si es la mejor "solución" o no. Algunos le dan mayor peso a la alternativa de mantener el *status quo*, considerando que es necesaria como una línea base para los análisis costo-beneficio que se puedan hacer (Patton y Sawicki, 1993). Por regla general, la principal guía para la identificación y construcción de alternativas de solución es reconocer las causas del problema, pues ellas las causas van a referenciar esos puntos determinantes por abordar y los objetivos específicos que buscamos lograr con la implementación de alternativas de solución. Las causas ilustran aquello de lo que se carece o sobre lo que se necesita trabajar y determinan las soluciones que debemos escoger.

Las ideas sobre alternativas de solución suelen provenir del conocimiento de otros expertos con experiencia en el análisis de problemas similares, de la investigación, de los estudios de caso, del estudio de analogías, de casos paralelos, de la realización de experimentos, de la modelación macroeconómica, de la experiencia de las autoridades, de las opiniones de los afectados, de las prescripciones legales, del conocimiento técnico de quienes tienen preferencias por algunas soluciones en particular, entre otras fuentes. Más adelante se discute sobre ellas y sobre los métodos asociados.

Patton y Sawicki (1993) recomiendan hacer una recolección pasiva y "objetiva" de ideas. Esta aproximación asume que no todas las alternativas pueden ser encontradas si se adopta un papel activo de búsqueda de nuevas ideas. En efecto, las preferencias con frecuencia existen antes del análisis, y muchas veces los analistas no están del todo dispuestos a considerar todas las alternativas de solución posible. Este es el caso frecuente en el que el analista asume un papel de "abogado de la solución", dejando de lado, de forma prematura, el papel de "abogado del problema", lo que, como ya se dijo, incrementa el riesgo de caer en el error del tercer tipo.

Algunas veces las alternativas pueden venir de los mismos clientes, de superiores o incluso de diferentes organizaciones o grupos de interés. En ese sentido el analista, aparte de buscar activamente alternativas, podría sistemáticamente registrar las alternativas propuestas por otros, incluyendo alternativas con "dolientes" no organizados. Por esta razón, los autores sugieren que un poco de humildad en la forma de admitir que otra persona tiene una buena idea puede llevar al analista a identificar buenas alternativas.

BARDACH (1999) plantea que existen dos tipos de alternativas o soluciones: las que uno tiene que encontrar y las que tienen que ser creadas o diseñadas. Sobre el primer tipo, se sugiere que para buscar alternativas existentes, hay varios enfoques, por ejemplo, la investigación histórica o analógica para encontrar problemas similares, y la búsqueda activa o pasiva (a través de otras personas). El segundo tipo de alternativas en donde estas tienen que ser diseñadas, se sugiere que se pueden diseñar de dos formas: modificando alternativas pre-establecidas o derivando alternativas a partir de unos objetivos y limitantes específicos. En el siguiente aparte se desarrolla más este punto.

Por último, pero no menos importante, es de destacar el papel instrumental que pueden jugar las nuevas tecnologías de la información y las comunicaciones en el proceso de identificación de alternativas de solución. Aquí se destacan las redes sociales en internet como las listas de correo electrónico, *Facebook*, *Linkedin* y *Tweeter* en donde se pueden organizar foros, discusiones colectivas ágiles; o herramientas como *Skype* que permiten desarrollar entrevistas cara a cara con expertos de cualquier parte del mundo; o herramientas como *Monkey Survey* en donde se pueden armar encuestas virtuales; y naturalmente los celulares y sus sms o mensajes de texto los cuales abren nuevos canales de comunicación y participación ciudadana.

Es menester reconocer que en países en desarrollo existe una barrera típica y es la falta de información y de mecanismos de comunicación, lo que afecta gravemente la identificación y construcción objetiva de soluciones exitosas.

A continuación se discuten los métodos más comúnmente utilizados en el proceso de identificación y construcción o diseño de alternativas de solución.

5.3.3 MÉTODOS PARA IDENTIFICAR ALTERNATIVAS DE SOLUCIÓN

A continuación se exponen algunos de los métodos más útiles a juicio de los autores para la identificación de alternativas de solución. Una mayor profundización al respecto se presenta en el Anexo.

El primer método es la revisión literaria, la cual consiste en hacer una exploración de la información basada en libros, revistas especializadas, informes de prensa, literatura gris (informes de gestión, reportes, memos, etc.) en el tema, los cuales suelen contener casos que pueden iluminar la identificación de alternativas. Hoy en día existen extensas bases de datos de fácil consulta que permiten hacer este tipo de ejercicios de manera rápida y satisfactoria[6]. En este ejercicio se pueden identificar variables relevantes, relaciones causales no pensadas, teorías explicativas, argumentos plausibles, métodos adecuados, etc. Se trata de evitar "reinventar la rueda".

Otro método es el sondeo, consistente en realizar consultas rápidas apelando al conocimiento disponible sobre el tema, tanto en cabeza de los funcionarios públicos relacionados con el problema y/o las posibles soluciones, como en cabeza de expertos en el tema a abordar. PATTON y SAWICKI (1993), proponen el método práctico y simple de dejar saber a otros analistas y amigos que se está trabajando en un problema de interés, para obtener de ellos sus recomendaciones o, al menos, un compromiso para estar atentos y transferir ideas o información relevante cada vez que les sea posible.

Otro método es el modelo lógico (ojo no confundir con el marco lógico), el cual consiste en modelar la solución mediante la redefinición del problema considerando puntos de vista alternativos adquiridos a través de la revisión literaria, las encuestas, las entrevistas, etc.; o partir de un "ideal", al cual poco a poco se le van agregando limitaciones; o empezar de una solución genérica a la cual se le van haciendo modificaciones para encontrar la solución "a la medida"; o hacer modificaciones a la política pública actual; o hacer simulaciones, diseñar escenarios, etc. Para ello, y como PATTON y SAWICKI (1993,

---

6   Entre estas se encuentra la Web of Science del Institute of Scientific Information (ISI), la base de Scopus de Elservier, y la base de datos de SciELO de Bireme, entre muchas otras.

232) lo recomiendan, en cualquier caso es útil identificar las creencias y los valores de los grupos afectados, y un sistema de ética, toda vez que las ideas ofrecidas por sociólogos críticos y filósofos son también fuente importante de ideas de soluciones.

Igualmente, se pueden realizar análisis comparativos o *Benchmarking*, a través de los cuales se recolecta información de numerosas situaciones acerca de políticas para un problema similar, y luego se contrastan para determinar su pertinencia y efectividad en diferentes escenarios. En efecto, observar cómo los problemas similares han sido resueltos en contextos similares es una práctica muy útil. Por ejemplo, si en Bolivia no existe claridad de cómo atacar el problema de la drogadicción se podría analizar el cómo este problema es atacado en Perú, asumiendo que en ese país dichas políticas han sido exitosas.

Considerar las situaciones análogas a pesar de que hayan sucedido en tiempos pasados o sean relativas a problemas distintos, provee claves relevantes para reconocer que a veces lo que parece un problema nuevo es en realidad un problema antiguo. La idea es que podamos relacionar lo que ya sabemos sobre un problema y sus soluciones y otro problema y soluciones potenciales para incrementar así la capacidad de solucionar el problema que nos ocupa. En efecto, parte del ejercicio se basa en ver el problema con una nueva mirada, ya que en la práctica no hay muchos problemas "nuevos" o sobre los cuales no se tenga conocimiento o experiencia. Se trata de hacer una mirada nueva del problema para identificar nuevas soluciones.

Así, del ejercicio de comparación *synectics* se pueden derivar ideas tanto de casos paralelos (diferentes problemas, pero mismo entorno) como de analogías (mismos problemas, pero en entornos diferentes) o de metáforas, en donde, de cualquier manera, es importante advertir que no existen garantías de que las analogías o metáforas nos puedan conducir inequívocamente a identificar alternativas adecuadas, toda vez que en ocasiones se tiene la tentación de comparar fenómenos o aspectos que no son comparables, o hacer generalizaciones espurias o falaciosas.

Otro método muy utilizado es la realización de encuestas, las cuales, cuando se dispone de tiempo suficiente, permiten indagar sobre las actitudes, opiniones y creencias de grupos afectados y no afectados. Sobre ellas se profundiza en el Anexo.

Otro método es el desarrollo de grupos focales o *focus groups* o foros o seminarios con representantes de la sociedad civil organizada, los cuales pueden ser llevados a cabo de manera presencial o de manera virtual, aprovechando las herramientas tecnológicas mencionadas. Otro método para identificar potenciales alternativas de solución es el desarrollo de tipologías. En este caso, las ideas pueden ser agrupadas en tipos y clases, pues pensando acerca de los tipos de individuos, grupos y organizaciones afectadas por un problema y una política potencial puede ayudarnos a identificar alternativas.

Por último, otro método muy utilizado y muy útil es la lluvia de ideas. Este consiste en coordinar sesiones en donde se producen ideas para solucionar los problemas de interés. Estas sesiones pueden ser informales, entre miembros del equipo de trabajo, entre expertos, entre consultores, entre amigos. Esta es una técnica que viene practicándose, de manera organizada desde la década de los años 30 del siglo pasado, y sugiere ciertas recomendaciones para hacer de estas sesiones espacios en donde puedan surgir más ideas de solución[7].

Como se puede apreciar, la literatura ha propuesto un gran número de métodos para identificar ideas y alternativas de solución. Sin embargo, para que el ejercicio del analista sea exitoso se requiere ser innovador en el diseño de soluciones efectivas y eficientes.

5.3.4 EL CARÁCTER ITERATIVO DEL ADIPP Y LA IDENTIFICACIÓN DE ALTERNATIVAS DE SOLUCIÓN

Es necesario tener en cuenta que las ideas sobre alternativas de solución van emergiendo en la medida en que se contrastan con las diferentes redefiniciones del problema, pues, como ya dijimos, el proceso de ADPP no es un proceso lineal sino iterativo que requiere regresar en las etapas del mismo. En este sentido, al identificar alternativas de solución se puede encontrar la necesidad de re-estructurar el problema e iniciar de nuevo el proceso analítico, pues al momento se podrían haber identificado elementos que no se conocían al respecto del problema en cuestión. Así, a medida que se redefine el problemas y se aclaran los criterios, también se regresa a revisar y relaborar las estrategias alternativas. Como se trata de un ejercicio en doble vía, lo que se debe evitar, claro está, es redefinir el problema para que este

---

7 PATTON y SAWICKI (1993) profundizan en esta técnica y otras más que pueden ser revisadas entre las páginas 233 y 245 de su libro *Basic Methods of Policy Analysis and Planning* referido en la bibliografía.

se "ajuste" más a las características de las alternativas, pues de esa manera se caería en el error de tercer tipo discutido previamente.

La verdadera creatividad no necesita solo ingenio sino mucha recopilación, análisis y transformación de información, con una parte residual inexplicable y, reconozcámoslo, inevitable e inmanejable. A continuación abordaremos los métodos y los procedimientos para evaluar las alternativas de solución identificadas o creadas.

6. EVALUACIÓN DE ALTERNATIVAS

Un paso importante en el análisis y diseño de políticas públicas es la evaluación de alternativas de solución. Se trata del paso 4 que retomamos ca 23.

GRÁFICO 23: PASO 4: EVALUACIÓN DE ALTERNATIVAS DE SOLUCIÓN

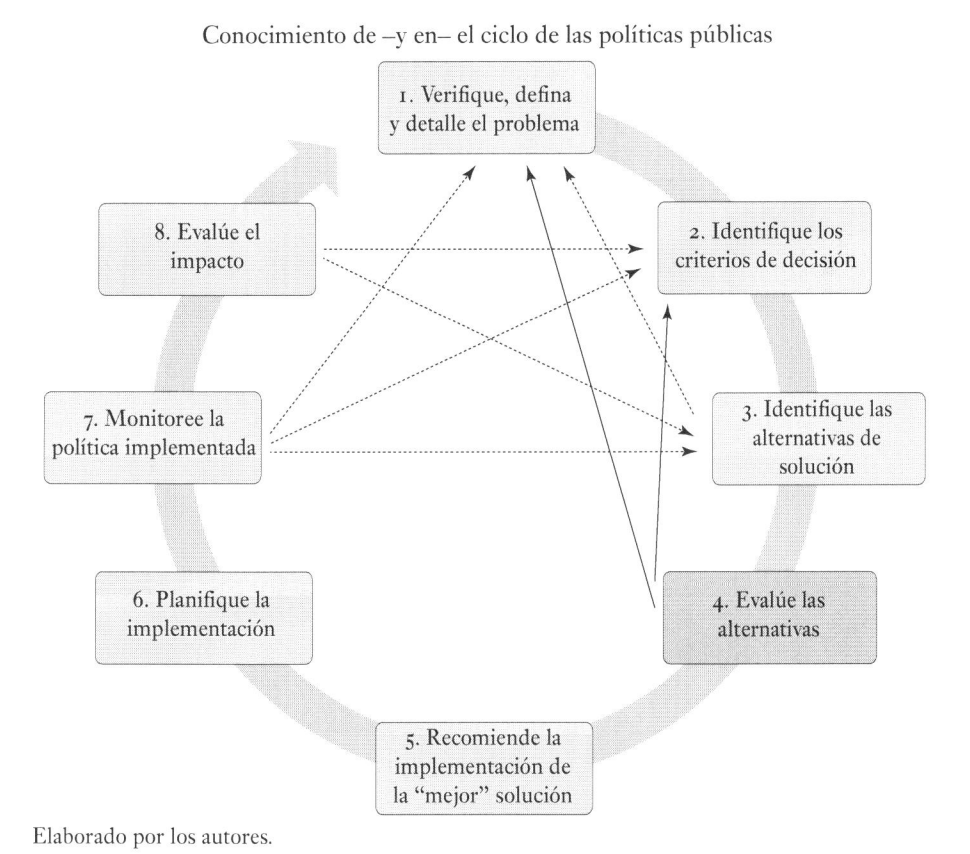

Conocimiento de –y en– el ciclo de las políticas públicas

1. Verifique, defina y detalle el problema
2. Identifique los criterios de decisión
3. Identifique las alternativas de solución
4. Evalúe las alternativas
5. Recomiende la implementación de la "mejor" solución
6. Planifique la implementación
7. Monitoree la política implementada
8. Evalúe el impacto

Elaborado por los autores.

Como se ilustra en el Gráfico, y se detalla a continuación, en este paso se lleva a cabo el proceso de 'filtrado' de las alternativas identificadas, lo que debe conducir a la selección de la mejor alternativa. En este proceso, tanto el problema como los criterios de decisión pueden verse en la necesidad de ser revisados. Si ese es el caso, y no hay riesgo de sesgar el análisis, no hay razón para no hacerlo.

En este sentido, es importante tener en cuenta que, como dicen Weimer y Vining, "los problemas públicos rara vez tienen soluciones perfectas, pero algunas políticas son mejores que otras" (2004, 209). Para que este ejercicio cumpla con su objetivo de la mejor forma posible, una regla básica es que una alternativa de solución o grupo de alternativas no debe ser recomendada o seleccionada si no se ha evaluado respecto de un listado, ojalá numeroso, de opciones alternativas consideradas.

En efecto, muchas veces alternativas con potencial de éxito son descartadas prematuramente por analistas o clientes porque *a priori* parecen ser políticamente inaceptables, muy costosas o pensadas como alternativas que nadie aceptaría dentro del contexto problemático. Lo ideal es considerar todas las opciones posibles, y no eliminar *a priori* ninguna. Este ejercicio de eliminación de alternativas debe ser realizado a través de un proceso sistemático bajo distintos métodos de evaluación, de forma que se exprese claramente cuáles fueron las condiciones que condujeron a su descarte, o bajo qué criterios fueron descartadas, como a la vez, cuáles fueron las seleccionadas y sus razones. No es inusual encontrar alternativas que parecieran buenas, pero que no han podido ser implementadas, lo cual refuerza la importancia de realizar análisis con todas las alternativas identificadas.

A continuación se discuten algunos métodos de evaluación para apoyar la toma de decisiones de política pública.

6.1 PREDICCIÓN DE RESULTADOS

El primer método es de predicción de resultados. Este método encaja dentro de las evaluaciones de tipo ex ante. En este método la principal actividad es la de predecir futuros. Como lo explican Patton y Sawicki (1993), la predicción de resultados empieza con la predicción del futuro sin una acción tomada o bien, como se ha dicho antes, bajo la alternativa de "no hacer nada", en la medida que ella sirve como línea base para comparar efectos posibles con base en los comportamientos que se pueden producir tras la implementación de otras alternativas.

En esta etapa del proceso, es relevante identificar qué se debe evaluar, y por tanto qué buscaremos predecir. Un ejercicio fundamental del análisis y diseño de políticas públicas es la comparación de alternativas para seleccionar aquella (en caso de que sean mutuamente excluyentes) o aquellas (en caso de que sean complementarias) que tenga(n) potencial para aportar a la solución del problema de manera satisfactoria. Así, para iniciar, se debe responder a la pregunta ¿cómo responde cada alternativa a los criterios definidos?

Las preguntas usualmente planteadas en esta fase son: ¿hasta qué punto la alternativa X puede lograr los objetivos buscados?, ¿pueden los objetivos buscados ser alcanzados con esta alternativa concebida de manera individual, o debe ser adoptada en conjunto con otras?, ¿qué alternativa(s) puede(n) ser descartadas fácilmente?, etc.

Se deben realizar las predicciones (especulaciones) de la forma más ilustrada posible. El reto es anticiparse a resultados posibles para así proponer soluciones eficaces y eficientes. Para ello, la literatura ofrece métodos para hacer pronósticos (PATTON y SAWICKI, 1993, 258). Entre estos hay tres grandes tipos: predicciones intuitivas, modelos teóricos y extrapolación.

6.1.1 PREDICCIONES INTUITIVAS

El primer tipo involucra la aplicación de métodos basados en la intuición *intuitive forecasting* es decir basados en el conocimiento, en la experticia, en la opinión de "expertos", en las estimaciones subjetivas. En este caso podría ser el conocimiento del cliente o del analista, como principal insumo para predecir posibles efectos. Este es uno de los métodos más usados, y cobra mayor interés cuando los recursos y el tiempo son escasos.

Para predicciones sencillas, se pueden consultar personas por el futuro de, por ejemplo, no hacer nada o en el caso de implementar una solución específica. Varias metodologías o técnicas se han desarrollado con el paso del tiempo para hacer de este un ejercicio riguroso y evitar basarse únicamente en la intuición o conocimiento de algunos pocos: Hoy en día, se hace uso del método Delphi, el análisis de cruce de impacto –o *cross impact analysis*– y *feasibility assesment* los cuales según PATTON y SAWICKI (1993, 273) son parte de las sofisticadas metodologías que se han desarrollado para hacer de las proyecciones intuitivas ejercicios más acertados, más legítimos, más objetivos y ricos en detalles y con más peso en el contexto de las políticas.

El método Delphi se destina a indagar, obtener, intercambiar y desarrollar opinión informada sobre eventos futuros relacionados con posibles soluciones mediante la consulta a expertos quienes, a su vez, pueden referir a otros expertos para una mejor identificación de escenarios variables. Inicialmente, esta técnica surge como respuesta a la inefectividad de comités, paneles de expertos, y otros procesos grupales que caen en análisis sesgados. Con esta técnica se busca evitar la comunicación distorsionada que se da en ocasiones en procesos grupales, en donde una persona o varias dominan la discusión, y ejercen presión para confirmar la opinión sesgada grupal.

A manera de ejemplo, se puede exponer acá el caso brindado por PATTON y SAWICKI (1993, 274) sobre la reducción o no de impuestos a la propiedad, para motivar el redesarrollo de una zona particular del centro de la ciudad que está en declive. Bajo esta técnica, y frente a este ejemplo, se hace necesario tener presente que el primer principio por considerar es el escoger personas reconocidas a quienes entrevistar sobre este tema, como podrían ser personas profesionales en planeación y con experiencias en reducciones de impuestos en otras ciudades como líderes industriales y financieros de esas ciudades. Además de estas personas con conocimientos es de importancia entrevistar también un grupo de personas comparables que conocen la ciudad donde se aplicaría la medida, y otras personas expertas en finca raíz, finanzas y *marketing*.

El segundo principio hace referencia al anonimato de las personas entrevistadas. En principio un número adecuado de entrevistas con poco tiempo es diez personas. Ellas deben ser entrevistadas de forma independiente la una de la otra y mantener su anonimato al menos al inicio de la técnica. Una vez sus respuestas son obtenidas, estas deben ser compiladas, resumidas y expresadas de forma escrita y verbal para comentarlas entre los expertos y así revisar por última vez sus predicciones[8].

---

8   Por su parte DUNN, plantea 5 principios básicos para tener en cuenta en la aplicación del método Delphi: a) el anonimato inicial de los participantes; b) interacción con la cual se agregan y se comunican por series de rondas las opiniones de los expertos y se permite el aprendizaje colectivo y social, y la modificación de los juicios previamente expuestos; c) la información controlada o *controlled feedback* con el objetivo de recibir juicios u opiniones a manera de mediciones de resúmenes de respuestas de cuestionarios; d) respuestas estadísticas grupales, en donde todas las respuestas son tenidas en cuenta estadísticamente, y por último, e) un consenso entre los expertos, el cual sería uno de los propósitos principales en donde solo con pocas excepciones, se logra unanimidad al final entre todos los expertos como parte del producto final del ejercicio (DUNN, 2004, 181).

Por su parte, la técnica de análisis de impactos cruzados informa sobre juicios acerca de la probabilidad de ocurrencia de eventos futuros basados en la ocurrencia o no ocurrencia de eventos relacionados. El objetivo de este tipo de análisis es identificar eventos que facilitaran o evitarán la ocurrencia de otros eventos relacionados. Dunn (2004) recuerda que esta técnica fue desarrollada por la misma corporación de investigadores que desarrollaron la técnica Delphi, y fue diseñada con el interés de servir de suplemento a esa técnica convencional. La herramienta que más se usa en esta técnica es la matriz o tabla simétrica que lista potenciales eventos y los relaciona entre sí en filas y columnas para conocer los impactos de cada uno de los escenarios[9].

Según la Comisión Europea, el análisis de impactos cruzados es una técnica que ayuda a determinar el campo de las ocurrencias futuras posibles para reducir incertidumbres. El origen de esta técnica se dio cuando se preguntaba a quienes usaban la técnica Delphi sobre las predicciones acerca de eventos individuales cuando otros eventos individuales también los podían afectar (European Commission, 2011).

Según Dunn (2004), el análisis de impactos cruzados trabaja bajo el principio de probabilidad condicional. La probabilidad condicional expone que la probabilidad de ocurrencia de un evento depende de la ocurrencia de algunos otros eventos. Las probabilidades condicionales se denotan como P (E_1/E_2), lo cual es leído como la probabilidad de que ocurra el primer evento dado un segundo evento. Por ejemplo, la probabilidad (P) de ser electo presidente (E_1) después de que un candidato ha recibido el apoyo de un partido (E_2) puede ser 0.5, esto es una posibilidad de 50-50 de ganar las elecciones P (E_1/E_2) = 0.50. Sin embargo, la probabilidad (P) de ser electo presidente (E_1) sin el apoyo de un partido (E_3) es baja, porque la candidatura de un partido es casi un prerrequisito para aspirar a la presidencia P (E_1/E_3) = 0.20 (Dunn, 2004). En Colombia la candidatura la puede garantizar un movimiento ciudadano que colecte el número de firmas determinado por el sistema nacional electoral. El ejemplo se ilustra en el Cuadro 17.

---

9   Para ver el Estudio de Caso: "Análisis de alguna variables que impactan la expansión de servicios de una institución bancaria", ver G. de Sánchez Guerrero, 2003. *Técnicas participativas para la planeación: procesos breves de intervención*, Fundación ica, México D.F.

CUADRO 17: PREDICCIÓN INTUITIVA – PROBABILIDAD CONDICIONAL

	Evento 2 *Con apoyo de un partido*	Evento 3 *Sin apoyo de un partido*
Evento 1 *Ser electo presidente*	0.5	0.2

Adaptado de Dunn (2004).

Ahora bien, ampliando el alcance del ejemplo anterior, expresaremos cómo las probabilidades de ocurrencia del evento de ser electo presidente pueden variar aún más si otras condiciones u escenarios surgen. La probabilidad de ser electo presidente (P) con apoyo de un partido (E12) cambia (inicialmente se pensaba en solo dos candidatos) si en la contienda surgen dos candidatos más y se pasa de 2 a 4 candidatos (E4). La probabilidad puede ser de P (E12/E4) = 0.25. Sin embargo, la probabilidad (P) de ser electo presidente sin apoyo de un partido (E13) es más baja, porque además de ser la candidatura casi un prerrequisito, la competencia será mayor entre los aspirantes. La probabilidad puede ser P (E13/E4) = 0.10. El Cuadro 18 ilustra el análisis de impactos cruzados para este nuevo escenario:

CUADRO 18: PREDICCIÓN INTUITIVA – IMPACTOS CRUZADOS

	Evento 12 *Ser electo presidente con apoyo de un partido*	Evento 13 *Ser electo presidente sin apoyo de un partido*
Evento 4 *Contienda electoral con 4 candidatos a la Presidencia*	0.25	0.1

Adaptado de Dunn (2004).

Por su parte, la técnica de *Feasibility Assessment,* o valoración de la evaluación, está diseñada para producir conjeturas sobre el comportamiento futuro de los grupos de interés o *stakeholders* a la luz de las alternativas consideradas. Esta herramienta ayuda a los analistas en la producción de predicciones sobre el impacto probable en apoyar o no apoyar la adopción y o la implementación de diferentes alternativas de solución. Esta herramienta es de gran utilidad para estimar la legitimidad de la alternativa en condiciones de conflicto político y distribución inequitativa de poderes y otros recursos.

Esta técnica se focaliza en comportamientos políticos y organizacionales. Por ejemplo, la posición de actores claves en la discusión, los recursos con que dispone cada actor para apoyar su posición y el rango de los recursos relativos, esto a la luz de los recursos de los demás actores.

Sobre la posición en la discusión, el analista estima la probabilidad de que los grupos de interés o actores relevantes puedan apoyar, rechazar o comportarse de manera indiferente frente a la alternativa de solución en cuestión. Esta posición se puede codificar como propone Dunn (2004), como de apoyo (+1), rechazo (-1) o indiferencia (0). Adicionalmente, se asigna una calificación subjetiva por parte del analista, de 0 a 1, en donde 0 es la mínima importancia y 1 la máxima que daría cada actor sobre el tema o alternativa de solución considerada.

Sobre los recursos disponibles, el analista estima los recursos con que cuenta cada actor o grupo de interés en la búsqueda de imponer sus respectivas posiciones. Estos recursos incluyen legitimidad, prestigio, dinero, personal y acceso a la información y redes de comunicación. Todos ellos agregados, se deben calificar según cada actor o grupo de interés en una escala de 0 a 1.

El último comportamiento político y organizacional que se busca medir es el rango relativo de los recursos con que cuenta cada actor, en donde el analista determina el rango relativo de cada uno de los actores o grupos de interés con respecto a los recursos de los demás. Medidas como "poder", "influencia" provee una noción de su alcance político y organizacional. Su escala de calificación es de 0 a 1.

A manera de ejemplo, Dunn (2004) expone un caso en donde dado el déficit en un municipio X se determina la necesidad de incrementar los impuestos a la propiedad en 1%, o bien la reducción de gastos en los servicios municipales. Ante esos escenarios, el alcalde reconoce que tiene al menos dos grupos de interés que pueden presentar resistencia a alguna de las dos medidas: los contribuyentes al impuesto a la propiedad y los empleados sindicalizados de la Alcaldía. Bajo ese escenario de conflicto, el alcalde solicita que el analista le provea una valoración de la factibilidad o evaluación de las dos alternativas de solución analizadas. Este ejemplo se ilustra en los Cuadros 19 y 20.

CUADRO 19: EVALUACIÓN DE ALTERNATIVA (A)

Actores o grupos de interés (1)	Alternativa 1 (Incremento en impuestos)				
	Posición frente a la discusión (Positiva o negativa) (2)	Importancia considerada la alternativa (En rango de 0 a 1) (3)	Recursos disponibles (En rango de 0 a 1) (4)	Recursos relativos (En rango de 0 a 1) (5)	Puntaje de factibilidad (6)
Alcalde	+1	0.2	0.2	0.4	0.016
Concejo Municipal	−1	0.6	0.7	0.8	−0.336
Asociación de contribuyentes	−1	0.9	0.8	1.0	−0.720
Sindicato de trabajadores	+1	0.9	0.6	0.6	0.324
Medios de comunicación	+1	0.1	0.5	0.2	0.010

$\sum F = -0.706$

Índice de factibilidad (IF) = $\sum F / n$ = −0.706 / 5 = −0.14

Índice de factibilidad ajustado* (IFA) = −0.14 / (2/5) = −0.35

* El índice de factibilidad se debe ajustar en la medida que depende de las posiciones negativas o positivas que asignan al tema por evaluar, es decir, si la sumatoria del índice de factibilidad es negativo, se deben tener en cuenta la cantidad de posiciones negativas o si el índice de factibilidad es positivo, se deben tener en cuenta la cantidad de posiciones positivas, para realizar el ajuste a la muestra en la medida que necesitamos expresar dentro del rango de +1 y −1, el número de posiciones negativas o positivas asignado. Este ajuste se realiza tomando el número de posiciones positivas o negativas según arroje el índice de factibilidad y se divide en el número de la muestra de los actores o grupos de interés que fueron tenidos en cuenta. En este caso, el ajuste se hace de la siguiente manera: 2 (que representa las dos positivas negativas. Estas se tienen en cuenta porque el IF fue negativo) y se divide en 5 (la muestra), es decir 2/5, ello da 0.4. Este valor que se conoce como el mayor valor del índice de factibilidad, se convierte en el numerador de la división del IF por el IF mayor valor, es decir, −014/0.4 = −0.35 lo cual corresponde al índice de factibilidad ajustado.

Expresado de otra forma:

$$IF = -0.14$$

Índice de factibilidad ajustado IFA = IF / IF mayor valor

IF mayor valor = ¿?

IF mayor valor = sumatoria de posiciones negativas o positivas, donde se toman las posiciones que el IF indique / Muestra de actores o grupos de interés tenidos en cuenta

$$\text{IF mayor valor} = 2/5$$

$$\text{IF mayor valor} = 0.4$$

$$IFA = -0.14 / 0.4$$

$$IFA = -0.35$$

Adaptado de DUNN (2004).

CUADRO 20: EVALUACIÓN DE ALTERNATIVA (B)

Actores o grupos de interés (1)	Posición frente a la discusión (Positiva o negativa) (2)	Importancia considerada la alternativa (En rango de 0 a 1) (3)	Recursos disponibles (En rango de 0 a 1) (4)	Recursos relativos (En rango de 0 a 1) (5)	Puntaje de factibilidad (6)
Alcalde	+1	0.8	0.2	0.4	0.192
Concejo Municipal	+1	0.4	0.5	0.8	0.160
Asociación de contribuyentes	+1	0.9	0.7	1.0	0.630
Sindicato de trabajadores	-1	0.9	0.6	0.6	-0.432
Medios de comunicación	-1	0.1	0.5	0.2	-0.010

Alternativa 2 (Recorte de gastos de servicios municipales)

$\sum F = 0.54$

Índice de factibilidad (IF) = $\sum F / n = 0.54 / 5 = 0.11$

Índice de factibilidad ajustado (IFA) = $0.11 / (3/5) = 0.183$

Adaptado de Dunn (2004, 194).

Con la aplicación del análisis de factibilidad a ambas alternativas expuestas para el caso anterior, se deduce que la mejor "solución" es el recorte de los gastos de los servicios municipales. Aunque en ambos casos hay un número de dos grupos de actores o *stakeholders* que se oponen en ambos escenarios, para el caso de la alternativa dos, quienes se oponen representan menor posición negativa que en el caso 1, e igualmente, quienes apoyan la medida dos, representan una mayor posición positiva que en el caso 1, ello teniendo en cuenta sus recursos relativos y disponibles, y la importancia otorgada al tema en cuestión.

Las ventajas de estos métodos, basados en la intuición, incluyen la relativa simplicidad y el hecho de que son formativos e informativos. Las desventajas de estos métodos son la subjetividad e inconsistencia lógica que pueda existir, además de requerir tiempo y recursos, máxime si involucra técnicas que no son métodos de predicción sencilla o primaria.

6.1.2 MODELOS TEÓRICOS

Otro tipo de métodos de predicción toma en cuenta los modelos teóricos, donde típicamente se acude a lo que dice la literatura, lo que dice la teoría, lo que dicen los ejercicios académicos realizados para anticipar posibles consecuencias en la implementación de las alternativas analizadas. La lógica deductiva que caracteriza este método, consiste en la utilización de axiomas, leyes, proposiciones, para mostrar la verdad o falsedad de declaraciones incluyendo las conclusiones en torno a las predicciones. En este método, como lo expresa Dunn (2004), es frecuente la utilización de argumentos causales que buscan demostrar que si ocurre un evento x, entonces y lo seguirá.

La ventaja es que son métodos plausibles sobre los que hay consensos, sobretodo si están basados en estudios elaborados por personas con credibilidad y rigor metodológico. La desventaja es que se puede caer en "lugares comunes", donde se usan supuestos falsos, o se pasan por alto variables no consideradas.

6.1.3 EXTRAPOLACIÓN

Por último están los métodos econométricos o de extrapolación con el cual se infiere el futuro con base en los patrones observados del pasado. Aquí se suele asumir que las condiciones se mantendrán a un ritmo constante y predecible en el futuro. Eso es lo que típicamente se hace con econometría.

La aplicación de este método requiere de tres condiciones básicas: persistencia, regularidad, y confiabilidad y validez de la información. Estas tres condiciones se ejemplifican de la siguiente forma según Dunn (2004, 142):

– Persistencia: parámetros observados en el pasado persistirán en el futuro. Por ejemplo, si el consumo de energía ha crecido en el pasado, esta crecerá en el futuro.

– Regularidad: variaciones pasadas en tendencias observadas ocurrirán nuevamente en el futuro. Si en el pasado han ocurrido guerras cada 20 o 30 años, estos ciclos se repetirán en el futuro.

– Confianza y validez de la información: las mediciones de tendencias son confiables si son relativamente precisas o internamente consistentes, y son válidas cuando ellas son construidas para ser medidas. Por ejemplo, las estadísticas de violencia son relativas e imprecisas mediciones de ofensas criminales.

La ventaja de estos métodos, es que son altamente persuasivos. La desventaja es que son deterministas, ignoran cambios en el entorno y son incrementalistas, y pueden ser inútiles en el caso de problemas nuevos, sobre los cuales no hay trayectoria, no hay observación precedente, no hay rastros y, por ende, no hay forma de hacer proyecciones ni predicciones confiables.

6.2 MÉTODOS MÁS COMUNES PARA EVALUAR ALTERNATIVAS DE SOLUCIÓN

A la hora de tener que escoger entre todas las alternativas de solución que del proceso se vayan proponiendo, se destacan distintos métodos que pueden ser también utilizados para facilitar la toma de decisiones. Es recomendable aplicar al menos dos métodos de evaluación a todas las alternativas propuestas, con el ánimo de confirmar o complementar el análisis que se le presentará al cliente. Cada método tiene ventajas y desventajas que exploraremos a continuación.

6.2.1 MÉTODO DE COMPARACIÓN POR PAREJAS O EL MÉTODO DE LAS ELIMINATORIAS

El primer método se conoce de comparación por parejas o el método de las eliminatorias. Este es un método similar al que se usa en las competencias deportivas. Aquí se comparan la alternativa 1 con la alternativa 2, la ganadora es posteriormente comparada con la alternativa 3, la ganadora entre estas dos es comparada con la alternativa 4 y así sucesivamente. Al final se obtiene la alternativa ganadora según los criterios de evaluación elegidos, por lo general, a la luz del criterio de selección previamente asignado y con mayor peso considerado.

La ventaja de este método es que es simple. La desventaja es que es tedioso si tenemos un gran número de alternativas, pero más grave aún, es que el resultado puede verse afectado por el orden de las comparaciones tal como sucede en los campeonatos deportivos. A pesar de ello, es ampliamente utilizado en la práctica.

El Gráfico 24 ilustra el modelo de representación del método de comparación por parejas:

GRÁFICO 24: EVALUACIÓN POR PAREJAS

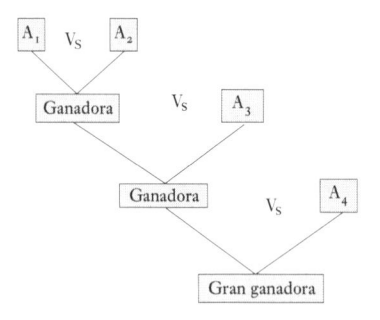

```
    A₁  Vs  A₂
        |
    Ganadora   Vs   A₃
              |
          Ganadora   Vs   A₄
                    |
              Gran ganadora
```

Elaborado por los autores.

6.2.2 MÉTODO "SATISFICING" O MÉTODO DEL LIMBO

El segundo método es el conocido como *satisficing* o el método del "limbo". Por si el lector no recuerda, el juego del limbo es aquel en que la barra sostenida en sus dos extremos va bajando a medida que cada concursante pasa por debajo de ella, en donde el ganador es aquel que pueda pasar por debajo de la barra en su nivel más bajo.

La ventaja de este método es que se garantiza que se logren los objetivos mínimos buscados y eventualmente más. La desventaja es que hay un sesgo sobre lo cuantitativo, y la elección de la "mejor" alternativa puede verse afectada por la definición de lo que se considere como "aceptable".

Un ejemplo de la aplicación de este método es el caso en el que tenemos tres escenarios con expectativas distintas. A medida que vamos incrementando el nivel de exigencia y aumentamos nuestras expectativas, vamos eliminando las alternativas que no cumplan con dichos niveles. Así, por ejemplo, la pregunta es ¿cómo decidir qué empresa contratar para la administración por concesión de un parqueadero público?

Los tres criterios son ingresos semanales, cobertura o porción del mercado, y grado de satisfacción de los usuarios. Si se parte del escenario en el cual se quiere lograr como mínimo un ingreso de cinco mil dólares a la semana, una porción del mercado del 10% y un grado de satisfacción del 60%, entonces se comparan las alternativas para ver cuál de estas puede lograr los tres objetivos de manera simultánea. Las alternativas que no logren los tres objetivos de manera simultánea, serían eliminadas. Luego, se aumenta el nivel de exigencia o de expectativa (es cuando se baja la barrita en el juego del limbo), en donde ya no se quieren cinco mil dólares de ingresos semanales sino 5200 dólares, no se quiere el 10% sino el 20% de cobertura del mercado y un 70% del grado de satisfacción. Se comparan las alternativas que sobrevivieron del ejercicio anterior y eliminamos las que no satisfagan alguno de estos criterios. Después se aumenta de nuevo el nivel de expectativas, los umbrales se incrementan sucesivamente hasta que quede una alternativa final. Nótese que en este caso se está hablando de alternativas mutuamente excluyentes, por eso este método es útil para ese tipo de situaciones. En el ejemplo la alternativa escogida es la número 6. El Cuadro 21 ilustra la aplicación del método *Satiscifing* o limbo:

CUADRO 21: MÉTODO DEL LIMBO

Alternativas	U_1	U_2	U_3
	I = 5.000 USD Δ = 10 % ☺ = 60%	I = 5.200 USD Δ = 20 % ☺ = 70%	I = 5.500 USD Δ = 25 % ☺ = 80%
A_1	X		
A_2	✓	x	
A_3	✓	x	
A_4	X		
A_5	✓	✓	x
A_6	✓	✓	✓

Elaborado por los autores.

6.2.3 MÉTODO DE EVALUACIÓN POR CALIFICACIÓN BÁSICA

El siguiente método es el de calificación. Para ello hay que crear una matriz en donde se cruzan los criterios con las alternativas. Luego, calificamos cada alternativa a la luz de cada criterio. Allí las alternativas son calificadas como "aprueba" o "reprueba" según cada criterio, y al final se escoge la alternativa que más "aprueba" tenga.

Un ejemplo de este caso es cuando tenemos diferentes alternativas de solución y a cada una de ella le asignamos una calificación respectiva para seleccionar la o las mejores. Por ejemplo, ante el problema de deserción escolar, entendido como el abandono del sistema educativo antes de terminar el ciclo escolar correspondiente al periodo para el cual fue matriculado, se pueden listar algunas alternativas de solución como: mayores rutas escolares que garanticen el desplazamiento de los estudiantes hasta las escuelas, alimentación reforzada que brinde nutrición de mejor calidad y en mayores cantidades, desarrollo de bici rutas y caminos para que los padres y los mismos estudiantes puedan desplazarse hasta el colegio en mejores condiciones de seguridad y comodidad, mejorar la infraestructura de los colegios para que los estudiantes se sientan cómodos y con estímulos para ir a la escuela a estudiar, campañas educativas sobre la importancia de la asistencia escolar y la educación dirigida a padres y a hijos, dotación de útiles escolares para los estudiantes que no pueden cubrir los costos de los materiales escolares, fortalecimiento del apoyo psicológico que realice acompañamiento constante a los estudiantes para que no dejen la escuela por causa de factores externos al colegio como problemas familiares o problemas internos, como inconvenientes con otros estudiantes de su mismo grado, bicicletas para los estudiantes que no tienen como movilizarse hasta la escuela y sus padres tampoco los pueden llevar a la institución educativa, mejoramiento de la calidad de la educación para que los estudiantes se sientan recibiendo un conocimiento enriquecedor y de interés para ellos y, por último, no hacer nada, para citar algunas alternativas.

Cada una de esas alternativas propuestas debe ser evaluada frente a los criterios que se definan prioritarios. En este podríamos destacar los criterios de equidad de la alternativa para con la sociedad, simplicidad de la alternativa respecto de la sencillez relativa para su adopción e implementación, viabilidad administrativa de la alternativa para que esta sea implementada por la capacidad administrativa, de recursos humanos y técnicos de la institución que implementaría dicha alternativa, la viabilidad política o popularidad que mide la forma como los *stakeholders* y sociedad en general recibirían la alternativa o la forma cómo afectaría la popularidad del cliente o político al cual se asesora, el criterio de impacto ambiental el cual significa los efectos medio ambientales de la alternativa y, por último, la viabilidad económica que busca determinar qué tan viable en términos económicos es la alternativa por las inversiones que ella representa frente a los recursos con lo que cuenta para adelantar iniciativas públicas.

Las calificaciones se asignan como A para las alternativas que aprueban la calificación frente a cada uno de los criterios que se seleccionaron, y R para las alternativas que reprueban la calificación según los mismos criterios listados. Es importante mencionar que pueden existir casos en que las alternativas no se puedan calificar frente a ciertos criterios y, por tanto, su calificación sería "no aplica". Es decir, frente a nuestro caso de ejemplo, pueda que el cliente sugiera como criterio de decisión revisar el impacto ambiental de cada una de las alternativas de solución, sin embargo, como analistas en esta fase de construcción de alternativas de solución puede que no se cuente con suficiente información como para conocer el impacto ambiental de una alternativa como la de alimentación reforzada en calidad y cantidad para evitar que los estudiantes se retiren del sistema educativo o no le determinemos relación alguna a la alternativa frente a dicho criterio. Ante esos escenarios se debe calificar "No Aplica", NA, y separar dichos criterios del análisis.

Con base en este ejemplo, se concluye que luego de aplicar el método de calificación las mejores alternativas de solución por considerar son: campañas educativas, dotación de materiales escolares, apoyo psicológico, bicicletas para el desplazamiento de los estudiantes, por cuanto recibieron cinco aprobados en comparación con otras alternativas que reciben menos aprobados. El Cuadro 22 ilustra la aplicación del método de calificación:

CUADRO 22: MÉTODO DE EVALUACIÓN POR CALIFICACIÓN BÁSICA

Alternativas	Equidad	Solidaridad	Simplicidad	Viabilidad administrativa	Viabilidad económica	Impacto ambiental	Total
Rutas escolares	A	A	R	A	R	R	3A
Alimentación reforzada en calidad y cantidad	A	A	A	A	R	NA	4A
Desarrollo de bicirrutas y caminos para peatones	A	R	R	R	R	R	1A
Mejoramiento de la infraestructura de los colegios	A	R	R	A	R	NA	2A
Campañas educativas sobre la importancia de la asistencia	A	A	A	A	A	NA	5A

Alternativas	Equidad	Solidaridad	Simplicidad	Viabilidad administrativa	Viabilidad económica	Impacto ambiental	Total
Dotación de útiles escolares	A	A	A	A	R	NA	5A
Fortalecimiento de apoyo psicológico	A	A	A	A	A	NA	5
Otorgar bicicletas a los estudiantes para su desplazamiento casa-escuela	A	A	A	A	R	A	5A
No hacer nada	R	R	A	A	A	NA	3A

Elaborado por los autores.

La ventaja de este método es que es simple. La desventaja es que es subjetivo, pues ¿qué se entiende por "aprueba"?, ¿qué se entiende por "reprueba"? Cuando se aplica, el analista debe explicar la tabla, pues habrá reclamos sobre el resultado. Otra ventaja de este método es que permite y orienta la discusión. Este es un método de evaluación ampliamente utilizado en la práctica.

6.2.4 MÉTODO DEL ORDEN LEXICOGRÁFICO

El siguiente método es el del orden lexicográfico. Este consiste en que, con base en el criterio con mayor valor (nótese que aquí hay un elemento nuevo, que es el valor de los criterios, pues hasta aquí estábamos asumiendo que todos valían lo mismo, y en este método se asume que hay jerarquías entre estos), se selecciona el *set* de alternativas que mejor responde a ellos. Entonces, partiendo del criterio con mayor valor, se empieza a hacer el análisis de las alternativas, y aquellas alternativas que respondan bien a ese criterio se mantienen, luego se analiza el *set* de alternativas que quede y se evalúa a la luz del segundo criterio en importancia, y así sucesivamente, hasta llegar a encontrar una sola alternativa ganadora (en caso de contar con alternativas mutuamente excluyentes) o las alternativas complementarias que se implementarían en conjunto.

La ventaja de este método es que es persuasivo. La desventaja es que supone que hay consenso sobre el ranking de los criterios, es decir, se asume que hay una jerarquía entre criterios y en ese sentido habría que justificar por qué unos criterios valen más que otros. En efecto, este método es de difícil aplicación para los problemas complejos que involucran múltiples intereses en juego. Otra desventaja, principalmente de tipo estadístico, tiene que ver con que este método no toma en cuenta la distancia entre los criterios, pues se asume que la diferencia entre estos es constante, lo cual conduce a un sesgo estadístico.

6.2.5 MÉTODO DE ALTERNATIVAS NO DOMINANTES

El siguiente método es el de las alternativas no dominantes. El procedimiento consiste en ranquear las alternativas a la luz de cada criterio, y en el caso de empate al final de las comparaciones, se agrega un nuevo criterio para romper el empate. Se preguntará el lector ¿por qué agregar un criterio al final y no incluirlo desde el principio? la razón es que este criterio, en particular, no hace relación con un efecto directo sobre el problema estudiado, sino que está asociado a las externalidades de la solución, es decir, a los posibles efectos secundarios de la solución analizada. Por eso se trata de un criterio que puede no ser considerado al principio, pues no es relevante al no estar directamente asociado al problema en cuestión. A este nuevo criterio le podemos dar cierto grado de importancia toda vez que podría mejorar las circunstancias bajo análisis. Sin embargo, este criterio debería ser acordado en discusiones previas con el cliente y otros colegas.

La ventaja de este método es que es simple y persuasivo. La desventaja es que asume que los criterios valen lo mismo y juzgar la idoneidad del nuevo criterio puede ser difícil. Igualmente, el agregar un nuevo criterio cuando otras alternativas han sido descartadas puede prestarse a discusión. El "arte" está en justificar y defender el análisis realizado.

6.2.6 MÉTODO DE CRITERIOS PONDERADOS

El siguiente método es el de criterios ponderados. Aquí se le asigna un peso porcentual a cada criterio de la lista de criterios seleccionados para el análisis (es decir vamos a asumir que los criterios valen distinto) de manera que la suma de los pesos sea igual a 100%. El peso que se le asigne a cada criterio dependerá de la importancia que le atribuya el cliente y/o el analista. Como ya vimos, esto depende de factores como la ideología, los compromisos, las ambiciones, la visión sobre el problema, etc. En cualquier caso, es importante contar con la suficiente argumentación para explicar dichos pesos. En todo caso, los pesos de los criterios deben ser propuestos inicialmente por el analista y consultados con el cliente, quien podría tener consideraciones distintas sobre los pesos asignados (asumiendo que ya hay consenso entre los dos sobre qué criterios son relevantes como se discutió en el apartado anterior). Naturalmente, la retroalimentación solo sucede en los casos en que la participación del tomador de decisiones en el ejercicio analítico es activa o "fácil" de involucrarlo.

Posterior al establecimiento de los pesos representado en un valor porcentual se califica cada alternativa de 1 a 5 a la luz de cada criterio, en donde 1 es una calificación baja (la alternativa, no responde bien al criterio en cuestión) y 5 es una calificación alta (la alternativa responde muy bien al criterio en cuestión). La calificación se asigna según dos factores simultáneamente: 1) el efecto de la alternativa de solución sobre los objetivos específicos y general, que se pretenden alcanzar, por ejemplo, a la luz de criterios de mérito, eficacia, eficiencia, etc. y 2) la posibilidad de ser implementada a la luz de criterios que evalúan a la alternativa, por ejemplo, a la luz de criterios de viabilidad política, viabilidad económica, simplicidad, robustez, etc.

Una vez todas las alternativas son calificadas, se pondera esta calificación con el peso asignado al criterio en cuestión. Luego se suman los resultados de las ponderaciones, y aquella alternativa que tenga un mayor puntaje final será la alternativa escogida.

Se expone un ejemplo para ilustrar cómo funciona. Se asume que el problema aquí es la invasión del espacio público por parte de vendedores ambulantes, en donde contamos con cuatro alternativas que son las casetas o quioscos, los convenios, el desalojo y no hacer nada (recuerde que el "no hacer nada" debe ser siempre tenido en cuenta como una alternativa más). Los criterios de evaluación son: el empleo (60%), la popularidad (25%) y los costos (15%). El peso de cada criterio debe ser discutido precisamente con el cliente. Supongamos que aquí ya se hizo. Es de tener en cuenta que todo valor asignado puede ser contestado. El asunto no es tratar de ser exacto sino de establecer un orden de magnitudes y de prioridades. Sin esto la decisión sería aún más debatible. Habría, eso sí, que argumentar por qué el orden sugerido acordado. Las calificaciones otorgadas a cada alternativa a la luz de cada criterio pueden ser solo de 1 a 5, como se explicó arriba.

Por ejemplo, si se cree que el desalojo afecta negativamente al empleo, entonces la calificación tendría que ser de 1 o 2 dependiendo de cómo se define ese criterio. Dicha calificación se multiplica por 0.6, asumiendo que el peso relativo del empleo es 60%. Luego, si se cree que el desalojo es medianamente popular, entonces se asignaría una calificación entre 3 o 4, y se multiplicaría por 0.25, asumiendo que la popularidad pesa 25% del total de la decisión. Y así se hace con el criterio de costo. Sin embargo, para este criterio hay que tener en cuenta la relación negativa entre el costo y la calificación y que, por ende, la escala se debe invertir, de manera que 5 debe ser la calificación de la alternativa menos costosa y 1 la calificación de la más costosa. Al final se suman los resultados ponderados, y la alternativa que obtenga el resultado final más alto es la escogida. Esto no excluye recomendar una combinación de alternativas, lo cual debe ser descrito en detalle en el plan de implementación. Como se verá más adelante y tratándose de alternativas complementarias, el orden hallado dará cuenta de las prioridades, lo cual podrá ser útil tener en cuenta en el plan de implementación.

Según nuestro ejemplo para el método de criterios ponderados, la mejor alternativa de solución entre las 4 expuestas es: el desarrollo e implantación de casetas, por obtener la mayor calificación con un 3,175 sobre 5, mientras que las demás alternativas reciben menores calificaciones. El Cuadro 23 ilustra la aplicación del método de criterios ponderados:

CUADRO 23: MÉTODO DE CRITERIOS PONDERADOS

Alternativas	Empleo: 60%	Popularidad: 25%	Costo: 15%	Puntaje total
Casetas	4 * 0,6 = 2,4	2,5 * 0,25 = 0,625	1 * 0,15 = 0.15	3,175
Convenios	3,5 * 0,6 = 2,1	1,5 * 0,25 = 0,375	3 * 0.15 = 0,45	2,925
Desalojo	1,5 * 0.6 = 0,9	3,5 * 0,25 = 0,875	4,5 * 0,15 = 0,675	2,45
No hacer nada	1 * 0,6 = 0,6	1 * 0,25 = 0,25	5 * 0,15 = 0,75	1,6

Elaborado por los autores.

Es de aclarar que en el marco de las clases en donde se aplicó este ejercicio los resultados han variado. A veces la alternativa ganadora es la de convenios. La razón de esto, y que se constituye en una lección interesante, es que los resultados dependen de las definiciones que se adopten, tanto en cuanto a criterios como a las alternativas de solución.

La ventaja de este método es que es persuasivo y simple. La desventaja es que asume que se pueden dar valores a los criterios y a las alternativas. Este es uno de los métodos más utilizados en la práctica.

6.2.7 HERRAMIENTA "GOELLER SCORECARD"

Una herramienta de evaluación para el tomador de decisión es el *Goeller Scorecard*, el cual consiste en exponer una comparación de las alternativas según cada criterio utilizando calificativos tales como "aceptable" o "inaceptable", "conveniente" o "inconveniente" o, más útil aún, dando información relevante. A través de una matriz que expresa la información sin calificaciones, se le brinda al cliente un mapa general de la situación y es él o ella quien debe decidir qué hacer. La ventaja de esta herramienta es que no sesga la decisión, solo la ilustra, y no usa cuantificaciones superficiales. La desventaja es que es poco persuasivo, naturalmente, pues el propósito no es persuadir a nadie sino informar, ilustrar, mostrar matices de un proceso en su conjunto. En la práctica es una de las herramientas más útiles, aunque poco utilizadas.

Se hace necesario concluir que, como hemos dicho previamente, es importante utilizar al menos dos métodos incluyendo la última herramienta expuesta y en caso de no haber claridad o haber discrepancia, se recomienda la utilización de un tercer método. La argumentación y recomendación debe apoyarse en el uso de dichas matrices, cuadros y herramientas. Si bien su presentación en público no es recomendada, su uso adecuado facilita el diálogo, negociación y comunicación sustantiva entre usted y su cliente, entre su cliente y su audiencia, y entre usted y sus pares. Sin duda, contar con dichos instrumentos garantiza una mayor robustez de las conclusiones. El Cuadro 24 sintetiza las características de cada método discutido en esta sección.

CUADRO 24: SÍNTESIS DE MÉTODOS RECOMENDADOS PARA APOYAR LA TOMA DE DECISIONES

Método	Procedimiento	Ventajas	Desventajas
Comparación por parejas "Eliminatorias"	$(A_1 \text{ vs } A_2) \text{ vs } A_3$	Simple	- Tedioso - El resultado puede verse afectado por el orden de las comparaciones
Satisficing o juego del limbo	Se define un umbral y se evalúa cada A. Luego se redefine el umbral y se vuelve a evaluar hasta que quede una sola A.	Garantiza que se logren los mínimos necesarios buscados y eventualmente más.	- Sesgo hacia lo cuantitativo. - Puede verse afectada la definición de lo "aceptable", al final del ejercicio.

Método	Procedimiento	Ventajas	Desventajas
Calificación	Las alternativas son evaluadas "Aprueba" o "Reprueba" para cada criterio y se escoge la A que más "Aprueba" tenga.	Simple	- Subjetivo
Orden lexicográfico	Con base en el "C" con mayor valor, se selecciona el *set* de "A$_s$" que mejor responde. Luego se toma el "C" que sigue en importancia y se vuelve a definir el *set* de "A$_s$" que responde satisfactoriamente a dicho criterio y así sucesivamente.	Persuasivo	- Supone que hay consenso sobre el ranking de los criterios. - Difícil de aplicar para problemas débilmente estructurados y con múltiples intereses en juego. - No toma en cuenta las distancias entre criterios.
Alternativas no dominantes	Ranquee las alternativas para cada criterio. En caso de empate agregue un nuevo criterio para romper el empate.	Simple y persuasivo	- Asume que los criterios valen lo mismo. - Agrega un nuevo criterio al final cuando otras alternativas ya han sido eliminadas.
Decisión basada en criterios ponderados	Asigne un valor a cada criterio de manera que la suma sea = 1.0. Luego otorgue puntajes de "Satisfacción" a cada alternativa según cada criterio. Multiplique puntaje por peso para cada alternativa y según cada criterio. Sume los resultados obtenidos y compare los totales de cada alternativa. La de mayor puntaje gana.	Pesuasivo y simple	- Asume que se le pueden dar valores a los criterios y a las alternativas.
Goeller scorecard	Compare las alternativas según cada criterio usando calificativos tales como "Aceptable" o "Inaceptable" o "Conveniente" e "Inconveniente". O dando información relevante.	- No "sesga" la decisión. Solo la "ilustra". - No usa cuantificaciones superficiales.	- Poco persuasivo.

Elaborado por los autores.

> ### RECUADRO: MÉTODO DE MANIPULACIONES FACTIBLES DE MAY
>
> De acuerdo con Patton y Sawicki (1993), la gran mayoría de métodos para encontrar soluciones plantea revisar o adaptar alternativas más que crearlas propiamente (1993, 245). Por esta razón estos dos autores identifican el método de 'las manipulaciones prácticas' o de 'manipulaciones factibles' desarrollado por May como un punto intermedio entre la identificación, la evaluación y la creación de alternativas de solución (Patton y Sawicki, 1993, 246-248). Este método, al igual que los anteriores, propone iniciar con la identificación de las variables del problema, encontrar qué se puede y debe hacerse, y con base en ello, diseñar un paquete de "estrategias" (o alternativas de solución en nuestro lenguaje). Aquí también, las variables manipulables o manejables por el cliente pasan a ser parte de las estrategias que el analista sugiere como alternativas de solución. Este es presentado como un método interesante para crear alternativas viables, y sus dos pasos principales son:
>
> I) Identificar las variables manipulables y el grado en que se pueden manipular. Se trata de identificar las intervenciones posibles, las medidas factibles que se pueden realizar con el fin de alterar aspectos del problema en cuestión, y
>
> II) Combinar y articular algunas de estas acciones y transformarlas en "estrategias" (alternativas de solución).
>
> Para explicarlo, tomamos el ejemplo propuesto por May reseñado por Patton y Sawicki (1993, 247), en donde se ilustran las posibles formas de reducir el tiempo libre de los presos (períodos en que no tienen nada que hacer) con el fin de inhibir los motivos que los llevan a desarrollar acciones de rebelión o protesta.
>
> - Las variables fundamentales de la política según este ejercicio son:
> - las actividades en las que la población interna se puede involucrar,
> - los requerimientos para participar individualmente en los programas de la cárcel,
> - los beneficios por participar en varias actividades,
> - los horarios de las actividades,
> - y la clase de persona que se encarga de supervisarlos.
>
> En este análisis se tomó como un hecho que las autoridades están dispuestas a considerar un espectro bastante amplio de acciones posibles, desde acciones relativamente liberales (como la participación voluntaria) hasta acciones más conservadoras (como el trabajo obligatorio). Las intervenciones factibles para influir en las diversas variables de una política son los elementos con los que se elaboran las alternativas de política.
>
> Ejemplo de May sobre manipulaciones factibles al respecto del tiempo libre en las cárceles:
>
> El Cuadro 25 recoge cada una de las variables políticas enumeradas y comparadas a la luz de los criterios de rango de manipulación: limitada, moderada y amplia. Se presentan para este caso las cinco variables políticas enumeradas y sobre cada variable se proponen alternativas de solución o de acción en el marco de los tres criterios mencionados.

CUADRO 25: MANIPULACIONES FACTIBLES DE MAY

Variable política	Rango de manipulación Limitada	Rango de manipulación Moderada	Rango de manipulación Amplia
Rango de actividades de la población interna o prisioneros	Actividades institucionales y de apoyo	Actividades institucionales y de apoyo; educación vocacional limitada	Actividades institucionales y de apoyo; educación vocacional y académica; programas estructurados de recreación
Requerimientos individuales de participación	Participación obligada de 10 horas por día	Participación mínima obligada de cuatro horas por día	Participación voluntaria
Beneficios de participación	Sin remuneración, castigo por no participar	Pago nominal por algunas actividades	Pago y consideraciones verbales
Horario de actividades	Compatible, diez horas de disponibilidad por día	Escalonado, doce horas de disponibilidad por día	Ofrecimiento múltiples dieciséis horas de disponibilidad por día
Vigilancia y/o supervisión – Personal	Los guardias supervisan las actividades	Semi-profesionales supervisan las actividades	Los prisioneros supervisan las actividades

Adaptado de Peter J. May. (1981). "Hints for Crafting Alternative Policies", 7, n.° 2, Spring, p. 237 en (Patton y Sawicki, 1993, 247).

Después de haber listado las alternativas de solución como lo buscaba el ejemplo anterior, se puede proceder a "empacar" las acciones potenciales en conjuntos de estrategias o alternativas más competitivas, que son las recomendaciones que se van a proponer al cliente. Como se evidencia, se trata de ir más allá de la simple identificación de una medida considerada como la mejor o de la presentación de todas las opciones posibles. Se trata de buscar la forma de combinar y articular, de manera eficiente, las alternativas a la luz de las variables identificadas.

En estas combinaciones es muy importante tener presente que la transformación de las distintas variables de política en una alternativa estratégica no es un simple proceso de modificación, pues se deber ser capaz de conceptualizar los modelos en que los diferentes elementos pueden ser compatibles y coherentes entre sí.

Así, entonces, y con el propósito de combinar y articular las variables de política, se tiene que para el caso de los problemas que genera el tiempo libre de los prisioneros, se pueden concebir tres acciones convertidas en "estrategias": la primera opción es una estrategia de incentivos que proporciona recompensas a los prisioneros por participar en actividades programadas; la segunda es una estrategia de "desincentivos" que induce a alguna clase de participación e incluye sanciones justas por no participar; la tercera es una participación forzosa en un número ilimitado de actividades.

El Cuadro 26 ilustra la combinación de las variables de políticas planteadas inicialmente.

CUADRO 26: RECOMBINACIÓN DE VARIABLES
POLÍTICAS DE MAY

	Status Quo	Incentivos	Desincentivos	Participación forzada
Rango de actividades de la población interna o prisioneros	Moderado	Amplio	Moderado	Limitado
Requerimientos individuales de participación	Participación voluntaria	Participación voluntaria	Participación obligatoria de cuatro horas por día	Participación obligatoria de diez horas por día
Beneficios de participación	Pago nominal por algunas actividades	Pago y liberación temprana bajo condiciones	Castigo por no participación	Pago nominal
Horario de actividades	Concurrente	Ofertas múltiples	Concurrente	*Staggered*

Adaptado de Peter J. May. (1981). "Hints for Crafting Alternative Policies", *Policy Analysis*, 7, n.° 2, Spring, p. 241 en (Patton y Sawicki, 1993, 247).

Como lo reconoce el autor, para poder afinar el análisis y tomar decisiones se necesita más detalle sobre el contexto del problema, tales como actitudes de los prisioneros, monto de los pagos, niveles de aceptación de los directores carcelarios. Este caso ejemplifica que la falta de especificidad en el conocimiento del problema puede impedir un análisis profundo y acertado.

En este punto del análisis de políticas públicas ya se debe saber con precisión cuál es el problema, con qué criterios se va a decidir qué hacer, qué alternativas hay disponibles, y cuál o cuáles son las mejores soluciones según el ejercicio de evaluación de alternativas. Después de estos pasos se avanza en la siguiente fase consistente en recomendar al cliente una o un conjunto de líneas de acción para afrontar el problema.

6.3 TAREAS Y TALLERES

Considere el caso del alto nivel de hacinamiento en las cárceles de Bogotá. El Gráfico 25 presenta información resumida y base para desarrollar este ejercicio:

GRÁFICO 25: ALTO NIVEL DE HACINAMIENTO
CARCELARIO EN BOGOTÁ

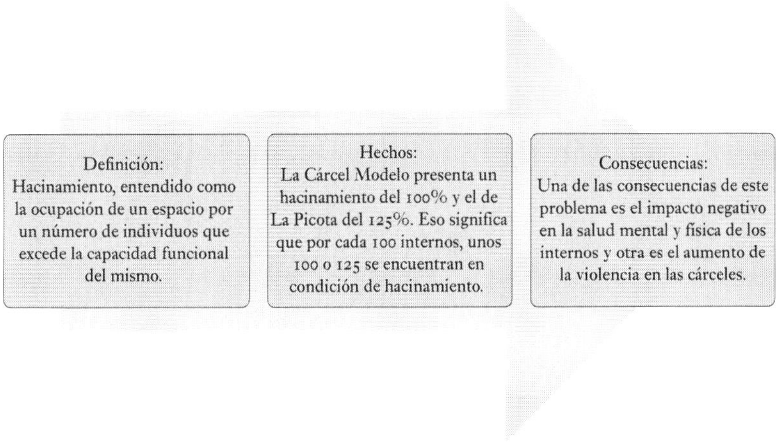

Definición:	Hechos:	Consecuencias:
Hacinamiento, entendido como la ocupación de un espacio por un número de individuos que excede la capacidad funcional del mismo.	La Cárcel Modelo presenta un hacinamiento del 100% y el de La Picota del 125%. Eso significa que por cada 100 internos, unos 100 o 125 se encuentran en condición de hacinamiento.	Una de las consecuencias de este problema es el impacto negativo en la salud mental y física de los internos y otra es el aumento de la violencia en las cárceles.

Elaborado por los autores.

Con base en esta información responda las siguientes preguntas:

1. ¿Cuáles son los objetivos?
2. ¿Qué criterios podríamos utilizar para evaluar las alternativas de soluciones?
3. ¿Qué alternativas se podrían proponer?
4. Evalúe las alternativas de solución según el método de criterios ponderados

Compare el desarrollo de este ejercicio hipotético con su análisis de política pública.

7. RECOMENDACIÓN Y ARGUMENTACIÓN DE LAS SOLUCIONES

Llegamos al quinto paso del proceso de ADIPP (ver Gráfico 26). Aquí empieza el rol del analista como "abogado de la solución", esto es, de "defensor" o proponente de aquella o aquellas alternativas de solución que fueron evaluadas bajo los métodos vistos en el paso anterior, y que salieron mejor "calificadas". Recomendar soluciones que no fueron evaluadas conduce a caer en el error del tercer tipo antes discutido y, por esa vía, fracasar en el intento de recomendar una solución efectiva al problema que nos ocupa.

GRÁFICO 26: PASO 5: RECOMENDACIÓN
Y ARGUMENTACIÓN

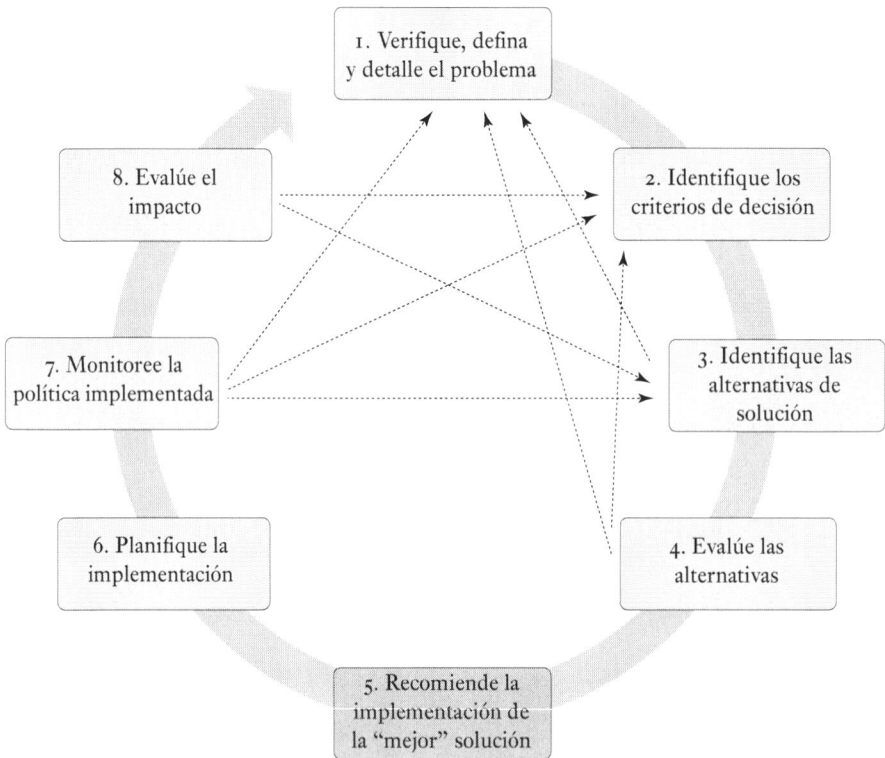

1. Verifique, defina y detalle el problema
2. Identifique los criterios de decisión
3. Identifique las alternativas de solución
4. Evalúe las alternativas
5. Recomiende la implementación de la "mejor" solución
6. Planifique la implementación
7. Monitoree la política implementada
8. Evalúe el impacto

Elaborado por los autores.

En esta fase se debe recomendar apelando a la argumentación persuasiva, la implementación de una (en el caso de alternativas mutuamente excluyentes) o varias (en el caso de alternativas complementarias) alternativas de solución. En el caso altamente frecuente de recomendar más de una solución, el analista debe indicar el orden de prioridad. Sobre este tema se hablará en el siguiente capítulo. La recomendación, basada entonces en una o varias alternativas, se debe apoyar en una argumentación persuasiva, la cual debe estar compuesta por argumentos robustos y plausibles. Solo así se puede hacer una "venta" efectiva de la solución recomendada.

Para ello, es necesario resaltar que, como lo expresa DUNN (2004, 377), toda argumentación está compuesta de por lo menos seis elementos, los cuales deben estar relacionados de manera "lógica" entre sí, como se planteará a continuación:

1. A partir de una definición clara del problema (Pro), 2) entonces se ofrece una recomendación (Rec), 3) porque es sustentada en una razón (Ra), 4) toda vez que existen unas pruebas (P). Sin embargo, 5) la argumentación debe considerar posibles refutaciones o críticas (Rf) y 6) así, a partir de dichas debilidades, deben identificarse unos condicionantes, para ofrecer conclusiones "robustas" (Con). El Gráfico 27 presenta los seis elementos básicos de toda argumentación

GRÁFICO 27: ELEMENTOS DE UN ARGUMENTO

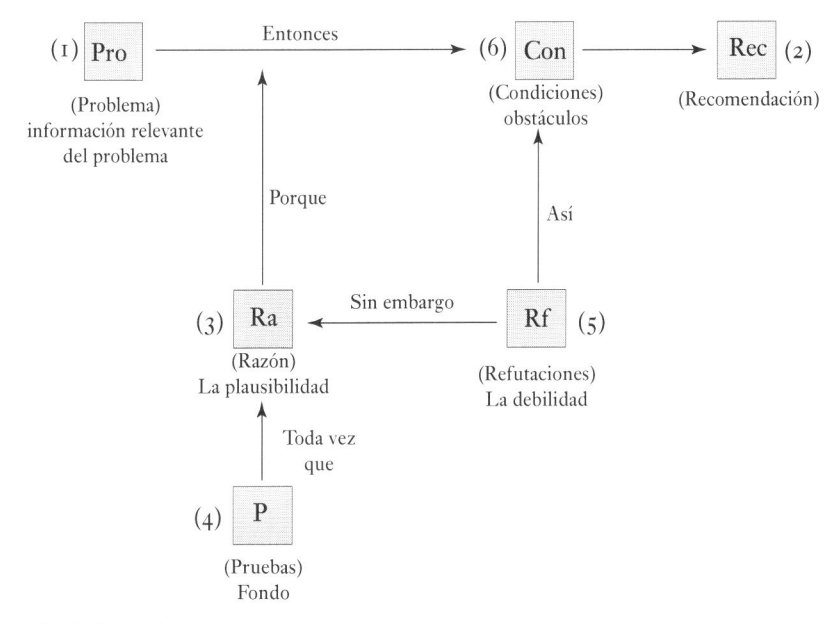

Adaptado de Dunn (2004)

Como lo muestra la Gráfica anterior, la recomendación debe ser consistente con la descripción dada del problema. La razón explica el "porqué" dicha recomendación es plausible. La prueba, que son datos, estadísticas, estudios, etc., muestra por qué esa es una buena razón. La refutación se refiere a la "debilidad" del argumento, en general, sustentado en la razón y las pruebas ofrecidas. Los condicionantes son aquellos que emanan de la refutación; la conclusión, debe entonces ser el resultado robusto una vez considerada la refutación y las condicionantes que se derivan de ella. Cualquier salto lógico entre los elementos del argumento conduce a una mala argumentación y, por ende, a un argumento débil. Igualmente, cualquier salto lógico del proceso argumentativo puede conducir a falacias, como se verá más adelante.

A manera de ejemplo, el Gráfico 28 ilustra el modelo argumentativo referido al sistema de transporte masivo Transmilenio de Bogotá. El problema identificado allí es: el tráfico de la carrera séptima está generando problemas medio ambientales (Pro). Ante él, se recomienda organizar el tráfico con Transmilenio (Rec). Como razón, se argumenta que el Transmilenio es un sistema amable ambientalmente (Ra). La prueba (P) vendría siendo que la producción de CO_2 del Transmilenio es baja. Sin embargo, ante este argumento podrían surgir refutaciones que controvierten y contra-argumentan la recomendación propuesta. Actores del problema o el mismo cliente del análisis podrían plantear que aunque el Transmilenio es un sistema "amable ambientalmente", este no desestimula el uso del carro, el cual también contamina (Rf). Por esta razón, la refutación de la razón que apoya la recomendación hace sugerir un condicionante de la recomendación y es que el problema ambiental causado por el tráfico sobre la carrera séptima se puede mitigar con la organización del tráfico sobre esta avenida con el sistema Transmilenio, pero siempre y cuando se restrinja también el uso del carro por número de pasajeros (Con). La siguiente es la representación gráfica del ejemplo.

GRÁFICO 28: EJEMPLO DE ARGUMENTO: TRANSMILENIO

Transmilenio por la Séptima

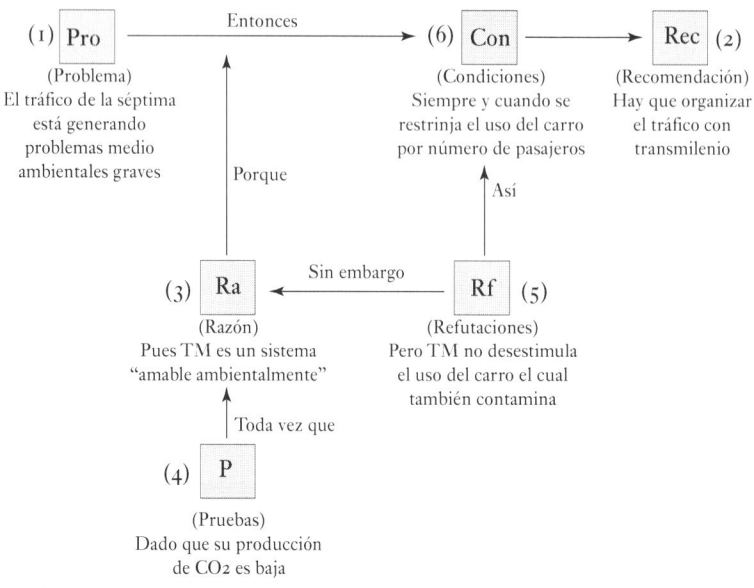

(1) **Pro** — Entonces → (6) **Con** → **Rec** (2)

(Problema)
El tráfico de la séptima está generando problemas medio ambientales graves

(Condiciones)
Siempre y cuando se restrinja el uso del carro por número de pasajeros

(Recomendación)
Hay que organizar el tráfico con transmilenio

Porque

Así

(3) **Ra** ← Sin embargo — **Rf** (5)

(Razón)
Pues TM es un sistema "amable ambientalmente"

(Refutaciones)
Pero TM no desestimula el uso del carro el cual también contamina

Toda vez que

(4) **P**

(Pruebas)
Dado que su producción de CO_2 es baja

Elaborado por los autores.

Es importante tener en cuenta que la validez, plausibilidad, robustez o no del argumento ofrecido en este ejemplo es secundario. Lo que se quiere es ilustrar aquí cómo está compuesta una argumentación. En efecto, hay otras argumentaciones que se pueden ofrecer para refutar la ilustrada en el ejemplo. De eso trata el arte del análisis de política pública y la toma de decisiones deliberativa que explican muy bien Fischer y Forester (1993).

El carácter persuasivo de la recomendación depende de la robustez del argumento que sustenta la argumentación o ejercicio deliberativo. Dicho de otra manera, una vez descartadas todas las "recomendaciones rivales" tras el ejercicio deliberativo (argumentos van, argumentos vienen) aquella que "sobreviva" debe ser la escogida. En el capítulo anterior vimos algunos de los métodos para sustanciar este ejercicio deliberativo. Aquí simplemente los ilustramos para dar cuenta del valor persuasivo que debe acompañar a toda recomendación.

A continuación se discutirá sobre algunos modos de argumentación usados como métodos de persuasión. Su reconocimiento permite valorar la robustez y plausibilidad de los argumentos sugeridos o encontrados en el debate. Cabe anotar que existen diferentes métodos de argumentación a los aquí expresados y que estos pueden ser usados a discreción del abogado de la solución.

7.1 MODOS DE ARGUMENTACIÓN

En este capítulo se discuten aquellos modos de argumentación que utilizan quienes argumentan, bien sea basados en los conceptos de "autoridad", como en la razón. Modos como los de las señales, los de clasificación y los de ética son tomados de Dunn (2004) y se discuten a continuación.

7.1.1 MODOS DE ARGUMENTACIÓN BASADOS EN EL "CONCEPTO DE AUTORIDAD"

Si el analista argumenta basado en la "autoridad", normalmente apela a la credibilidad supuesta de una persona o institución, reconocidos por algún atributo: un líder político, un experto, un grupo social, un clérigo, un Dios, un superior jerárquico, el Departamento Nacional de Estadística, un periódico, etc. Un ejemplo de argumentación basada en la autoridad, resulta de una columna de opinión que reclama que según la constitución "todos debemos ser tratados de igual forma, entonces, el gobierno debería ofrecer trabajo a todos los ciudadanos". La razón que se ofrece para convencer que esto es verdad, es que la constitución, por ser la norma más importante dentro del ordenamiento legal, es una razón suficiente para adoptar esta medida. Entonces, el peso del argumento para este caso está basado en quien lo dice, en la institución que según el autor del argumento, es autoridad en la materia.

Entre las autoridades se incluyen los presidentes y los altos rangos militares, al afirmar por ejemplo, "hay que hacer esto porque es orden del presidente" o "Mi general ordena qué se realice esto porque es mandato del superior jerárquico". Siempre que se utiliza como principal razón una instancia "superior" para tratar de convencer de que se está en lo cierto se está argumentando con base en la autoridad.

Este modo se apoya también en los argumentos basados en quienes producen información para el analista. Por ejemplo, información provista por quienes tienen reconocimiento de productores de información relevante como expertos, científicos, especialistas, gurús, etc. (DUNN, 2004). A continuación el Gráfico 29 ilustra un ejemplo de ese tipo:

GRÁFICO 29: MODO DE ARGUMENTACIÓN BASADO EN LA AUTORIDAD DE UNA PERSONA

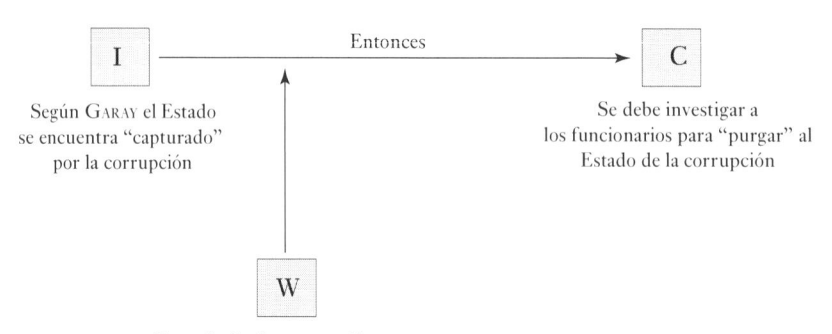

I —— Entonces ——> C

Según GARAY el Estado se encuentra "capturado" por la corrupción

Se debe investigar a los funcionarios para "purgar" al Estado de la corrupción

W

GARAY ha hecho un estudio como los que él suele hacer con objetividad

Elaborado por los autores.

Otro ejemplo de argumentación basado en la autoridad es cuando se apela a la credibilidad aparente en un "método", pues se trata de una autoridad que parte de consensos sobre química, física, economía, sociología, psicología, etc. Cuando se argumenta basado en un método para decir, por ejemplo, que el problema de movilidad en Bogotá requiere soluciones a largo plazo y que el metro subterráneo es la mejor solución porque "la distancia más corta entre dos puntos es una línea recta", también estamos argumentando basados en una "autoridad": la del método incontestable. Se puede ver este tipo de argumentación en el Gráfico 30 a continuación:

GRÁFICO 30: MODO DE ARGUMENTACIÓN BASADO EN LA AUTORIDAD DE UN MÉTODO

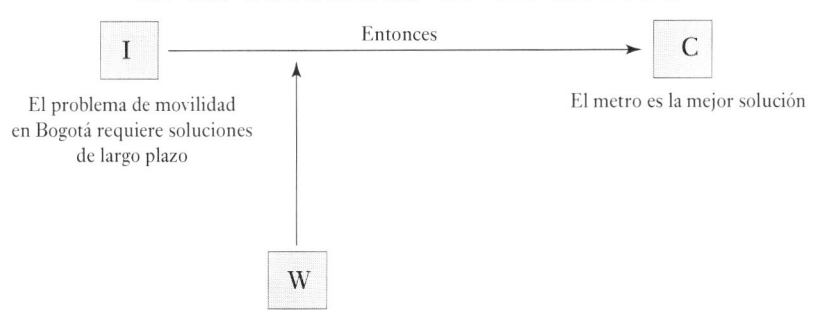

I —Entonces→ C

El problema de movilidad en Bogotá requiere soluciones de largo plazo

El metro es la mejor solución

W

La distancia más corta entre dos puntos es una línea recta

Elaborado por los autores.

Existen también quienes argumentan con base en la "*ética*", aludiendo a la moralidad y la autoridad y validez de estas premisas. Un ejemplo de esto es el representado en el Gráfico 31:

GRÁFICO 31: MODO DE ARGUMENTACIÓN BASADO EN LA ÉTICA

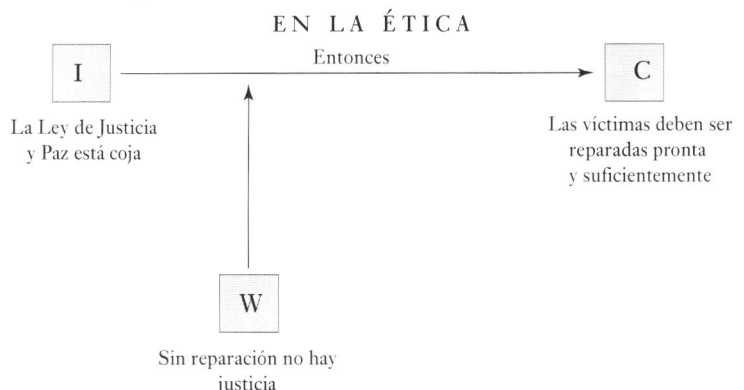

I —Entonces→ C

La Ley de Justicia y Paz está coja

Las víctimas deben ser reparadas pronta y suficientemente

W

Sin reparación no hay justicia

Elaborado por los autores.

Por último están quienes argumentan con base en la supuesta autoridad que brinda su *"intuición"*, sus conocimientos, experiencia, el "sentido común", el capricho, el *feeling*, el "no sé qué", que es utilizado como principal razón para que su propuesta sea aceptada.

7.1.2 MODOS DE ARGUMENTACIÓN BASADOS EN LA "RAZÓN"

Por otra parte, cuando el argumento se basa en la razón, el analista pretende convencer o persuadir a su interlocutor que está en lo cierto acudiendo a resaltar la "*relación causa–efecto*", lo cual es considerado una argumentación "lógica", y por ello potencialmente menos arbitraria que la argumentación basada en la "autoridad".

Bajo este modo de argumentación el analista se basa en leyes o en teorías económicas que expresan las relaciones causales entre variables, los factores causantes de los problemas y las consecuencias de las decisiones. Tal como lo reconoce DUNN (2004, 386), la mayoría de las argumentaciones de política pública se basa en los razonamientos de causa.

Un ejemplo sería el afirmar que "Grecia requiere de medidas urgentes de alivio de la banca comercial porque de lo contrario la zona Euro se verá gravemente afectada", en el que se acude a la estrategia de argumentar basado en una relación causal: si Grecia se declara en moratoria, la zona Euro se cae. Otro ejemplo sería el que se ilustra en el Gráfico 32 a contnuación:

GRÁFICO 32: MODO DE ARGUMENTACIÓN BASADO EN LA RAZÓN

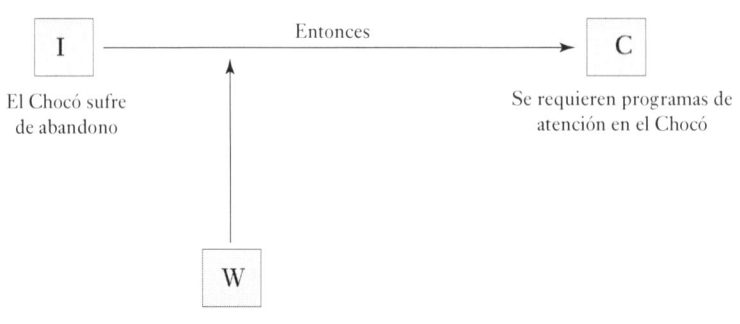

I — Entonces → C

El Chocó sufre de abandono

Se requieren programas de atención en el Chocó

W

Sin la intervención del Estado, Chocó no surgirá

Elaborado por los autores.

Como una derivación de este grupo está el modo de argumentación basado en las *"señales"* que se refiere a la posibilidad de argumentar con base en signos, señales, referentes o indicadores que permiten suponer unas condiciones específicas para dar unas conclusiones. Estas señales no suponen la razón en sí misma, sino la muestra de la existencia de una situación que se convierte en la razón para tomar la decisión, por ejemplo, un indicador sobre el nivel de desempleo, el indicador no es la razón sino que este refleja la razón para adoptar la decisión.

Según Dunn (2004), la presencia de una señal indica la presencia de un evento o condición, porque una señal sugiere que va a ocurrir algo junto. Como ejemplos convencionales, destacamos los indicadores de desempeño institucional o los de desempeño económico.

La argumentación basada en la *generalización* dice que: "si un estudio arroja que una población Y tiene X comportamiento, y si A hace parte del grupo Y, podemos afirmar que A tiene X comportamiento, porque A es un elemento constitutivo de Y. La muestra es representativa y los resultados son confiables". Por ejemplo, lo sería el afirmar que si el promedio de la talla de los alemanes es 1.78 metros, Hans que es alemán, puede presumirse que mide esta estatura.

El argumento basado en la *clasificación*, supone un comportamiento determinado o esperado de un grupo o individuo por cuanto este pertenece a una clase de grupo asociada. En otras palabras, este modo propone que todos los que son de la clasificación, clase, grupo X harán Y, porque todos los que son X hacen Y. Por ejemplo, Dunn (2004) plantea que un país que posee un sistema económico socialista, será un país con bajos niveles de democracia en la medida que los sistemas socialistas carecen de democracia.

El modo de argumentación basado en *la analogía* tiene en cuenta problemas distintos que se suceden en un mismo escenario o entorno. Un ejemplo de este modo es decir que, "si la forma como se trató la drogadicción funcionó en los Países Bajos, y si la drogadicción se parece al alcoholismo, entonces podemos intuir que esa misma estrategia puede ser utilizada para solucionar el problema del alcoholismo en los Países Bajos".

Otro ejemplo de argumentación basada en la razón es el d*e casos paralelos* en donde se argumenta basado en el mismo problema, pero presente en escenarios distintos. Así, si el caso que nos preocupa es el de la drogadicción en Ecuador, y no contamos con suficiente información sobre el fenómeno en dicho país, pero si tenemos suficiente información sobre el caso en México, entonces argumentaríamos a favor de la solución que funcionó en México. De nuevo, mientras que el argumento basado en casos paralelos se basa en un problema tratado en distintos contextos (drogadicción en Ecuador versus drogadicción en México), aquel basado en la analogía hace relación a distintos problemas, pero en el mismo contexto (drogadicción en los Países Bajos versus alcoholismo en los Países Bajos).

Cabe resaltar que estos métodos de argumentación no son excluyentes el uno del otro y que, por el contrario, a mayor cantidad de métodos el argumento es más robusto y más convincente. Sin embargo, hay que ser selectivo. En efecto, en la práctica es una habilidad útil del analista el poder distinguir entre los diferentes modos que se suelen utilizar para recomendar cuáles son los más robustos, los más plausibles, etc., pues se debe estar en capacidad de discernir entre ellos y hacer críticas al respecto de los mismos utilizados por otros.

Contar con la habilidad para reconocer fácilmente los modos de argumentación utilizados por el interlocutor permite identificar fallas en el ejercicio lógico de la argumentación, pues son estas fallas las que conducen a lo que comúnmente se denomina "falacias". A continuación se definen algunas de ellas.

7.2 FALACIAS

Las falacias son proposiciones con apariencias de verdad que involucran fallas en el proceso de argumentación y conducen al error. Hay diferentes tipos de falacias y estas se encuentran en los discursos públicos, las columnas de opinión de los periódicos, en reportes, en informes académicos y, naturalmente, en los análisis de políticas públicas. Se cometen falacias y fallas en los procesos de argumentación con el propósito de convencer sobre una verdad que se dice tener, pero que esconde valores e intereses. Algunos argumentan que se puede ofrecer una argumentación falaciosa sin tener conciencia de estarlo haciendo. Veamos algunos de los ejemplos de falacias más comunes.

El primer tipo de falacia es afirmar lo consiguiente a partir de una verdad precedente. Un ejemplo es: "si Pedro viola los derechos humanos y el grupo terrorista de las FARC viola los derechos humanos, entonces, Pedro es de las FARC". Este método es muy utilizado y busca confundir en aras de proponer una conclusión plausible o una solución. En este caso se está asumiendo que como Pedro se comporta igual que las FARC entonces se asume que él es miembro de las mismas.

Otro tipo de falacia consiste en negar el antecedente: "si los católicos son generosos y Ana no es católica, entonces, Ana no es generosa". Esta es una conclusión falaciosa, porque, el hecho de que Ana no sea católica no impide que sea buena persona. Aquí hay varias falacias, el hecho de que Ana no sea católica no quiere decir que no sea generosa. O que todos los católicos son generosos.

Otra estrategia falaciosa frecuente es la de utilizar falsas analogías: "la drogadicción se parece al alcoholismo, y si los drogadictos son violentos entonces los alcohólicos también son violentos". Nuevamente, es una conclusión falaciosa que asume que el problema de los drogadictos y el problema de los alcohólicos es el mismo, y que incluso todo drogadicto es ladrón.

Otro tipo de falacia es la denominada *Argumentun ad verecundiam* o dirigido al respeto, o falacia de la autoridad. Es la versión falaciosa del modo de argumentación basado en la autoridad discutida antes. "La crisis financiera durará 2 años, si lo dice *Newsweek* es por algo", dirían quienes creen que por ser dicho en la revista *Newsweek* debe ser verdad. "El aborto debe ser prohibido por la Constitución y la mayoría del pueblo colombiano es católico y la iglesia católica lo rechaza", es otro tipo de argumento muy utilizado.

Está también el A*rgumentum ad hominem*, o dirigido a la persona. En este caso se dice, por ejemplo, que "El ex presidente Bush no tiene la autoridad moral para reclamar el regreso masivo de tropas americanas de Afganistán". En este ejemplo se está acudiendo a una conclusión basada en las características asumidas sobre los individuos a las que hacen referencia los análisis. Uno se preguntaría ¿Por qué el ex presidente no tiene autoridad moral para pedir la vuelta de las tropas?

Otra modalidad de falacia es el *Argumentun ad populum* o dirigido al pueblo. "Nadie discute" que la inequidad es mala o "todo el mundo" sabe que la tierra es cuadrada, como se decía siglos atrás. En estos ejemplos se apela a una creencia u opinión mayoritaria para argumentar la veracidad del argumento como si el hecho de que la opinión sea mayoritaria implicara que el argumento sea válido.

Existe también el *Argumentum ad ignorantiam* o que apela a la ignorancia. Este tipo de argumentación recurre al desconocimiento de la verdad por parte del interlocutor para refutar un argumento. Por ejemplo, "los extraterrestres no existen, y si existen, pruébemelo" o, muy frecuente en nuestro medio, "nuestro programa es exitoso puesto que no se ha recibido ninguna queja sobre el mismo".

Por último está el *Argumentum ad misericordiam* o aquel que apela a la misericordia. Un ejemplo de este tipo de argumento se da cuando los alumnos en una clase exigen "un examen final más fácil como consecuencia del duro trabajo que han tenido que 'sufrir' durante las últimas tres semanas".

También hay falacias que se sustentan en el uso de estrategias o estratagemas psicológicas, es decir, derivadas de las relaciones de poder entre el orador y el interlocutor. Un ejemplo es argumentar diciendo que "yo digo que esta es la conclusión correcta y se debe aceptar porque yo soy el que ordena". Aquí se asume que por estar en una posición superior tiene más razón que el subordinado. Hay también falacias sustentadas en estatus sociales, políticos o en apego a principios de aglutinamiento como son los llamamientos al patriotismo, a la religión, a la raza o al género.

Para concluir, hay que decir que las falacias son saltos lógicos en el proceso de argumentación, es decir, se comete una falacia en el momento en que: 1) no hay una relación lógica directa que conecte la conclusión (Rec) y las características del problema (Pr); por ejemplo: se debe desalojar el espacio público para generar empleo formal. 2) cuando la razón (Ra) que se ofrece para sustentar la conclusión (Rec) tampoco se desprende de manera lógica de la conclusión ni de las características del problema (Pro). Como afirmar que "bajar los impuestos conduce a promover la inversión privada y por esa vía generar nuevos empleos". 3) Cuando las pruebas ofrecidas (P) no están directamente vinculadas con la razón (Ra) al decir, por ejemplo, simplemente que "Corea del Sur logró crecer a tasas del 10% anual". 4) Igualmente, cuando las refutaciones (Ref) no tienen relación con la argumentación ofrecida (Ra) "a pesar del ahorro que puede generar la energía solar (Ra), esta tecnología no es muy utilizada en el país (Ref)" 5) O, por último, cuando los condicionantes no se desprenden de manera directa de las refutaciones, por ejemplo, si se afirmara, en el caso sobre la implementación del Trasmilenio en la carrera séptima, que como este no desestimula el uso del carro (Ref) se debe organizar el tráfico con Trasmilenio (Rec) solo sí se utilizan buses eléctricos para este sistema (Con).

Hay falacias que resultan de sustentar un argumento a partir de algunas verdades, pero que conduce a concluir algo que es falso. En efecto, no es porque se digan varias verdades que las conclusiones también lo serán. Más importante aún, si bien una argumentación falaciosa puede ser muy persuasiva, en un ejercicio deliberativo, esta cae fácilmente.

7.3 TAREAS Y TALLERES

- Identifique tres métodos de argumentación y tres falacias en una columna de opinión en la revista de su elección.

– Identifique a qué tipo de falacia corresponden las siguientes afirmaciones.

"Aquellos que creen que la astrología no es de confiar se equivocan. Los hombres más sabios de la historia se interesaron en la astrología, así como reyes y reinas de todas las eras que guiaron los asuntos de sus naciones con base en esta" (*Introduction to Logic*, 2004).

"No creo que podamos tomar en cuenta la propuesta del gobernador Smith acerca del incremento en el impuesto a la venta de vehículos. Él ha pasado sus últimos veinte años en el gobierno estatal y por ende no es una fuente imparcial" (*Introduction to Logic*, 2004).

"Es ampliamente aceptado por la gente que la presente revolución tecnológica ha afectado las bases éticas de la institución nacional de la educación. Puesto que este pensamiento es ampliamente aceptado, no cabe duda de su veracidad" (*Introduction to Logic*, 2004).

TERCERA PARTE
CONOCIMIENTO PARA GENERAR IMPACTO

En la segunda parte discutimos sobre los métodos y los procesos más relevantes relacionados en el análisis y diseño de políticas públicas en cuanto a la estructuración del problema público, la identificación de objetivos y criterios de decisión, la identificación y construcción de alternativas la evaluación de alternativas, y la argumentación de las conclusiones. A continuación discutiremos sobre la forma como lo diseñado puede ser traducido en soluciones reales, esto es, en cristalizar las conclusiones con el fin de lograr el cambio deseado y el impacto buscado. Discutiremos lo relativo al diseño de un plan de implementación, el diseño de un plan de monitoreo, la elaboración de un plan de evaluación y, finalmente, nos referiremos a las estrategias y herramientas para la comunicación efectiva de los ejercicios y conclusiones del análisis y diseño de políticas públicas. Es opinión de los autores que, como lo veremos más adelante, si bien el rol del analista podría concluir con la recomendación al respecto de qué hacer ante la existencia de un problema público, su papel tendría más impacto si, además, participa en el diseño de su implementación, monitoreo y evaluación, pues es quien (o quienes, si pensamos en equipos) a estas alturas, mejor conoce el objeto de análisis y estudio. La visualización de dichos aspectos (los qué, quiénes, cómo, cuándo, etc., así como los retos, oportunidades y dificultades inherentes) desde el proceso inicial de diseño, al igual que una comunicación efectiva y persuasiva de los resultados analíticos, aumenta la probabilidad de que los objetivos buscados sean alcanzados.

8. DISEÑO DE PLANES DE IMPLEMENTACIÓN

Una vez se tiene claro qué política pública se debe implementar, por ser juzgada como la mejor opción tras considerar y evaluar un nutrido número de opciones alternativas, y una vez se hayan identificado algunos de los prerrequisitos básicos tanto legales como financieros, administrativos, técnicos, políticos, etc., para alcanzar los objetivos buscados, se debe iniciar el proceso de planeamiento de la implementación. En nuestro proceso de ADIPP, nos referimos al paso 6 ilustrado en la Gráfica 33.

Los estudios sobre la puesta en marcha o implementación de las políticas públicas son, en general, un área poco desarrollada. Esto es paradójico si se tiene en cuenta que el proceso de implementación de una política pública es definitivo en la medida que es en este punto donde el discurso se transforma en una realidad palpable, y es aquí donde se va a vislumbrar el resultado del

GRÁFICO 33. PASO 6: ELABORACIÓN DE UN PLAN DE IMPLEMENTACIÓN

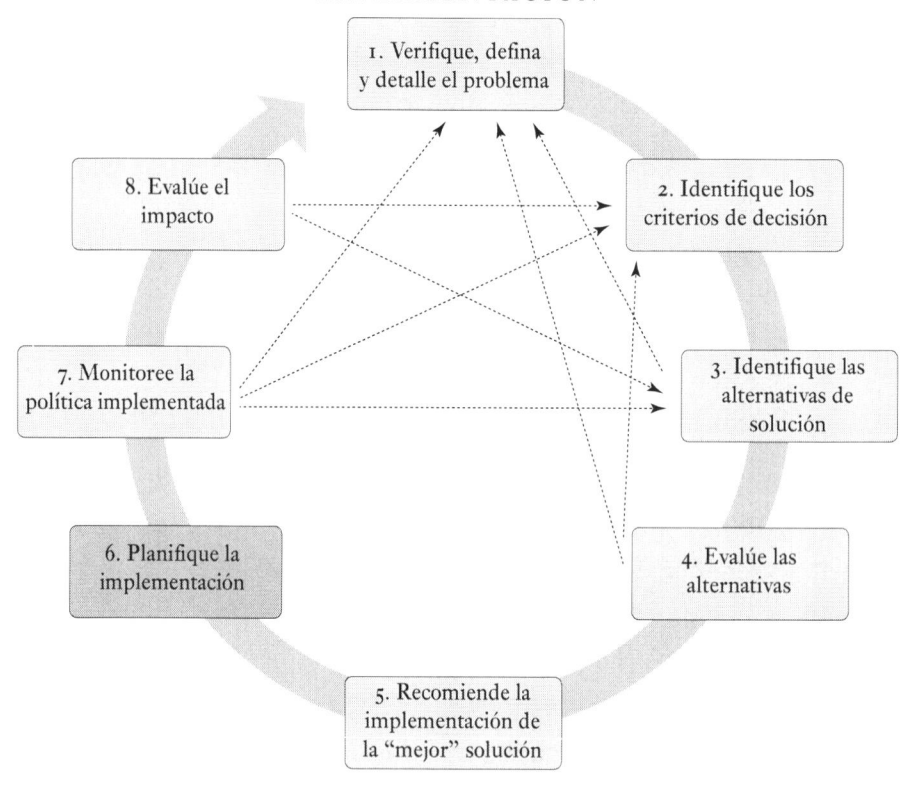

- 1. Verifique, defina y detalle el problema
- 2. Identifique los criterios de decisión
- 3. Identifique las alternativas de solución
- 4. Evalúe las alternativas
- 5. Recomiende la implementación de la "mejor" solución
- 6. Planifique la implementación
- 7. Monitoree la política implementada
- 8. Evalúe el impacto

Elaborado por los autores.

ciclo de la política. Con lo anterior en perspectiva, en las próximas líneas se busca aclarar lo que es la implementación y su importancia en la globalidad del proceso de construcción de políticas públicas.

En retrospectiva, hasta la década de los 70, el proceso de implementación era visto en general como poco problemático:

> Como lo afirma HOWLETT "Aunque en el momento existiera una gran bibliografía al respecto en campos como la administración pública o el comportamiento organizacional relacionada con la ejecución efectiva de las decisiones del gobierno, muchos estudiosos en la materia ignoraban o minimizaban los aspectos problemáticos de esta etapa del ciclo de la política, asumiendo que una vez era tomada una decisión, el brazo administrativo del gobierno simplemente lo llevaría a cabo correctamente" (HOWLETT, RAMESH y PERL, 2008, 185).

De esa manera, la implementación se consideraba como un aspecto meramente administrativo, donde las dificultades y fallas de la puesta en marcha de la política se remitían a aspectos técnicos de la gestión pública utilizada. Sin embargo, como afirma Roth "considerar este problema como principalmente 'técnico' parece demasiado simplificador y reductor, ya que deja su carácter conflictivo, o sea, su dimensión política" (2004, 108).

Es a partir de este tipo de reflexiones que en la actualidad el proceso de implementación es visto como una etapa fundamental en el ciclo de una política pública, en la cual hay un ejercicio de gobierno donde la técnica, o lo administrativo, y la política interactúan, y en donde los caminos del diseñador y del implementador de la política confluyen. De esta manera, la implementación se convierte en el resultado material de la acción del hacedor de política pública, y es la correcta aplicación de este paso lo que determinará el éxito o fracaso de la misma. Por ello, el diseñador de la política debe apoyar, de manera constante, la labor de implementación y así minimizar el margen de error derivado de la única interpretación del implementador de los planes presentados en la formulación.

Durante la fase de implementación, diversos factores influyen: el tamaño del grupo al que va dirigida la acción, el número de problemas que se pretenden resolver con ella, los agentes interesados y más. Entonces, la puesta en marcha de una política pública siempre va a estar expuesta a complicaciones y problemas. Es por esto que desde el mismo momento de la formulación de la política pública se hace esencial diseñar un plan de implementación, en donde no solo se propenda por cumplir las metas planteadas por la política, sino que el analista estudie el entorno en el cual se hará la implementación y sea capaz de prever cambios o anticipar dificultades al llegar a esta etapa.

Es menester resaltar que debido a la diferencia de los problemas, de las políticas y de los grupos a los cuales se dirige cada una de ellas, es arriesgado, por no decir imposible e inadecuado, hablar de métodos estandarizados de implementación de políticas públicas. De esta manera, se resalta la importancia de la implementación y de los implementadores en particular, en tanto su labor no puede limitarse únicamente a recrear herramientas que intenten conseguir un fin, sino, por el contrario, a buscar las herramientas que mejor se adapten a entornos sociales y económicos específicos. Así las cosas, la implementación de una política pública en una población puede variar diametralmente de la implementación en otro grupo, aun cuando ambas compartan un mismo objetivo, enfrenten problemas muy similares e inclusive sean la misma.

A pesar de lo anterior, pueden ser identificados ciertos patrones y prácticas que, basados en experiencias tanto exitosas como fallidas, conducen a evitar errores lamentables o, dicho en positivo, lleva a implementar las políticas de manera acertada, con resultados efectivos en la resolución de problemas y, en conclusión, una puesta en marcha exitosa de una decisión de política tomada. Con todo lo anterior en perspectiva, a continuación se introduce la literatura pertinente en la materia, así como de las enseñanzas derivadas de esta para obtener ideas provechosas para un proceso de planeación de la implementación exitosa.

8.1 ¿QUÉ ES LA IMPLEMENTACIÓN DE POLÍTICAS PÚBLICAS?

Hasta aquí se ha visto que la implementación es un proceso esencial en el ciclo de una política pública, que en ocasiones puede tornarse difícil por el desconocimiento que esta etapa del ciclo suscita. Al respecto, el debate se enfoca en si la etapa de implementación es un proceso técnico-administrativo o de dimensión política, lo que desencadena en las diferentes maneras en las que se puede poner en marcha la política.

Pese a las distintas concepciones que se puedan dar a la fase en cuestión, se puede decir que, como lo sugiere Mény y Thoening, es "la fase de una política pública durante la cual se generan actos y efectos a partir de un marco normativo de intenciones, de textos o discursos" (1992, 159). Si bien esta es una forma estándar de entender este proceso, diferentes enfoques han sido desarrollados en lo que respecta a la forma de implementar una política.

8.1.1 MODELO DE IMPLEMENTACIÓN "TOP-DOWN"

El modelo *Top-down* o de arriba hacia abajo, fue el primero en ser propuesto, esta forma de implementación es la concepción clásica, en la que la administración pública se concibe como el actor ideal para ejecutar las decisiones políticas. Es en este enfoque donde predomina la brecha de implementación entre el proceso de formulación de las políticas públicas y su ejecución, pues esta última etapa va a depender exclusivamente del administrador.

En ese orden de ideas, como argumenta Roth (2004, 110) "se concibe la administración como un sistema unitario con una línea de autoridad sencilla y claramente definida que observa estricta y uniformemente las reglas y los objetivos, en un contexto de control administrativo perfecto y una excelente coordinación e información entre las distintas unidades administrativas". Así, se presupone que la administración pondrá en marcha la recomendación del analista de la mejor manera, proceso mediante el cual los objetivos serán alcanzados a la perfección al llevar la política a su fase técnica.

En consideración a lo anterior, este modelo de implementación se enfoca en ejecutar la política desde el centro hacia la periferia, una vez tomada la decisión que busca dar solución a problemas públicos, es responsabilidad únicamente de la administración local ponerla en marcha y nada tiene que ver el formulador desde el gobierno central. Luego, entonces, la efectividad de la acción será medida únicamente con el paso del tiempo. Ejemplo de lo anterior es cuando, incluso a nivel descentralizado, tanto el diseño como la implementación de la política se realizan sin tener en cuenta la participación ciudadana o de miembros de la sociedad civil organizada, en donde se contempla más eficiente hacer un proceso del centro hacia la periferia con una ejecución clara del modelo racional.

Como argumentan Mény y Thoening, según esta forma de ejecutar "la administración realiza a la perfección su tarea instrumental de transformar los objetivos en medios, sustituir la política por la técnica y los conflictos por las racionalidades gestionarias" (1992,160). Dicho esto, al estar la implementación focalizada en este sistema unitario, se hace más sencillo el control de los procesos y la comunicación es más directa, de tal forma que es más sencillo mantener la coordinación entre los agentes involucrados en esta fase con líneas claras de autoridad y acción.

La construcción de una política pública implica la construcción de objetivos que pueden traducirse en promesas para la población. Una ventaja de este modelo de implementación es que la administración tiene la información suficiente para conocer la capacidad de cumplimiento de promesas, de esa manera "los tomadores de decisiones no deben prometer lo que no pueden ofrecer. Si el sistema no permite tales condiciones, entonces es mejor controlar las promesas hechas y llevarlas a un nivel más asequible para el proceso de implementación" (Parsons, 1995, 464).

Así las cosas, en la puesta en marcha se van a contemplar aspectos como normas y presupuesto de manera más rigurosa para cumplir los objetivos claramente establecidos, en donde se limitan las promesas según la capacidad administrativa. Ahora, otro punto a favor de este modelo se encuentra al no presentarse suficiente capacidad local o voluntad política para el diseño y la implementación de políticas públicas; sin un enfoque en el que las acciones se realicen desde el centro hacia la periferia, se corre el riesgo de que los problemas públicos permanezcan e incluso empeoren. Así este modelo puede ser muy útil en este tipo de situaciones.

Se dice que esta visión idealizada de la "implementación perfecta", a partir de un proceso técnico, encuentra sus críticas al evaluar los resultados inefectivos de la política al terminar su implementación. Para sus críticos, la acción ejecutada, más allá de los tecnicismos, debe ir de la mano de su característica política. De esa manera, se propone que el plan de implementación se empiece a preparar desde el momento de formulación de la política y así evitar o anticipar fuertes sacudidas ante cambios previsibles.

Una de las críticas se refiere al control jerárquico. En la medida que se presupone que por ser la administración la ejecutora por excelencia, esta va al control total de la política. Dicha situación ideal lleva a que los cambios en el entorno pasen inadvertidos por las cúpulas jerárquicas que terminan perdiendo el control sobre los resultados de la política, y su puesta en marcha termine siendo inefectiva. El hecho de que la administración central o los tomadores de decisiones de la cúpula administrativa, consideren que existen objetivos claros y consistentes que van a perpetuarse de manera exacta en el momento de implementar, lleva a que no haya una respuesta acertada ante los cambios de la política en la base y se afecte la gobernabilidad.

Todos estos aspectos llevaron a reformular la forma de implementar con una concepción más abierta a los cambios del entorno y menos centralista o jerarquizada. Diferentes estudios fueron realizados en la década de los 70, los cuales arrojaron resultados que hacían énfasis en que las "políticas públicas debían tener en cuenta la interacción de los burócratas con sus clientes en el 'nivel de la calle' (PARSONS, 1995, 468). Es así como se da paso al modelo *Bottom-up*.

8.1.2 MODELO DE IMPLEMENTACIÓN "BOTTOM-UP"

El modelo *Bottom-up* surge como una crítica a ese modelo centralizado y jerarquizado de implementación. En consecuencia, la puesta en marcha de una acción ya no se va a caracterizar como una política emanada desde la cabeza de la administración que desciende a la sociedad, sino como una que va a resolver problemas desde el punto más cercano a la situación problemática. En otras palabras, como afirma ROTH (2004, 126) "se trata de analizar los comportamientos de los individuos o de los grupos organizados y buscar los mecanismos para corregirlos desde este nivel".

En este modelo es donde cobra más fuerza la idea de la construcción participativa de política pública, con una separación menor entre la formulación y la ejecución, en donde la técnica y la política se aproximan en búsqueda de resultados efectivos. En efecto, este modelo considera la participación de las bases en el ciclo de políticas públicas, la negociación y construcción de consensos teniendo en cuenta que habrá intereses opuestos en los agentes que afectan la acción. Adicionalmente, según este modelo, hay conciencia de los cambios que se pueden presentar (incluyendo procesos implícitos a la política) y hay interés en especificidades del entorno como son las aptitudes gerenciales, la cultura de las organizaciones y el contexto público adecuado para que la política sea pertinente.

Para entender a cabalidad este modelo, se debe tener en cuenta que las políticas están en constante cambio. De hecho, "el estudio de la implementación es un estudio del cambio: cómo ocurre el cambio, posiblemente la forma en que puede ser inducido. Es también un estudio de la micro-estructura de la vida política, cómo las organizaciones dentro y fuera del sistema político conducen sus asuntos e interactúan unos con otros, lo que motiva a actuar en la manera que lo hacen, y lo que podría motivarlos a actuar de manera diferente" (PARSONS, 1995,461). En ese contexto, en la implementación va a ser necesario que los ejecutores e innovadores sean flexibles al cambio, ante una situación en la que estarán en continuo aprendizaje a lo largo del proceso, aspectos que contribuyen a una implementación exitosa de una decisión.

Mientras que el modelo *Top-down* constituye la forma de implementación más básica y utilizada en los países en vía de desarrollo, con una puesta en marcha de las decisiones desde el centro hacia la periferia, y poca interacción entre la administración y la sociedad, en donde para esta última el Estado es un "tercero", el modelo *Bottom-up* predomina en los países desarrollados, en el que se tiene mayor conciencia de la importancia de hacer un plan de implementación paso a paso, flexible a los posibles cambios que pueda enfrentar y en donde la ciudadanía juega un rol fundamental en un proceso que empieza desde el momento mismo del diseño de la política, y en donde, por ende, el Estado no es percibido como un tercero sino que la sociedad se siente parte de él. El Cuadro 27 sintetiza los dos modelos discutidos:

CUADRO 27: IMPLEMENTACIÓN "TOP-DOWN" VERSUS "BOTTOM-UP"

Modelo de implementación *Top-Down*	Modelo de implementación *Bottom-Up*
Concepción clásica de la implementación en donde la administración pública es concebida como el actor ideal para ejecutar las decisiones políticas.	Concepción moderna de la implementación. Surge como una crítica al modelo centralizado y jerarquizado de implementación.
Esta etapa depende exclusivamente del rol de la administración, en donde ésta pondrá en marcha la recomendación del analista para alcanzar los objetivos planteados en su fase técnica.	Tanto la ciudadanía como la administración son actores esenciales en el proceso de implementación tanto el formulador como el ejecutor son claves para obtener una política exitosa.
Ejecución de la política del centro hacia la periferia.	La puesta en marcha se va a caracterizar por la ejecución de una política que busca resolver problemas desde el punto más cercano a la situación problemática.
Mayor control de los procesos por parte de la administración. Hay una clara distinción de responsabilidades y tareas entre el formulador y el ejecutor.	Este modelo considera la participación ciudadana en las diferentes fases del ciclo de políticas públicas, en donde es necesaria la negociación y la construcción de consensos, así como la implementación compartida.
Asume información constante y clara del entorno político y económico. Considera que existen objetivos claros y consistentes.	
Evaluación del impacto de la política sólo al final de la implementación.	La incertidumbre es una variable con la que se debe trabajar. Se entiende que las políticas y las circunstancias están en constante cambio. Por ende, los objetivos pueden cambiar.
Brecha entre lo político y lo técnico al implementar.	La evaluación es periódica, constructiva y participativa.
No permite observar cambios en la política, ni proceso de aprendizaje.	Construcción participativa de política pública, en donde la técnica y la política se aproximan en búsqueda de resultados efectivos.
Es mayormente usada en países en vía de desarrollo, en donde no hay canales suficientes de participación y la sociedad civil está poco organizada.	Los ejecutores son flexibles al cambio, y están abiertos al cambio y al aprendizaje continuo.
	Predomina en los países desarrollados en donde la sociedad civil juega un papel importante (capital social) dada su organización en sindicatos, ONG, y otras formas de organización y participación ciudadana.

Elaborado por los autores.

8.2 LA IMPORTANCIA DE PLANEAR LA IMPLEMENTACIÓN AL DISEÑAR UNA POLÍTICA PÚBLICA

La aplicación de uno de los dos modelos antes vistos no va a garantizar una implementación exitosa de una política. Diferentes factores deben tenerse en cuenta para reducir el riesgo de una puesta en marcha fallida. Como primer paso, para mitigar el riesgo de no lograr los objetivos, es importante planear la implementación desde el momento mismo del diseño de la política pública, tarea que en ocasiones se pasa por alto, pues se presupone que esta fase es simplemente un proceso técnico y fácil de realizar una vez tomada una decisión.

En la práctica, los procesos de implementación son procesos contingentes, es decir, que son imprevisibles o fortuitos. De esa manera, llevar a la realidad la política es probable que signifique el cambio de diversos factores. Así, RENATE MAYNTZ, en consideración de la imprevisibilidad de la puesta en marcha de una política, se interesa en las condiciones de efectividad de las políticas públicas (ROTH, 2004, 120-123). MAYNTZ argumenta que la efectividad de las políticas no es manejada con la trascendencia que merece, y sugiere las siguientes razones retomadas por ROTH (2004):

> Primero, es evidente que para la actividad política, la efectividad de una política no es un asunto prioritario frente a la obtención y al mantenimiento de posiciones de poder. Las implicaciones de una decisión en términos de 'cantidad' de poder son más importantes que las que conciernen el grado de efectividad alcanzado por una política particular.

Según ROTH (2004, 121) "MAYNTZ considera que esto no cambiará mientras la efectividad de las políticas no logre ser una condición de éxito político en el corto plazo [...]". Otro elemento que resalta la autora para explicar la poca atención de los diseñadores de políticas en la efectividad de estas, es la "fuerte tendencia al predominio de comportamientos y criterios de decisión más bien ideológicos, es decir, racionales con arreglo a valores, y no pragmáticos o racionales con arreglo a fines".

Debe entonces tenerse en cuenta que elementos como la estructura social, el accionar estatal, contemplar otras políticas, la cultura, el momento económico, entre otros, deben ser considerados al momento de la implementación. Los anteriores elementos, sumados a los intereses involucrados en la formulación de la política y a las externalidades existentes, van a ser fundamentales para la efectividad de la acción dependiendo de la flexibilidad de la política frente a las alteraciones de contexto. Lo anterior evidencia que la implementación de cada política es única en cada caso, de esa manera *aprender haciendo* puede ser una buena posibilidad para una formulación exitosa.

Dada la gran cantidad de situaciones imprevisibles que se pueden encontrar, es esencial desarrollar habilidades de previsión para disminuir así el riesgo de un resultado fallido, o una implementación de características distintas a la que se esperaba al formular la política. En esto influye mucho la habilidad del analista al crear una política flexible, adaptable a cambios del entorno sin ser una acción débil. Para ilustrar este punto basta referirse a un ejemplo reciente: la política denominada de "pico y placa" en la ciudad de Bogotá. Dicha política contempla como objetivo prioritario mitigar el embotellamiento en las calles capitalinas y así mejorar la movilidad en la ciudad.

En un inicio la política "pico y placa" fue diseñada e implementada con vehículos particulares privados a horas "pico" en Bogotá que, después, se extendió a 14 horas de restricción vehicular derivado de la gran cantidad de obras de construcción que se llevan a cabo en la ciudad sumado a los críticos embotellamientos. Tras 11 años de implementada esta política, las lecciones que se derivan de ella son un llamado fehaciente a la previsibilidad como valor fundamental para lograr los objetivos buscados de manera eficaz y, sobre todo, eficiente.

En un principio dicha política se diseñó e implementó como una medida transitoria que se esperaba conduciría a desestimular el uso del automóvil, el resultado fue inverso en el sentido que condujo al incremento acelerado del número de vehículos que circulaban por la ciudad, pues las familias optaron por adquirir un segundo y tercer automóvil para mantener sus hábitos de movilidad por la ciudad. Hoy en día desmontar dicha medida sería impensable, políticamente suicida.

A lo anterior se suman otros efectos no deseados, pero previsibles, tales como la aparición de mercados negros del transporte público y otros que no es menester tratar aquí. Así, la identificación de hipótesis, condiciones y escenarios frente a las situaciones que se deberían dar para la efectiva consecución de la política y de los riesgos a los que se puede enfrentar la decisión, son acciones que contribuyen a mitigar la posibilidad de obtener resultados fallidos al implementar la política pública.

Lo anterior solo se puede llevar a cabo por los diseñadores de la acción, en la medida que son estos los que tienen en cuenta los factores y planteamientos que dieron paso a dicho diseño y desde el mismo momento de la identificación de posibles soluciones al problema. Es por ello que desde el diseño mismo de la política se deben calcular las estrategias y las formas de realizar los ajustes necesarios para implementar el planteamiento de manera exitosa.

Para lo anterior, es pertinente visualizar el futuro y con ello realizar modelos de simulación para definir posibles escenarios. Así como fue explicado en el capítulo 3 de identificación y evaluación de alternativas de solución de políticas públicas, un método para elegir las alternativas más convenientes es la predicción, para anticiparse así a los resultados posibles de la forma más ilustrada. Esta es una manera de predecir cómo se va a ejecutar la política desde el momento en el que se escoge la alternativa, teniendo en cuenta los actores involucrados, los posibles cambios, los consensos necesarios, etc. Como bien lo expresa DUNN (2004, 128) "la capacidad para predecir los resultados esperados de la política es fundamental para el éxito de su análisis, así como una mejor formulación de la misma. A través de la predicción, se puede obtener una visión prospectiva, o de previsión, ampliando así las capacidades de comprensión, control y orientación de la sociedad". Con la simulación del futuro, teniendo en cuenta las variables que pueden afectar a la política, se podrá hacer un plan de implementación más acertado.

Aun mejor, si este ejercicio se lleva a cabo de manera participativa, se cierra la brecha entre lo político y lo técnico, de esa manera se asegura el éxito antes de la implementación. De acuerdo con ROTH (2004, 124), AARON WILDAVSKY acierta al proponer el proceso de implementación como "un proceso en constante redefinición de los objetivos y de reinterpretación de los resultados, es decir, como una evolución". Es en esta concepción donde se evidencia que la separación entre la formulación de la política y su puesta en marcha debe reducirse cada vez más. Así, tanto lo político como lo administrativo van a estar sujetos a una constante reformulación de la política, teniendo en cuenta el universo de factores que la pueden afectar. Con esto en perspectiva, el aprendizaje durante la implementación va a estar acompañado de conocimientos previos adquiridos y así no se caerá en los mismos errores y dificultades ante los cambios del entorno.

Ahora, cuando el diseñador de la política realiza un plan, en este van a estar reflejadas las acciones necesarias para implementar la política de la mejor manera. De esa forma, un estudio riguroso en el diseño de la política, concluirá en su adopción de la mejor manera posible. Al involucrar representantes de la sociedad civil en su diseño, la administración no solo obtendrá una serie de ideas para abordar un problema y tratar de solucionarla, sino que se asegurará que la misma sociedad civil, que a la postre es quien terminará por adoptarla e implementarla, la respalde y viabilice.

Otro punto que no se debe dejar de lado es el asunto de las negociaciones y consensos. En toda política pública hay relaciones de poder que se deben identificar. Los diferentes actores involucrados tienen intereses que en ocasiones pueden entrar en conflicto y menoscabar la obtención de buenos resultados al implementar la decisión sin consulta previa o a espaldas de los diferentes intereses en juego. En ese sentido, si se ha realizado un plan de implementación previo no solo se van a ver reflejados los diferentes intereses de los actores involucrados, sino que el analista se podrá anticipar a tener en cuenta esto para llegar a negociaciones y consensos en la etapa de diseño de la política.

De esta manera, dichos procesos pueden ser menos complejos al estar previamente identificados los elementos por tratar. En la práctica, de la aceptación y colaboración de los actores claves de la sociedad va a depender el éxito de la misma. Para este propósito, la realización de un análisis de actores y roles se torna fundamental, como fue discutido en el capítulo 2 sobre la definición del problema. Con este análisis pueden ser identificadas las funciones, los intereses y los roles de diferentes actores.

En resumen, planear la implementación desde el momento del diseño de la política contribuirá a menguar los riesgos de resultados fallidos y, finalmente, una política inefectiva. Todo esto en la medida que se realizará un plan, basado en planteamientos y escenarios analizados durante todo el diseño de la política, teniendo en cuenta las ventajas, desventajas y desafíos que la acción suscita. Lo anterior no quiere decir que con un plan realizado previamente no se presentarán cambios al momento de implementar, lo importante es aprender haciendo, con la capacidad de adaptarse a los cambios que sobrevengan para que no deterioren el resultado de la política después de su puesta en marcha; en ocasiones el reto es minimizar al máximo el error.

8.3 LA TEORÍA VERSUS LA PRÁCTICA: LA IMPLEMENTACIÓN EXITOSA

Como se dijo antes, no existe una forma infalible de implementar una política. A partir de esto, se han llevado a cabo diversos estudios orientados a identificar las condiciones óptimas para llevar a cabo una implementación exitosa. Este es el caso de SABATIER y MAZMANIAN, quienes indican diversas condiciones que los legisladores y los diseñadores de políticas públicas tendrían que tomar en cuenta si buscan cumplir con los objetivos de una

Política Pública. Roth (2004, 114) las resume con bastante claridad, lo que será mencionado a continuación junto con lo que se debe evitar para la implementación fallida de una decisión.

Para ilustrar este punto se supondrá el escenario de la implementación de una política pública en educación que pretende ampliar la oferta de actividades extracurriculares en los colegios públicos de un municipio imaginario, con el fin de generar capacidades técnicas en los futuros graduandos y de esa manera insertarse más fácilmente en el mercado laboral. De manera complementaria, se promoverán convenios con empresas privadas para que adquieran y apliquen conocimientos que les serán útiles para el futuro. Revisemos ahora, los postulados necesarios propuestos por Sabatier y Mazmanian para la implementación exitosa de una política.

En primer lugar, Según Sabatier y Mazmanian, la política debe estar basada en una teoría sólida, en la que se prevea que hay cambios sociales que podrían alterar el resultado de la puesta en marcha de la política. De esa manera, es esencial entender las relaciones causales que subyacen a la existencia de un problema y a sus posibles formas de solución. Así, se deben identificar plausiblemente las variables más relevantes y las formas como estas se encuentran relacionadas entre sí y que dan cuenta de las características del problema, los afectados, las consecuencias y sus posibles soluciones.

Por su parte, es esencial la inclusión de diversos actores sociales y políticos en el proceso, no solo a la autoridad ejecutora, como se hace bajo el enfoque tradicional. A este respecto, es imperativo que se presente una coordinación entre diferentes instituciones en el proceso de implementación. Es normal que haya participación de más de una instancia de poder o de implementación, de ese modo, de la manera en que estas se puedan interrelacionar dependerá el éxito de la política; como en el mecanismo de un reloj, cuando una de las piezas del engranaje falla también lo hace el aparato en su conjunto.

Se va a suponer, entonces, que las entidades involucradas en el proceso del ejemplo, fueran, únicamente, la Secretaría de Educación y los colegios distritales en donde se implementarán las jornadas extracurriculares. Si los colegios distritales adoptaran una actitud negativa frente a la propuesta, porque implicaría mayor desgaste de sus directores o plantas docentes, o por cualquier razón, por más que la política estuviera bien diseñada estaría condenada al fracaso.

Tarde que temprano, los resultados serían una baja calidad de los conocimientos impartidos a los estudiantes, que a su vez se representaría en una baja productividad en trabajos y, por tanto, en el rechazo de la empresa privada en la contratación de los jóvenes recién graduados. En resumen, la política pública resultaría ineficiente, es decir, se cancelaría su ejecución. Este ejemplo evidencia que es necesario que se presente una sinergia entre las entidades que implementan la política, lo que va a generar que se tenga la visión de diferentes actores esenciales, además de evitar problemas en las esferas de poder.

Ahora bien, la política debe estar bien concebida, de tal manera que la decisión tomada contenga lineamientos de actuación así como objetivos claramente establecidos. En donde el analista sea capaz de anticiparse a las circunstancias cambiantes al momento de poner en marcha la política, desde el momento de su formulación, y reducir de esa manera el riesgo de que los actores involucrados se comporten de manera imprevista y perjudicial para el cumplimiento satisfactorio de los resultados esperados.

Este es un punto crucial, pues es aquí donde toma fuerza el hecho de que la implementación debe planearse desde el momento del diseño de la política. Así, es esencial tener cuidado en la determinación de las causas que crean un problema, aquí el implementador se puede encontrar ante el caso en el que los hechos que generan el problema fueron determinados de manera poco acertada, o indebida. De esta manera, las soluciones planteadas para resolver el problema no necesariamente responderán a la solución del mismo.

Otro aspecto para tener en cuenta es la consistencia entre las causas y las alternativas implementadas. La esencia de cualquier política pública consiste en la posibilidad de que las alternativas implementadas puedan resolver el problema que genere un valor agregado para la población objetivo de la política. En este orden de ideas, es clave que las alternativas respondan, de manera directa, a las causas que generan el problema. De lo contrario, aun cuando las alternativas puedan ser consideradas benéficas para la población, la política no alcanzaría su objetivo final.

En el caso esbozado, esta situación se ve representada si las alternativas solo fueran a institucionalizar actividades extracurriculares en los colegios de la zona de intervención. Así, entonces, se contaría con una serie de alternativas que por diversas razones resultan benéficas para la población (alejar a los niños y jóvenes de las calles donde están expuestos a diferentes peligros, incentivar la capacidad creativa y curiosa de los jóvenes, entre otras), pero que puede que no responda al objetivo principal de la política que es preparar técnicamente a jóvenes para que puedan ingresar a un mercado laboral en condiciones dignas.

Otro punto fundamental es identificar correctamente los objetivos de la política, basado en la comprensión de las características del problema. Este aspecto puede ser contemplado como el "complemento del punto anterior". La buena identificación de una situación problemática no va a garantizar una política exitosa, tener claro a dónde se quiere llegar con la decisión es fundamental para evitar una implementación fallida. Dicho de otro modo, se pueden diseñar alternativas para tratar el problema, de las cuales no se tendría una medición final satisfactoria en tanto la política no es clara en lo que está buscando.

En este caso de educación, se puede suponer que está claro que el problema que está afectando a la población juvenil es la falta de capacidades y conocimientos sobre algunas áreas técnicas. Sin embargo, al momento de la formulación de la política para la solución de este, se determina que lo que se requiere son actividades extracurriculares. De esta manera, es posible favorecer el aprendizaje de los estudiantes, pero no se logra garantizar que este sea utilizado provechosamente para sus vidas.

Para finalizar este postulado, es importante considerar las consecuencias de la implementación en el largo plazo; el proceso de la implementación de una política pública debe entenderse como un todo. Es decir, las implicaciones que generará en una sociedad o grupo social no se limitan a las que durante el proceso se conciban, por el contrario, con el cambio que se genere, se pretende cambiar también toda la sociedad. Así, el implementador y diseñador de la política debe analizar los impactos inmediatos y posteriores que se generan en la sociedad con el fin de minimizar el riesgo de que estos se tornen negativos.

Como segundo postulado para llegar a una implementación exitosa, se torna vital que los responsables de ejecutar la política dispongan de capacidades políticas, técnicas, financieras y de gestión y se sientan comprometidos con los objetivos de ésta. Para ello, se hace fundamental que el analista conozca el ambiente político y los intereses de aquellos que tienen algún interés en la política, de tal suerte que proponga la asignación del trabajo a un funcionario apto para la puesta en marcha del mismo. Igualmente, es esencial prever la disponibilidad de recursos necesarios para la implementación de la misma.

En este momento es esencial hacer referencia a las capacidades administrativas, aspecto con el cual es válido realizar una analogía con la empresa privada. Por más acertada que sea la posición de una empresa, si esta no tiene un manejo administrativo, está destinada a sucumbir. Lo mismo sucede con la implementación de las políticas públicas. Si las intenciones de acción que motivan la política no están soportadas en estudios consistentes que demuestren las condiciones y el futuro de la misma, en bases de datos que determinen las poblaciones objeto de la política, entre otros; ésta no tendría una sostenibilidad necesaria para su implementación con éxito. Se puede afirmar que la dirección de la política tiene que estar regida por una visión gerencial de la situación.

En el caso del ejemplo, se podría presentar la situación en la que se implementarán las jornadas estudiantiles sin tener claro cuántos jóvenes podrían y estarían interesados en acudir a las mismas. Igualmente, ante un manejo irresponsable de la implementación es posible volver al punto donde se utilicen ciertas clases y cursos que no responden a los objetivos que persigue la política.

El manejo de dinero es esencial en esta etapa del ciclo de la política. Contradictoriamente, al hablar de implementación de políticas públicas, comúnmente, no se presta la debida atención al tema de recursos, aunque sea preponderante. Por un lado, la financiación de una política puede ser abundante, los procesos de implementación no siempre son austeros y por el contrario tienden al despilfarro. En consecuencia, el proceso de implementación y los encargados del mismo deben tener fuertes conocimientos de planeación presupuestal, con el ánimo de tomar posiciones más eficientes que permitan hacer más con menores costos. Este punto cobra vital importancia sobre todo en países en vía de desarrollo, donde los recursos para inversión son limitados y los procedimientos para este propósito deben cumplir con largos requisitos legales.

Por otro lado, en ocasiones se presenta ausencia de recursos, lo que puede imposibilitar la realización de las estrategias contempladas en la política. En el ejemplo que se está trabajando se podría suponer que ante la implementación de las jornadas extracurriculares no se cuente con dinero suficiente para la contratación de personal en jornadas adicionales a sus contratos; o para los estudios necesarios destinados a determinar qué tipo de actividades resultarían propicias para cubrir la falta de capacidades técnicas de los estudiantes. Ante este panorama la política fracasaría, puesto que aunque se cuenta con excelentes propuestas, no es posible materializarlas.

Una tercera consideración para la implementación exitosa de una política es el apoyo político. Como argumenta Roth (2004,118) es necesario "contar con el apoyo de grupos organizados y de actores políticos de peso durante todo el transcurso de la implementación para la realización de los objetivos de la política". De esa forma, es fundamental buscar consensos entre las fuerzas presentes en el ambiente social y político, así como reafirmar compromisos entablados entre dichas fuerzas, esto va directamente relacionado con una teoría sólida, en la que se contemplan los actores de poder en el sistema.

Para finalizar, la implementación exitosa depende de la existencia de un entorno favorable. La formulación de una política pública se realiza bajo unas situaciones socioeconómicas específicas que si se mantienen, contribuyen al éxito de la política. Pese a esto el entorno es cambiante y puede poner en riesgo el modelo técnico de la política. Se hace necesario que la formulación y la ejecución de ésta vayan de la mano de tal manera que se puedan hacer cambios necesarios. Así, es necesario que durante todo el proceso de la política se establezcan claramente parámetros que permitan el seguimiento, en tiempo real, de los avances alcanzados y de las fallas que se presenten en el proceso, para su corrección. De esta manera, junto con la propuesta debe diseñarse, de manera clara, un mecanismo de seguimiento de la política en su fase de implementación, así será más sano y eficiente el ejercicio.

En caso de que la política del ejemplo estuviera en marcha, un buen plan de monitoreo podría ser realizar evaluaciones anuales tanto a profesores como a estudiantes de las prácticas impartidas y aprendidas, para la fase de jornadas en la institución educativa. En lo referente a la incursión en el mercado laboral, podría llevarse el registro anual de los graduados que hayan ingresado a empresas y que estas proporcionen evaluaciones y/o informes de la evolución y rendimiento de sus empleados. De esta manera, se puede hacer una medición efectiva del impacto que la política generó en el grupo poblacional.

Ahora, es fundamental que la población objeto perciba el problema como tal, lo que propicia un ambiente favorable para la puesta en marcha de la decisión; sin duda, la existencia de una política pública está determinada por la necesidad que tenga un grupo poblacional. Así, el punto de partida de todo esfuerzo público para solucionar un problema consiste en la percepción del problema por parte de la población. De esta manera, la falta de puentes peatonales en una localidad no podrá verse como un problema si la población no siente que sean necesarios para su cotidianeidad. Ante esta situación, es labor de los diseñadores de políticas públicas concienciar a las localidades y grupos sociales sobre cuáles son los problemas que los aquejan y por qué deberían solucionarlos.

Para la política pública que se ha utilizado, el claro ejemplo de este punto se experimenta cuando los jóvenes y sus familiares consideran que el hecho de salir del colegio para subemplearse, o dedicarse a cualquier actividad no cualificada, es la condición que desean para sus vidas futuras. O, por otro lado, no se enfocarán en un futuro próximo sino en el inmediato plazo. Ante esto, se podría implementar la política aunque la asistencia sería mínima o nula, pues el primer grupo no tendría incentivos para asistir y el segundo estaría más preocupado y ocupado en la superación de sus condiciones de vida actuales que a dedicarle tiempo a una actividad que no está generando un ingreso actual.

El cumplimiento de todo lo anterior no garantiza a cabalidad la implementación exitosa de una política pública, pero si contribuye, en gran manera, a evitar una puesta en marcha con resultados fallidos. En ese orden de ideas, el Cuadro 28 recoge una lista de chequeo que puede ser de utilidad para el momento de hacer un plan de implementación al diseñar la política y mientras se lleva a cabo la decisión:

CUADRO 28: LISTA DE CHEQUEO DE LA IMPLEMENTACIÓN EXITOSA

Criterio	Sí	No
1. Buen diseño		
1.1 Están correctamente determinadas las causas del problema		
1.2 Hay consistencia entre las causas del problema y las alternativas implementadas.		
1.3. Los objetivos de la política están de acuerdo con la formulación del problema.		
1.4. Fueron consideradas las consecuencias de la implementación en el largo plazo.		
2. Buen apoyo administrativo		
2.1. Se cuenta con responsables con capacidades administrativas para la implementación de la decisión.		
2.2. Hay coordinación entre diferentes instituciones en el proceso de implementación		
2.3. Se cuenta con responsables aptos para el buen manejo del dinero.		
3. Buen entorno		
3.1. Se cuenta con el apoyo de grupos organizados y de actores políticos de peso para la implementación de la decisión.		
3.2. Existe un plan de monitoreo para determinar los cambios en el entorno y hacer los cambios necesarios.		
3.3. La población objetivo es consciente de la existencia del problema.		

Adaptación de las cinco condiciones de efectividad en la implementación de SABATIER y MAZMANIAN.

8.4 RECOMENDACIONES PARA ELABORAR UN PLAN DE IMPLEMENTACIÓN

Para diseñar un plan de implementación, se hace muy útil llevar a cabo esquemas sencillos en los cuales sean fácilmente evidenciadas las actividades por realizar. Un plan de implementación puede ser realizado de diferentes maneras, lo importante es que dicho plan debe servir de guía a la puesta en marcha de la política a ser implementada. En ese orden de ideas, es recomendable identificar ciertas variables que van a ser indispensables en esta etapa del proceso; tales como:

- Identificar los resultados esperados con la política.
- Identificar las actividades que conducen a los resultados esperados de la política y cómo se deben realizar.
- Identificar la forma como los actores interesados contribuirán en la implementación de la decisión.
- Identificar en dónde se hará la implementación.
- Hacer un posible cronograma de implementación.
- Identificar fuentes de financiación.
- Identificar el marco legal que la sustenta o podría sustentar, así como las reformas que sean necesarias para ello.

Los Cuadros 29 y 30 reúnen dichas características tomando como ejemplo el plan de implementación de las soluciones recomendadas para disminuir el hacinamiento de las cárceles en Bogotá.

HACINAMIENTO CRÍTICO EN CÁRCELES DE BOGOTÁ[1]

Recomendación: cambio en la legislación en materia penal (específicamente en lo que se refiere a la prisión preventiva) y la implementación de proyectos productivos y educativos en los dos centros carcelarios y penitenciarios que creen los escenarios para la redención de la pena por trabajo y estudio.

CUADRO 29: EJEMPLO DE TABLA DE PLAN DE IMPLEMENTACIÓN

Actividad	¿Quién la implementa?	¿Cómo la implementa?	¿Cuándo se implementa?	¿Dónde se implementa?	Fuente de financiación
Elaboración del proyecto de ley de modificación de la legislación en materia penal	Ministerio de Justicia junto con Fiscalía General de la Nación y el INPEC	Establecimiento de una comisión de expertos (abogados) de la Fiscalía General de la Nación y el INPEC encargados de elaborar la propuesta. Estos deben tener en cuenta los elementos esenciales de dicha propuesta: limitación de la prisión preventiva	Noviembre 2009-Febrero 2010	En el INPEC	Presupuesto de la Fiscalía General de la Nación y el INPEC (en lo que se refiere al pago de personal encargado de elaborar la propuesta)
Presentación del proyecto de ley ante el Congreso de la República	Fiscalía General de la Nación	Hacer llegar el proyecto de ley e incluirlo en la agenda del Congreso por medio de la intervención de la Fiscalía General de la Nación	Marzo de 2010 (radicación)	En el INPEC	0

---

[1] Plan de implementación y cronograma realizado en el marco de la materia métodos de análisis de políticas públicas del programa de gobierno y relaciones internacionales de la Universidad Externado de Colombia en el 2009 por las estudiantes Silvia Herrera, Michelle Hernández y Rossana Páez, en el trabajo académico titulado "Hacinamiento crítico en las cárceles Modelo y La Picota de Bogotá", pp. 22-25.

Actividad	¿Quién la implementa?	¿Cómo la implementa?	¿Cuándo se implementa?	¿Dónde se implementa?	Fuente de financiación
Elaboración del proyecto de presupuesto del INPEC en el cual se incluye la propuesta de aumentar el presupuesto destinado a la creación de talleres y contratación de personal destinados a la educación de los internos	Encargado del presupuesto en el INPEC/DNP	Encargar a los contadores del INPEC que elaboren un presupuesto en el que se establezcan los recursos necesarios para la implementación de la política, las fuentes de financiación y en qué van a ser utilizados los recursos	Abril–Agosto de 2010	En el INPEC	Presupuesto de la Fiscalía General de la Nación y el INPEC (en lo que se refiere al pago de personal encargado de elaborar la propuesta)
Presentación de la propuesta ante la entidad	Encargado del presupuesto del INPEC	El contador o el encargado del gasto se dirige al ordenador del gasto de la entidad, en este caso el INPEC, para que evalúe y apruebe el proyecto presentado	Septiembre 2010	En el INPEC	0
Presentación del presupuesto ante el Ministerio de Hacienda y el Departamento Nacional de Planeación para su aprobación	Encargado del presupuesto del INPEC	Una vez aprobado por el ordenador del gasto de la entidad, se hace llegar al Ministerio de Hacienda para que se apruebe el presupuesto de la entidad en el cual se incluyó un rubro específico para la implementación de la política	Octubre de 2010	En el Ministerio de Hacienda	0
Realización de entrevistas para la contratación del personal idóneo que dicte talleres y que supervise el trabajo	Jefe de personal del INPEC o su delegado	La entidad abre un proceso de entrevistas en el cual pueden presentarse todas las personas que estén interesadas en trabajar en la política y que tengan los requisitos mínimos para ser contratadas. Los encargados de realizar la entrevista deben ser imparciales y escoger a las mejores, tanto en términos de educación como de aptitudes para trabajar con los internos	Enero–Abril de 2011	INPEC	Presupuesto del INPEC (en lo que se refiere al pago de personal encargado de llevar a cabo las entrevistas)

Actividad	¿Quién la implementa?	¿Cómo la implementa?	¿Cuándo se implementa?	¿Dónde se implementa?	Fuente de financiación
Contratación de personal destinado a la capacitación de los internos	Jefe de personal del INPEC	Una vez elegidas las personas por contratar, se procede a firmar la orden de trabajo	Mayo-Junio de 2011	En el INPEC	Presupuesto del INPEC aprobado por el Ministerio de Hacienda en donde se incluyen los rubros para la implementación de la política (que incluye el pago de salarios del personal contratado)
Búsqueda y establecimiento de convenios con entidades educativas, el sector privado y ONG que estén dispuestas a vincularse con la política	INPEC, Ministerio de Educación y Ministerio de Justicia	Buscar establecimientos educativos que estén dispuestos a establecer un convenio para que sus estudiantes realicen sus prácticas en las cárceles (carreras relacionadas con la educación). Además, establecer convenios con empresas privadas para que realicen sus programas de Responsabilidad Social Empresarial con las cárceles objeto de la política. Por último, contactar a ONG interesadas en aportar educativa y económicamente en la disminución del hacinamiento y en consecuencia en el mejoramiento de las condiciones de vida de los internos	De enero de 2010 a abril de 2011	A nivel nacional	0
Firmar contratos con las entidades antes nombradas	Representante legal del INPEC o su delegado	Reunión de los representantes legales de las entidades educativas/empresas/ONG para firmar los contratos que establecen los acuerdos	Mayo-Junio de 2011	En INPEC	0

Actividad	¿Quién la implementa?	¿Cómo la implementa?	¿Cuándo se implementa?	¿Dónde se implementa?	Fuente de financiación
Entrega de nuevos establecimientos carcelarios y de los readecuados	Contratista		Julio 2010	Principalmente en Bogotá o municipios cercanos a la capital	O
Inicio de implementación de la política	Profesionales	Una vez aprobado el proyecto de ley de reforma del Código de Procedimiento Penal y pasado el control de constitucionalidad, se espera que la limitación de la prisión preventiva disminuya el número de personas que ingresan a los centros carcelarios y penitenciarios por lo que disminuye el hacinamiento. Además, una vez con las instalaciones y el personal adecuado, puede comenzar a dictarse los talleres y abrir el espacio laboral para que los internos, entre más trabajen, reduzcan el tiempo de sus penas y descongestionen más rápido sus lugares de reclusión disminuyendo el hacinamiento carcelario. Es importante establecer el horario de estudio y trabajo y las clases de trabajo que se consideran válidos para redimir el tiempo de la pena	Julio de 2011	En Bogotá	Fondo para la Rehabilitación, la Inversión Social y la Lucha contra el Crimen Organizado (FRISCO) y presupuesto del INPEC

CUADRO 30: EJEMPLO DE CRONOGRAMA DE IMPLEMENTACIÓN

Cronograma de implementación

Actividad	2009 Nov	2009 Dic	2010 Ene	2010 Feb	2010 Mar	2010 Abr	2010 May	2010 Jun	2010 Jul	2010 Ago	2010 Sep	2010 Oct	2010 Nov	2010 Dic	2011 Ene	2011 Feb	2011 Mar	2011 Abr	2011 May	2011 Jun	2011 Jul
Elaboración del proyecto de ley de modificación de la legislación en materia penal.	■	■	■																		
Presentación del proyecto de Ley ante el Congreso de la República.					■																
Elaboración del proyecto de presupuesto del INPEC.						■	■	■	■	■											
Presentación de la propuesta ante la entidad.											■										
Presentación del presupuesto ante el Ministerio de Hacienda y el Departamento Nacional de Planeación para su aprobación.												■									
Realización de entrevistas para la contratación del personal idóneo que dicte talleres y que supervise el trabajo.															■	■	■	■			
Contratación de personal destinado a la capacitación de los internos.																		■	■	■	
Búsqueda y establecimiento de convenios con entidades educativas, el sector privado y ONG.			■	■	■	■	■	■	■	■	■	■	■	■	■	■	■	■			
Firmar contratos con las entidades antes nombradas.																		■	■	■	
Entrega de nuevos establecimientos carcelarios y de los readecuados.								■													
Inicio de implementación de la política.																					■

8.5 CONCLUSIONES

Con todo lo anterior en consideración, se puede decir que no hay un modelo unívoco para llevar a cabo una implementación perfecta, sino que obtener una política exitosa va a depender, en gran medida, de la construcción de un buen plan de implementación, teniendo en cuenta los diferentes postulados antes enunciados, para una implementación exitosa. Dicho esto, a continuación se listan algunos preceptos, a manera de conclusión, aptos para la implementación efectiva de una política pública:

– La implementación se piensa desde el momento de la decisión y antes de la formulación de la política.

– Es importante anticiparse a los cambios durante el proceso. En esa medida el analista e implementador deben estar abiertos a cambios en el entorno y a nuevas ideas.

– Es necesario que las políticas sean flexibles y adaptables a los cambios. Sin embargo, esto no debe implicar la falta de objetivos claros ni el cambio constante e innecesario de los mismos. La continuidad también es importante.

– Es importante monitorear la base de conocimiento e información sobre el problema y sobre las capacidades disponibles al respecto de las formas alternativas de brindar solución a los mismos.

– Monitorear el ambiente político, las preocupaciones de aquellos que tienen algún interés en la política pública, y tener comunicación fluida ante conflicto de intereses; capacidad de negociación y mediación, y de reafirmar consensos alcanzados.

– Facilitar procesos de aprendizaje que retroalimente las decisiones, futuras ya sea en la misma política pública o en nuevas intervenciones.

8.6 TAREAS Y TALLERES

1. Describa qué, cuándo, dónde, quién y cómo se va a implementar y financiar lo que se propone.

2. Desarrolle la siguiente matriz como plan de implementación para una política pública de su elección.

Actividad	¿Quién la implementa?	¿Cómo la implementa?	¿Cuándo se implementa?	¿Dónde se implementa?	Fuente de financiación

3. Diseñe un cronograma de implementación.

9. DISEÑO DE PLANES DE MONITOREO Y EVALUACIÓN DE POLÍTICAS PÚBLICAS

El diseño de planes de monitoreo y de evaluación de políticas públicas son los dos últimos ejercicios asociados a las fases finales del ciclo de las políticas públicas dibujado en este *Manual*. Se trata de procesos pensados para cuando se implemente la política pública recomendada, y haya transcurrido un tiempo prudencial para producir efectos identificables y atribuibles a la misma. Esto no quiere decir que se trate de procesos irrelevantes, subsidiarios o indispensables a la hora de diseñar una política pública. Al contrario, se trata de ejercicios cruciales para garantizar el mayor impacto en la dirección deseada y minimizar, en la medida de lo posible, efectos negativos no intencionados que puedan resultar de la intervención pública.

En este capítulo se aborda el monitoreo y la evaluación como productos analíticos poco comprendidos, mal utilizados (o "ab-usados"), en muchos casos asociados con procesos complejos de alto conocimiento técnico, y en ocasiones estigmatizados. Se discute también sobre el gran valor instrumental de dichos ejercicios para mejorar la eficacia del Estado y como herramienta para fomentar la participación democrática. Igualmente, se hace referencia a los diferentes retos que implica su planeación.

Aquí se trata de diseñar los procesos que se deben llevar a cabo en el futuro de manera sistemática, parsimoniosa y cuidadosa, los cuales no deben revestir grandes complicaciones ni misterios y cuya planeación hace más fácil y efectiva su realización en pro de apoyar la toma de decisiones ilustrada de políticas públicas. Previo a ello nos referiremos a la importancia de dichos procesos en el ejercicio de gobierno.

9.1 LA IMPORTANCIA DEL MONITOREO Y LA EVALUACIÓN

El monitoreo y la evaluación pueden ser percibidos de múltiples maneras. Por un lado, está la percepción de dichos procesos como instrumentos para hacer política (*politics*) y asegurar acceder, mantener o ampliar el poder. Por otro, está la percepción de dichos ejercicios como instrumentos para hacer política pública (*policy*) o, como dirían los científicos políticos, para gobernar. En cuanto a la primera aproximación, en el imaginario colectivo se distinguen dos percepciones extremas y contradictorias. A un lado del espectro están los que ven en tales ejercicios procesos destinados a resaltar los fracasos de un programa, proyecto, política, institución o individuo, en donde las no conformidades son predominantes y la conclusión es una justificación a una anhelada, pero disfrazada reforma radical o la terminación de un programa o política. Al otro, están los que perciben la evaluación como un ejercicio orientado a resaltar los logros de la política, a alimentar los egos y a buscar la legitimación de la acción del Estado y de sus funcionarios.

El uso de los ejercicios evaluativos, tanto para un propósito como para el otro, son profundamente dañinos para la democracia y la gobernabilidad. Por tal razón, y reconociendo que ambas percepciones co-existen en la práctica, en este *Manual* nos enfocamos en la segunda aproximación, esta es, en estudiar el monitoreo y la evaluación como herramientas que deben ser concebidas desde el diseño de políticas públicas como medios para gobernar eficaz, eficiente, democrática y legítimamente y, en el proceso, para elevar el nivel del debate y dificultar el uso engañoso de tales ejercicios (SHURLOCK, 1999).

En efecto, el monitoreo y la evaluación deben ser concebidos como ejercicios objetivos, aleccionadores, útiles y constructivos, donde los logros y los fracasos sean exaltados en sus justas proporciones, proveyendo a los actores involucrados de la información necesaria para elaborar un juicio al respecto del programa o política, y tomar, a partir de allí, las mejores decisiones posibles en relación con los resultados obtenidos.

MAJONE define la evaluación de políticas públicas como una disciplina "que se ocupa de recolectar, verificar, e interpretar la información sobre la ejecución y eficiencia de las políticas y programas públicos" (MAJONE G, 2005, 214). Dichos ejercicios deben servir como instrumento que, además de dar razón del funcionamiento de las políticas o programas y de su eficiencia y eficacia en el cumplimiento de la ley y de los anhelos sociales que la inspiran, resalte por igual las falencias, fallas, problemas, vacíos, etc., e identifique posibilidades de corrección, ajuste, modificación o terminación de la misma. En efecto, en el largo plazo puede hacer más daño esconder los problemas por razones políticas (*politics*) que abordarlos una vez han sido identificados con políticas (*policies*) efectivas, en donde, mejor aun, se puedan anticipar o evitar problemas futuros.

Igualmente, la evaluación debe contribuir a las prácticas democráticas características del buen gobierno. Como afirma Roth (2004, 137) "la actividad evaluadora permite al Estado y a los gobernantes, y también a los ciudadanos, disponer de una mayor información acerca de las consecuencias de sus decisiones y acciones". De esta manera, el monitoreo y la evaluación se constituyen en herramientas que facilitan la participación ciudadana, la transparencia, la legitimidad y la gobernabilidad.

El monitoreo y la evaluación deben permitir a los administradores de los programas, a los diseñadores y tomadores de decisiones, y a la sociedad en general, saber si el Estado, individualmente o en asocio, está haciendo bien su papel o si debe hacer correctivos.

Para Roth (2004), dichos ejercicios analíticos deben ser entendidos como herramientas que permitan comprender, comunicar y controlar. Citando a Durán, el autor dice que:

> Los gobiernos deben tratar de *comprender* lo que pasa con los procesos sociales inducidos por la acción pública para fundamentar de manera lo más acertada posible las acciones futuras; los regímenes políticos democráticos tienen también la obligación de *comunicar* para explicar, con base en una información argumentada, y dialogar con sus públicos con el fin de conseguir el respaldo a sus acciones; y, por último, los gobiernos no pueden dejar de lado la responsabilidad de ejercer *control* sobre las actividades que realizan (Roth, 2004, 142).

De este modo, el diseño de la evaluación de políticas públicas debe permitir rectificar el cumplimiento de la ley, estudiar, de manera minuciosa, los procesos, productos, resultados e impactos, y esclarecer si los objetivos de la acción podrán ser cumplidos, lo que daría legitimidad al Estado con respecto a su gestión.

Para ello, se requiere contar con indicadores de insumo, producto, resultado e impacto, los cuales deben ser diseñados antes de la implementación y observados, tanto durante como después de transcurrir un tiempo prudencial para poder evaluar su impacto. El Gráfico 34 ilustra el importante papel que desempeñan estos ejercicios en el logro de metas sociles.

GRÁFICO 34: MODELO LÓGICO DEL MONITOREO Y LA EVALUACIÓN EX-POST

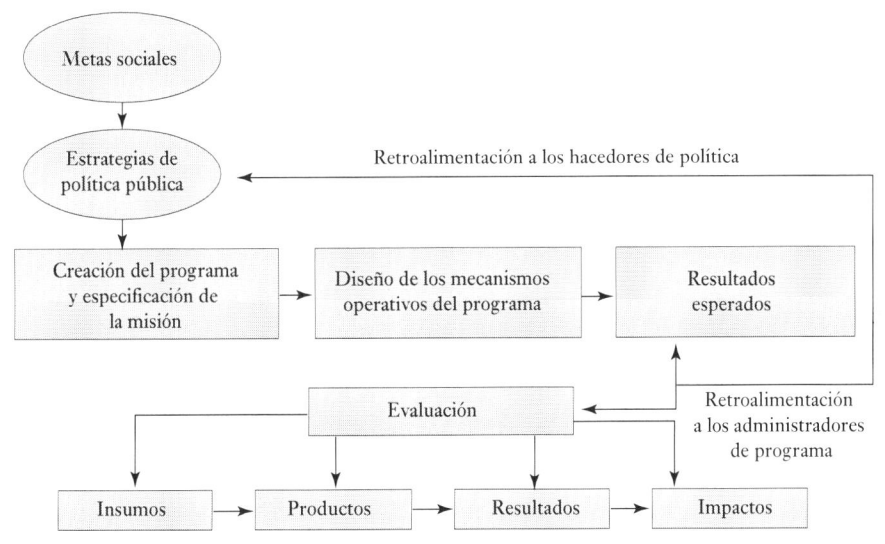

Elaborado por los autores.

Como lo ilustra el Gráfico anterior, estos ejercicios deben ser diseñados tomando en cuenta las metas sociales que inspiran las estrategias de política implementadas, las cuales se materializan a su vez a través de programas con misión clara y específica, la cual está asociada (implícita o explícitamente) a unos resultados esperados. Tras el proceso de monitoreo y evaluación basado en los indicadores de diferente tipo identificados, se logra el *feedback* o retroalimentación necesaria tanto a los administradores de los programas (directores, ministros, asesores, etc.) como a los diseñadores de la política pública (Congreso o Parlamento) y la sociedad civil. El propósito es, pues, permitir revisar si la política implementada responde a la situación problemática y de identificar formas de reducir los obstáculos que impiden que se logren los objetivos. Se trata de ilustrar tanto a los administradores como a los diseñadores e implementadores o legitimadores de las políticas públicas al respecto de qué se debe cambiar si es necesario. Facilitándose así la participación ciudadana y la toma de decisiones legítimas, es decir, el progreso de largo plazo y la gobernabilidad.

9.2 TIPOS DE MONITOREO Y EVALUACIÓN

El monitoreo y la evaluación son dos actividades distintas, pero complementarias. Responden a preguntas o requerimientos distintos, usan procesos distintos, necesitan conocimientos, habilidades y herramientas distintas, pero desempeñan un rol parecido: ilustrar la toma de decisiones y facilitar el *accountablity* a través de ejercicios analíticos retrospectivos. Igualmente, estos ejercicios convocan una misma comunidad de práctica que habla un mismo lenguaje (comunidad epistémica). La mayor diferencia es que mientras que el monitoreo es un proceso llevado a cabo principalmente para derivar aprendizajes en el proceso de implementación, conducentes a hacer correctivos puntuales de la política, la evaluación tiene como propósito principal juzgar el desempeño de la intervención (o ausencia) de políticas públicas. Nótese que se habla de "principalmente", pues tanto un ejercicio como el otro permiten a la vez derivar lecciones para hacer correctivos en la marcha como elaborar juicios de valor concluyentes.

En efecto, por lo general se practican dos tipos de evaluación, la primera enfocada a aprender de la experiencia, y la segunda a la rendición de cuentas al público y/o a aquellos que han financiado la acción implementada. Como lo afirma Feinstein, "el primer propósito se cumple con las llamadas evaluaciones formativas, cuya finalidad es el aprendizaje, en tanto que el segundo propósito caracteriza a las llamadas evaluaciones sumativas" (mayo-junio 2007), que buscan formar un juicio de valor al respecto de la política o programa implementado.

En ese orden de ideas, la evaluación formativa es constructiva por naturaleza, pues se lleva a cabo para obtener aprendizajes o mejorar el programa. El propósito principal es contribuir a la autoevaluación. Por su parte, la evaluación sumativa se hace para dar cuentas respecto a la efectividad del programa, y tienen un propósito intrínseco de juzgar su idoneidad y deseabilidad. Comúnmente se le conoce como "evaluación de resultado o impacto" o "evaluación ex-post".

Así, existen tres tipos de evaluación según el momento en que se realicen y el propósito que buscan, a saber: la evaluación ex-ante, la evaluación durante o el monitoreo; y la evaluación ex-post o de resultados e impactos. Si bien el énfasis de este capítulo versa sobre los dos últimos, nos referimos a los tres brevemente.

9.2.1 EVALUACIÓN EX-ANTE

Como ya se dijo, el primer ejercicio analítico evaluativo que se realiza en el acompañamiento a las políticas públicas es cuando la pregunta a responder es ¿qué hacer? Gran parte del contenido y propósito de este *Manual* es precisamente dar herramientas que permitan responder a este interrogante. Después, una vez se ha identificado el "qué hacer", la pregunta que habría que responder es ¿funcionará lo que vamos hacer? Para responder a esa pregunta se suele hacer un pronóstico, esto es, en palabras de ROTH, "un instrumento prospectivo y de ayuda a la decisión (que) consiste en pronosticar cuáles serán los impactos futuros causados por un proyecto, al analizar las diversas opciones diseñadas, generalmente en función de tres criterios: su eficiencia, su impacto previsible y su impacto en otras políticas públicas" (2004, 143). A este ejercicio es al que se le denomina evaluación ex ante. Para ello hay varios métodos y procedimientos al que no nos referiremos en detalle en este *Manual*, pero que se refiere a los ejercicios de pronóstico y predicción o *forecast*, la extrapolación, el análisis de escenarios, etc. Un buen referente en esta línea es el trabajo de TODD y WOLPIN, 2006.

9.2.2 EVALUACIÓN DURANTE O MONITOREO

Al continuar con el ciclo de las políticas públicas y las preguntas o demandas que debe atender el analista en dicho proceso, tenemos el momento en que, una vez que se ha tomado la decisión, y se ha iniciado su implementación, la pregunta que se nos formula es ¿lo estamos haciendo bien? Este es el propósito principal del monitoreo. Como bien se puede deducir, el *monitoreo* es la evaluación que acompaña la puesta en marcha de la política pública, es un seguimiento a los esfuerzos realizados, los insumos utilizados y los logros alcanzados durante la etapa de implementación. El objetivo de este tipo de evaluaciones es verificar y asegurar la buena ejecución de la acción tras detectar posibles problemas que puedan entorpecer el logro de los objetivos buscados. Se busca poder hacer los ajustes necesarios antes de continuar con la implementación de la política. Como lo afirma MOKATE (2000), el monitoreo es un ejercicio que implica el seguimiento de las acciones de la iniciativa que se evalúa y los productos de dichas acciones: "buscan comprobar la efectividad y eficiencia del proceso de ejecución, mediante la identificación de los aspectos limitantes y/o ventajosos".

Al ser una evaluación durante la ejecución de la política pública este tipo de ejercicios se realiza de manera continua y periódica (semanal, mensual, semestral y/o anualmente) con un proceso predominante de control interno que, en la mayoría de los casos, es llevado a cabo por personal de la misma administración a cargo del programa o política.

9.2.3 EVALUACIÓN EX-POST DE RESULTADOS E IMPACTO

Una vez que la política lleva un tiempo prudencial de implementación, la pregunta que surge es ¿funcionó lo que hicimos? Para ello se debe hacer una evaluación ex-post de resultado e impacto. Tal vez más importante que evaluar los procesos, es evaluar los resultados e impactos de una política pública. Pues solo así se puede clarificar si los objetivos buscados fueron alcanzados. Así, la evaluación *ex-post* está enfocada a determinar los aciertos y desaciertos de la intervención pública.

Es importante evitar caer en la tentación de "encajonar" conceptualmente los ejercicios y asimilar el monitoreo como una evaluación formativa, y la evaluación ex-post como una evaluación sumativa, pues en la práctica ambos tipos de evaluación pueden tener ambos propósitos: todo depende de lo que se busque responder con ellos.

Por otra parte, la evaluación de resultados implica al menos tres propósitos distintos. En primer lugar, puede llevar implícito un carácter descriptivo en la medida que se puede dar cuenta de lo que se ha realizado hasta el momento, teniendo presente los procesos e insumos así como de los resultados e impactos de la acción. Igualmente, puede implicar la realización de un diagnóstico, en donde el grado de cumplimiento de los objetivos toma importancia, y donde se puede evidenciar el éxito o fracaso de una acción implementada, lo que podría generar lecciones para próximas experiencias de política pública. Finalmente, la evaluación puede implicar un carácter explicativo en donde los evaluadores pondrán en evidencia sus hallazgos y explicaciones frente a las relaciones causales que explican cómo funciona la política pública y por qué, y cómo son sus éxitos o fracasos. Más adelante nos referiremos a los métodos más utilizados para dichos propósitos.

A continuación nos referimos a los procesos de planeación de los ejercicios de monitoreo y evaluación ex –post. Previo a ello, veremos su importancia como parte de los ejercicios más importantes del diseño de políticas públicas.

9.3 RECOMENDACIONES PARA LA ELABORACIÓN DE PLANES DE MONITOREO Y EVALUACIÓN

La utilidad de diseñar planes de monitoreo y evaluación de políticas públicas antes de su implementación está basada fundamentalmente en dos objetivos:

Primero, está su valor instrumental dentro del ejercicio de análisis y diseño, pues elaborar dichos ejercicios permite revisar si el problema ha sido bien definido. Como ya se dijo y se retoma en el Gráfico 35, el ejercicio de análisis y diseño de políticas públicas es interactivo, en donde la estructuración del problema[2] es revisada y complementada con la nueva información resultante de los ejercicios adelantados hasta el momento. El proceso de diseño de los planes de monitoreo y evaluación se debe focalizar en un primer momento en la manera como se formuló el problema. Como hemos visto, esta primera etapa del análisis y diseño de una política pública es fundamental en tanto es influyente en todos los procesos subsecuentes. Así, si un problema no está correctamente formulado, es muy probable que los medios de implementación identificados no sean los adecuados y que los impactos esperados no sean alcanzados para mitigar el problema público en cuestión. El siguiente Gráfico ilustra la ubicación de esta fase y su papel en el proceso interactivo de análisis y diseño de políticas públicas. En él se muestra que la actividad de diseño del plan de monitoreo y del plan de evaluación conduce en muchos casos a revisar el problema y los criterios de evaluación de las alternativas. Es de resaltar que este ejercicio debe evitar re-definir el problema en aras de acomodarlo para que sea medible u observable prioritariamente.

Este ejercicio es particularmente útil a la hora de revisar el problema, porque en la práctica es más fácil describir nuestras preocupaciones y definir nuestros objetivos a partir del uso de indicadores que hacerlo en abstracto, sin hacer referencia a sus formas de representación en resultados esperados. Así, por ejemplo, si decimos que nos preocupa la "felicidad" de los pobladores de un municipio X, para encontrar soluciones satisfactorias debemos operacionalizar el concepto de *felicidad* al que nos estamos refiriendo. La felicidad podría ser expresada en buenas condiciones de salud, de acceso a la recreación, entre otras. En cualquier caso habrá que proponer una definición operacional y someterla a discusión con el cliente y demás interesados.

---

[2] Para profundizar en la definición y estructuración del problema, remitirse al capítulo cuarto de este.

GRÁFICO 35. PASOS 7 Y 8: PLANES DE MONITOREO Y EVALUACIÓN

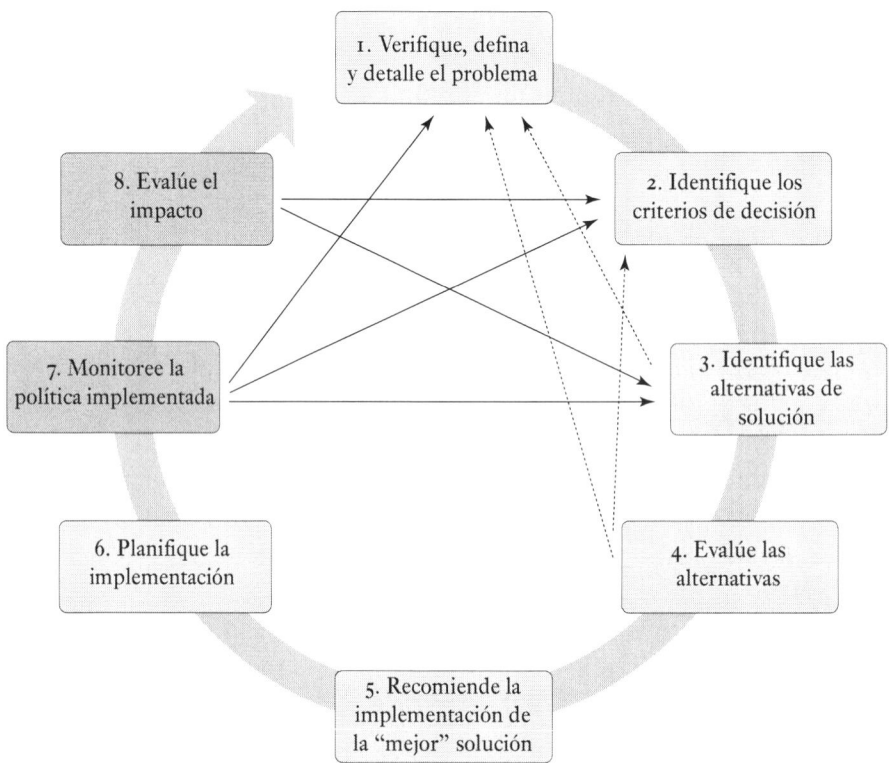

1. Verifique, defina y detalle el problema
2. Identifique los criterios de decisión
3. Identifique las alternativas de solución
4. Evalúe las alternativas
5. Recomiende la implementación de la "mejor" solución
6. Planifique la implementación
7. Monitoree la política implementada
8. Evalúe el impacto

Elaborado por los autores.

La "traducción" de las preocupaciones en indicadores monitoreables o evaluables nos permite observar el problema desde una perspectiva más clara y pragmática. Tomando la definición operacional sugerida de felicidad del ejemplo (salud y recreación), en el primer caso diríamos que la "felicidad" se logra al reducir el número de muertes evitables con atenciones médicas. En el segundo, sería cuestión de contar el número de visitas semanales que recibe un parque público, por ejemplo. Si no tenemos claro qué es lo que nos preocupa y cómo daremos cuenta de si el problema fue solucionado o no, corremos el riesgo de no diseñar las políticas públicas que permitirán lograr los objetivos buscados de manera eficaz. Igualmente, tras operacionalizar el concepto de felicidad, identificaríamos de paso las áreas de influencia o competencias de nuestro cliente, y las alternativas de solución.

Segundo, diseñar los planes de monitoreo y evaluación antes de iniciar la implementación de la política pública recomendada ayuda a orientar la implementación de la misma. En efecto, la planeación de los ejercicios de monitoreo y evaluación permite identificar ex –ante aspectos y momentos (hitos) críticos para hacer la revisión de los logros y los correctivos necesarios a la misma durante, y tras pasar un tiempo de implementación. Estos planes pueden servir de guía o referente a partir del cual se puede verificar el grado de cumplimiento de los objetivos, metas y criterios trazados. De esta manera, la implementación de la política estaría en cierta forma condicionada a lograr los resultados, indicadores y metas fijadas, aumentando así la probabilidad de que los objetivos sean alcanzados y los problemas resueltos o mitigados.

Tercero, la planeación de dichos ejercicios facilita la retroalimentación una vez la política esté siendo implementada. En efecto, se puede identificar ex ante la información necesaria, los métodos y momentos adecuados para su recolección o producción, su almacenamiento y procesamiento futuro, y así viabilizar los ejercicios de retroalimentación orientados a juzgar con conocimiento qué se debe reforzar, modificar, evitar o abandonar para que la política diseñada y en proceso de implementación contribuya de manera más efectiva al logro de los objetivos buscados al menor costo posible. Una de las mayores limitantes en el ejercicio de gobierno en Hispanoamérica es la carencia de información básica (de línea base, de proceso y de resultado) necesaria para hacer contribuciones importantes, resultante de un seguimiento y una evaluación objetiva de la política pública implementada.

Dicho lo anterior, los planes tanto de monitoreo como de evaluación deben al menos identificar qué se evalúa, cómo se evalúa, quién evalúa, cuándo y dónde. A continuación discutimos los retos que implican dichos procesos.

9.3.1 ¿QUÉ SE EVALÚA?

9.3.1.1 CRITERIOS DE EVALUACIÓN EX POST

Al diseñar una evaluación es importante establecer criterios o principios que van a orientar el ejercicio. Por lo general, tres criterios son identificados como rectores. Estos son: relevancia o pertinencia de la política, entendida como la relación entre las características del problema público por resolver y las características de la política o estrategia diseñada e implementada; su eficiencia, entendida como el buen uso de los recursos para alcanzar los objetivos; y su eficacia o efectividad, en donde se indaga sobre el grado o si se lograron los objetivos de la política. En ocasiones también se tiene en cuenta la sostenibilidad de los resultados, el desarrollo institucional y la justicia en términos de una distribución aceptable de los costos y los beneficios.

A veces, el énfasis depende del tipo. En el caso de las evaluación sumativa, los criterios más relevantes son la eficiencia y eficacia al dar cuenta de la acción. En el caso de la evaluación formativa, la sostenibilidad de los resultados puede ser más pertinente, teniendo en cuenta las actividades que se llevan a cabo para llegar a los resultados y así identificar buenas prácticas.

A continuación se resumen algunos de los criterios de evaluación ex-post: criterios más comunes. El lector podrá reconocer similitudes con los criterios de evaluación ex –ante discutidos en el capítulo 5, y cuyo propósito principal es comparar alternativas de solución. Si bien se trata de criterios similares, su uso es distinto.

9.3.1.2 ALCANCES DEL MONITOREO Y LA EVALUACIÓN

Los ejercicios de monitoreo y evaluación conducen a resolver un gran número de inquietudes. A continuación nos enfocaremos en algunos de ellos a manera indicativa, no exhaustiva:

Cumplimiento de las expectativas: si bien enfocarse en las *actividades* es de suma importancia, más importante es enfocarse en los *resultados*, tanto de corto como de largo plazo. Preguntas como ¿se redujo la mortalidad infantil?; ¿se redujo el tiempo de desplazamiento vehicular en la ciudad?; ¿logró el municipio X unos niveles de crecimiento importantes de ingreso? El énfasis es brindar información para responder si las políticas consiguieron los objetivos buscados, así como los resultados e impactos esperados.

Estrategias de implementación utilizadas: por lo general, hay que evaluar las estrategias de implementación utilizadas teniendo en cuenta si estas fueron bien diseñadas, si están basadas en fundamentos plausibles, etc. O si, por el contrario, parten de un modelo causal que no refleja la realidad o intención buscada. Para ello es necesario dar respuesta a las preguntas ¿hasta qué punto son válidas o no las teorías, las premisas que sustentan (monitoreo) o sustentaron (evaluación) el diseño de la política o el programa implementado?, ¿los supuestos en los que se basó la implementación son (eran) correctos?, ¿plausibles?, etc. En cuanto al cumplimiento, la pregunta es ¿qué tanto de lo planeado fue obtenido?, ¿se ajusta la política al marco institucional del país?

Justicia: es importante evaluar la distribución de cargas y los beneficios entre los afectados o beneficiados que resulten de la acción. En efecto, toda intervención implica una decisión que trae consigo ganadores y perdedores. Las preguntas que se debían poder responder son: ¿quién gana y quién pierde? ¿son las proporciones de ganancia/pérdidas justas y/o "aceptables" (como quiera que sea definido este concepto)?, ¿es necesario/hay formas de garantizar una compensación para los perdedores?, etc.

Relación costo-beneficio: en toda evaluación de políticas públicas se debe responder a la pregunta ¿hasta qué punto los beneficios superan los costos? La pregunta para el monitoreo es ¿está siendo implementado el programa eficientemente?; ¿se hace una utilización inteligente de los recursos a disposición? En el caso de la evaluación, la pregunta es ¿fue implementado el programa eficientemente? o ¿se podrían hacer las cosas de manera distinta, de manera menos costosa y suficientemente satisfactoria?

Como afirma FEINSTEIN (2007,22), para medir la eficiencia o el costo-beneficio "lo importante es relacionar los logros con los medios empleados para alcanzarlos, y elaborar medidas que puedan compararse con las que se verifican en otros usos reales o potenciales del mismo monto y tipo de recursos". La mala relación costo-beneficio de una política pública atentaría contra su sostenibilidad y terminaría por deslegitimar el accionar público.

Externalidades o efectos secundarios: por último, pero no menos importante, es recomendable tener en cuenta que los proyectos, políticas o programas traen consigo externalidades o efectos secundarios no intencionados. Las preguntas por resolver entonces serían ¿cuáles son (monitoreo) o fueron (evaluación ex post) los efectos secundarios no intencionados de la política o del programa? ¿Superan (monitoreo) o superaron (evaluación) los efectos negativos no intencionados a los efectos positivos independientemente de si fueron o no intencionados?

Podría pensarse que la evaluación de una política pública solo debe ir enfocada a los objetivos planteados y a los resultados esperados. Sin embargo, omitir las externalidades o efectos secundarios o impactos inesperados podría llevar a concluir que el evaluador ha hecho una evaluación incompleta. Si los resultados arrojaron que la política resolvió otros problemas o asuntos con poca influencia en el problema público que se intentaba tratar, sin que haya sido suficientemente efectivo en la solución del problema que la motivó, se estaría evidenciando un mal diseño de la política o una mala implementación, lo que en principio debería conducir a su revisión, reforma o terminación; esto a pesar de si los resultados son favorables para solucionar otros problemas importantes.

En la práctica, los criterios de evaluación deben ser definidos de común acuerdo con el cliente y, en todo caso, deben ser definidos antes de iniciar la evaluación misma en unos términos de referencia (TOR) bien claros. La experiencia ha demostrado que la falta de claridad en ellos conlleva a ejercicios fallidos y frustrantes para las partes interesadas.

9.3.1.3 INDICADORES

Para facilitar las respuestas a las preguntas anteriores se puede analizar la intervención pública, sus logros y sus efectos o impactos a través del uso de indicadores, esto es, de expresiones cuantitativas y cualitativas que reflejan (o "indican" sobre) los esfuerzos y objetivos que se espera sean alcanzados y permitan evaluar el avance respecto a los objetivos buscados, así como de fenómenos que dan cuenta de una tendencia en una dirección específica positiva o negativa.

Mientras que los indicadores cuantitativos apelan al uso de números absolutos, porcentajes, tasas de crecimiento o decrecimiento, comparaciones de la línea base (si la hay) con las metas (si las hay) o los logros alcanzados, los indicadores cualitativos, los cuales responden al hecho de que, como decía Einstein, "no todo lo que cuenta se puede contar, ni todo lo que se puede contar cuenta", apelan a la verificación bien sea por vía de la simple observación o constatación de si se llevó o no a cabo una actividad planeada (indicador de tipo sí/no, p.ej. se reformó el Código Penal?), un efecto o un impacto dado, o a través de testimonios ofrecidos por involucrados sobre la forma como la política afectó el comportamiento organizacional, etc.

Si bien en muchos casos un indicador cualitativo es más ilustrativo que uno de tipo cuantitativo, es este último tipo de indicador el que termina imponiéndose y tomándose en cuenta en los debates y en los procesos de toma de decisiones, esto en razón a su relativa facilidad para comunicar y comprender. Por ello, a continuación describimos los cuatro tipos de indicadores cuantitativos más comúnmente utilizados y demandados:

Indicadores de gestión o insumo (o input): hacen referencia a los esfuerzos necesarios para que los objetivos y las metas fijadas (si las hay)[3] sean alcanza-

---

[3] El lector habrá notado que en varias ocasiones nos hemos referido a la "línea base" (conocida también como escenario inicial o en to) y a las "metas" agregando en paréntesis la expresión "si las hay". Esto obedece a que en Iberoamérica no es común encontrar información suficiente

das. Sin estos, difícilmente se pueden generar resultados en la dirección deseada; son por lo general utilizados en el ejercicio de monitoreo. Un ejemplo es el tiempo promedio de espera para acceder a un especialista de la salud, en el caso de que el problema que nos preocupa sea la mortalidad infantil. En efecto, primero tenemos que dar cuenta de si se está haciendo algo al respecto, si la administración está en efecto mejorando la prestación de servicios de salud, pues se trata de una condición *sine qua non* para aumentar la probabilidad de que se disminuya la mortalidad infantil. El énfasis aquí son las actividades, los gastos o inversiones realizadas, esto es, herramientas con las que se implementa la política, o como dice Roth, "los recursos, habilidades y personas que participan en la actividad". Igualmente, se cuenta dentro de los insumos los procesos que, de acuerdo con Roth (2004, 154), se refiere a "los métodos empleados para transformar los insumos políticos, económicos y de otra clase en productos o resultados" (2004, 154). Así, identificar los insumos utilizados para poner en marcha una acción y observar dicha acción puede dar cuenta de la eficiencia o de las causas que explican el fracaso de la política al relacionarlas con el cumplimiento de objetivos buscados.

Indicadores de producto (o de output): buscan dar cuenta de los logros intermedios alcanzados, aquellos que indican que el proyecto va por buen camino en el alcance de los objetivos buscados. De manera práctica, permiten medir la efectividad de la acción hasta el momento. Son usados, por lo general en el monitoreo o en evaluaciones intermedias durante el proceso de implementación. En el ejemplo de la mortalidad infantil, el indicador sería el porcentaje de niños menores de un año inmunizados contra las tres enfermedades más relevantes. Así, mientras que en el caso de los indicadores de *input* la pregunta es si estamos haciendo bien la atención a los pacientes o si estamos acelerando los procesos de atención, en el caso del *output* la pregunta tiene que ver con lo que se espera en términos de la cobertura, la cual se esperaría crecería gracias al programa implementado. El énfasis aquí es en lo que se espera resulte de la inversión inicial o el insumo (en recursos, en personal, en información o en procesos)

Indicadores de resultado (outcome): hacen relación a los fines últimos buscados por la política, los resultados esperados, es decir, las consecuen-

---

que permita establecer las líneas bases de un gran número de problemas y que, por ende, las metas o bien están ausentes o son poco confiables y en ocasiones no deben ser utilizadas como referentes.

cias esperadas de la acción. Esto debe ser contrastado con los objetivos y preocupaciones plasmadas desde un principio, lo que inspiró el diseño de la política. Un ejemplo es la tasa de mortalidad infantil, la cual esperaríamos se reduzca como consecuencia de la implementación de la política

Indicadores de impacto (impact): estos indicadores hacen referencia a las consecuencias no intencionadas de la implementación de la política pública. A estos últimos se les denomina también "externalidades" o efectos secundarios, analizados en párrafos anteriores. En nuestro ejemplo, se espera una disminución en el tiempo de espera, gracias a lo cual se esperaría un aumento de la cobertura, y gracias a lo cual se espera se hubiere reducido el número de niños muertos en el país. Lo que no podemos impedir que suceda, así lo queramos evitar, es el aumento poblacional, por ejemplo. En este caso, el aumento poblacional no es un propósito de la política en cuestión sino una consecuencia no buscada o impacto de la intervención.

Si bien hay una tendencia explícita por hacer evaluaciones de impacto en Iberoamérica, rara vez se encuentra la información necesaria para ello, en particular de conocimiento sobre la línea base o información coyuntural que dé cuenta de la situación previa a la implementación de la política.

Es por lo anterior que, como se dijo, el diseño de los planes de monitoreo y evaluación ex –ante a la implementación de la política es de gran importancia, pues una vez realizado un esquema de evaluación, durante la implementación se podrán tener en cuenta los aspectos necesarios para realizar una buena evaluación. Es posible que la información sea mejor recopilada y resguardada, lo que facilita el proceso investigativo.

RECUADRO: SEGUIMIENTO A LAS METAS DE LA CONCERTACIÓN NACIONAL PARA EL DESARROLLO PANAMÁ 2025

A partir de una imagen o escenario deseado, a la cual están asociados algunos objetivos y algunas metas, se definen indicadores de gestión, producto e impacto. La evaluación parte de la identificación de la línea base, es decir, del estado actual de la situación, y unos indicadores sobre los cuales se haría el seguimiento a diferentes cortes temporales, de manera periódica con el monitoreo, y al final de la operación en la evaluación de resultados. Cada meta tendría un set de indicadores asociado. Igualmente, cada meta tendría un responsable, el cual daría cuenta del grado de cumplimiento o distancia al respecto de los objetivos buscados. El Cuadro 31 ilustra el ejemplo en cuestión.

CUADRO 31: SEGUIMIENTO A LAS METAS DE LA
CONCERTACIÓN NACIONAL PARA EL DESARROLLO
PANAMÁ 2025

n.º	Indicadores	Línea de base		Meta 2010	Meta 2015	Meta 2025	Responsable
	Propuesta de metas según concertación nacional - Panamá 2025						
I	Crecimiento						
1	Ingreso por habitante	2007	4.000 USD		7.000 USD	12.000 USD	Ministerio Economía y Finanzas
2	Tasa de crecimiento	2000	5%	5%	5%	5%	Ministerio Economía y Finanzas
II	Bienestar						
3	Tasa de desempleo	2000-2004	13.60%		4%		Ministerio de Trabajo y Desarrollo Laboral
III	Salud						
4	Esperanza de vida hombres - mujeres	2005	74-78				Ministerio de Salud
IV	Educación						
5	Cobertura preescolar				70%	90%	Ministerio de Educación
6	Cobertura secundaria				80%	100%	Ministerio de Educación
7	Cobertura educación superior				65%	90%	Ministerio de Educación
V	Modernización						
8	Promedio Accountability y Política IDD-AL	2006	5.05			10	Ministerio de Gobierno y Justicia
9	Percepción de la corrupción Transparency International	2007	3.2			10	Ministerio de Gobierno y Justicia

Elaborado por los autores.

9.3.2 ¿CÓMO SE EVALÚA?

Mientras que el diseño de los ejercicios de monitoreo depende en gran medida de las características de los programas a los que se desea hacer seguimiento, el de las evaluaciones responde a prácticas un poco más estandarizadas. Por lo general, la evaluación implica la realización de ejercicios relativamente más complejos, que requieren el uso de habilidades y herramientas más escasas en el mercado de la asesoría y la consultoría.

En efecto, por lo general las evaluaciones buscan responder a las preguntas ¿cuáles son los efectos atribuibles a la política pública implementada?, ¿hasta qué punto la situación actual responde a factores ajenos o distintos a la política implementada? En efecto se trata de preguntas difíciles de responder.

Sin embargo, creemos que la evaluación es un ejercicio de fácil aprendizaje, en donde, como se dice coloquialmente, "la práctica hace al maestro". A continuación nos referimos a este reto de manera introductoria, pues sobre ello hay libros enteros que no pretendemos sustituir aquí.

Para empezar, es de aclarar que la evaluación se suele realizar a través de un ejercicio de filtro, en el que se debe buscar eliminar las hipótesis rivales, esto es, las causas que podrían explicar la realidad y que son distintas a la política pública estudiada. Por ejemplo, para saber si la política de fomento a las exportaciones es la causa del ingreso de las empresas, tendríamos que estar seguros de que dicha mejoría no se debió a otras causas, tales como la revaluación del dólar, del euro o del yen. Así, si alguna hipótesis rival no es eliminada, o su eliminación no es convincente, es posible entonces que el efecto de la política sea menor al proyectado o reportado. Más adelante se tratará a profundidad este aspecto.

Por lo general, toda evaluación de impacto de la política pública conlleva la comparación entre escenarios: antes versus después de la implementación; la condición de los beneficiarios versus aquella de los no beneficiarios; y la comparación de los objetivos versus los logros. Dichos ejercicios implican contrastar situaciones o grupos comparables para determinar el efecto específico de la política. En parte, la decisión de qué tipo de análisis hacer depende de la disponibilidad de la información necesaria y de los propósitos del ejercicio.

9.3.2.1 AMENAZAS A LA VALIDEZ DE LAS CONCLUSIONES

Ahora bien, hay varios factores que pueden conducir a caer en falacias, en sesgos y en malos ejercicios de evaluación. Para evitar que la evaluación sea inválida por concluir lo que no se debe concluir, hay que "blindarla" de las siguientes "amenazas" a la validez:

El efecto de la historia para explicar el presente. Si hacemos una evaluación antes de implementar la política pública y hacemos una evaluación después de implementarla, y concluimos que la situación actual es mucho mejor que la anterior gracias al programa, podríamos estar cayendo en el error de estar ignorando otros factores que podrían haber explicado ese desempeño de una mejor manera. Muchas veces este es resultado del hecho de que las condiciones se mejoran (o empeoran) más por una razón de tendencia macro o global que por una razón de intervención específica del Estado. Por ejemplo, el aumento (o disminución) del PIB de Panamá, país por el que pasa un gran flujo comercial gracias a su canal interoceánico, puede deberse más al progresivo avance (o retroceso) económico de ciertos países que por políticas públicas implementadas.

Maduración. Algo parecido sucede con el concepto de maduración. Este tiene que ver con que los individuos estudiados o analizados pudieron haber mejorado su desempeño a través del tiempo independientemente de la política pública; simple y llanamente porque ha "madurado". Un ejemplo típico y fácil de entender es cuando se utilizan niños en una política y después como objetos de estudio, en el cual probablemente los niños que se beneficiaron de un programa de mejoramiento de la calidad de la educación se desempeñan mejor hoy en día, más porque ellos maduraron, que porque la política haya sido realmente la causante del mejor desempeño.

Inestabilidad. A veces los fenómenos tienen un comportamiento cíclico, e ignorarlo podría conducir a interpretar erradamente el efecto (positivo o negativo) de la política pública implementada. De manera que si se mide el impacto de la política pública cuando era de esperarse que, independientemente de ello, habría un deterioro o mejoría de las condiciones, de nuevo se estaría ignorando una característica típica del problema (la inestabilidad) y concluyendo erróneamente que la política (no) fue exitosa en realidad. Puede ser que la situación hubiese sido aun peor (o mejor) de no haber existido la política; por esta razón no se estaría en lo cierto si se concluye que la política (no) tuvo impactos positivos.

Mala instrumentación o testeo. Esto incluye un mal diseño de las encuestas aplicadas, una mala aplicación de las mismas, una mala administración o interpretación de los datos recogidos, etc.

Mortalidad estadística. Esto sucede cuando no se cuenta con la información de un número aceptable de beneficiados y/o de no beneficiados, ya sea porque se han mudado o no quieren colaborar con el estudio, lo que impide (o mejor, sería incorrecto) sacar conclusiones generalizables.

Mala selección de la muestra. Cuando se hace el análisis del impacto de una política pública y se escoge solo a los beneficiados para hacer la evaluación, se estaría sesgando el análisis al no considerar grupos de control. Igual sucede cuando se usa un grupo de control radicalmente distinto al grupo de tratamiento, o cuando la muestra no es representativa del universo poblacional.

Incorporación de casos extremos o "outlayers". Cuando se incluyen en el análisis casos excepcionales, esto es, casos que se ubican bien sea en la frontera superior de la dispersión estadística o en la frontera inferior de la misma, lejos de la mayoría de casos se obtienen promedios que, de no ser corregidos, no son representativos del universo estadístico. Aquí el error puede ser tanto de dirección (positivo o negativo) como de tamaño.

Lo anterior conduce a hacer generalización de conclusiones no generalizables y que en ocasiones se basan y conducen a interpretaciones espurias, esto es, a atribuir (o ignorar) efectos que no son (o son) los que realmente explican la situación bajo estudio.

9.3.2.2 MÉTODOS DE EVALUACIÓN

Para evaluar, se utilizan métodos que pueden ser tanto cualitativos como cuantitativos o mixtos. Los métodos cualitativos incluyen la observación etnográfica, los estudios de caso o el uso de paneles de expertos. Los métodos cuantitativos incluyen regresiones multivariadas, el uso de grupos de control (es decir, el uso de grupos o de personas que pudiendo haber sido beneficiadas por el programa no lo fueron por alguna razón y que nos interesa para hacer comparaciones para constatar si hay algún impacto atribuible a la política pública), y el *benchmarking*. Los métodos cuantitativos son particularmente (pero no exclusivamente) útiles para los análisis antes versus después, las comparaciones entre beneficiarios y no beneficiarios, o la comparación entre objetivos versus logros.

Ahora ¿cómo saber qué métodos utilizar? Todo dependerá de dos factores: las características de la información disponible, y el grado de generalización que queramos hacer con base en los resultados de nuestra indagación.

Así, si se quieren encontrar resultados generalizables, pero no se cuenta con información secundaria, se pueden hacer entonces juegos operacionales o simulaciones, encuestas, estudios de área, experimentos, cuasi-experimentos y análisis de decisión. Si, por el contrario, se cuenta con información tratada, entonces se hacen meta-análisis, econometría, modelación económica, análisis de series de tiempo, análisis de costo beneficio, entre otros.

Si no se quieren hacer generalizaciones sino obtener conclusiones basadas en resultados puntuales, focales, muy específicos a la situación particular y no se cuenta con información secundaria se pueden hacer entonces entrevistas, estudios de caso, aplicar metodología Q, usar tablas de repertorio, estudios etnográficos, análisis Delphi, etc. Y si afortunadamente se tiene información secundaria, producida y sistematizada por otros, se podría hacer análisis narrativo, análisis del discurso, simulaciones experimentales, *synectics*, la construcción de analogías personales directas metafóricas e imaginarias, estudios de caso, etc. Una breve descripción de encuentra en el apéndice de este *Manual*.

Con lo anterior en perspectiva, el Gráfico 36, antes discutido, ilustra la ubicación aproximada de algunos de los métodos utilizados en la evaluación de políticas públicas, según el espectro analiado:

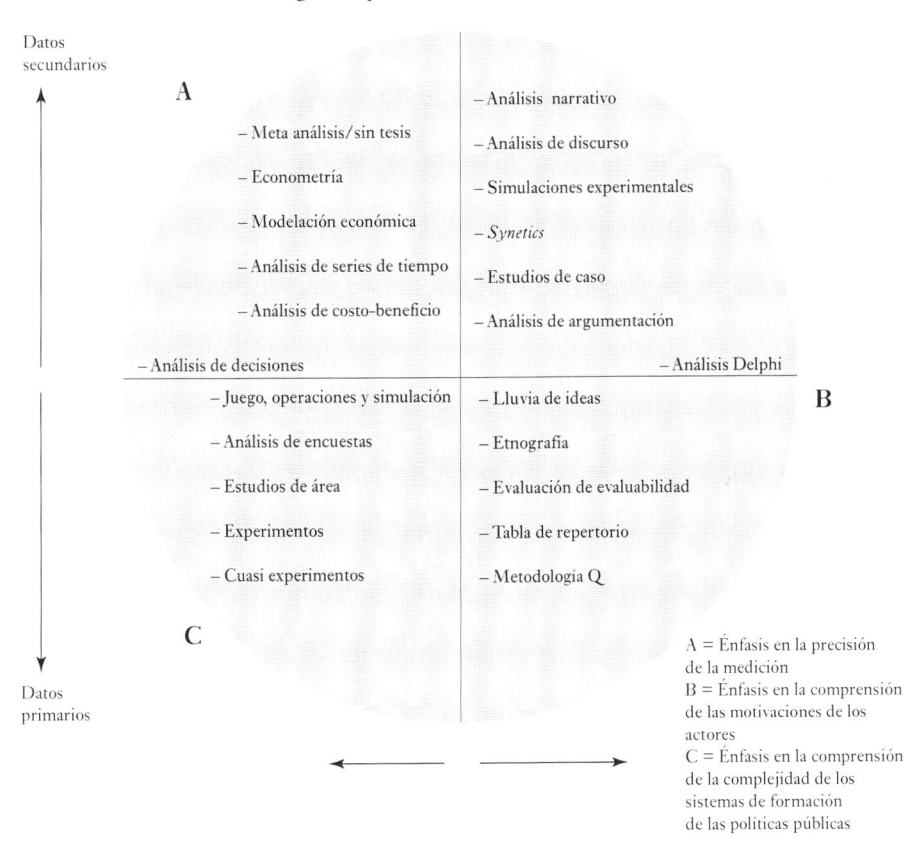

GRÁFICO 36: ¿QUÉ MÉTODOS UTILIZAR?

Datos secundarios

A
- Meta análisis/sin tesis
- Econometría
- Modelación económica
- Análisis de series de tiempo
- Análisis de costo-beneficio
- Análisis de decisiones

- Análisis narrativo
- Análisis de discurso
- Simulaciones experimentales
- *Synetics*
- Estudios de caso
- Análisis de argumentación
- Análisis Delphi

B
- Juego, operaciones y simulación
- Análisis de encuestas
- Estudios de área
- Experimentos
- Cuasi experimentos

- Lluvia de ideas
- Etnografía
- Evaluación de evaluabilidad
- Tabla de repertorio
- Metodología Q

C

Datos primarios

A = Énfasis en la precisión de la medición
B = Énfasis en la comprensión de las motivaciones de los actores
C = Énfasis en la comprensión de la complejidad de los sistemas de formación de las políticas públicas

Adaptado de DUNN (2004)

Los métodos del cuadrante A hacen énfasis en la precisión de la medición, esto es, si se utilizan estos métodos se debe ser muy estricto metodológicamente hablando. Si utilizamos los del cuadrante B es porque queremos hacer énfasis en la comprensión de las motivaciones de los actores. Por último, si queremos hacer énfasis en la compresión de la complejidad de los sistemas de formación de las políticas públicas, haríamos uso de los métodos del cuadrante C.

Por otra parte, en la selección de los métodos se debe tener en cuenta tanto su importancia como su plausibilidad. Para el primer aspecto, los factores esenciales serán la relevancia (¿permite el método responder efectivamente a las preguntas relevantes de evaluación?); la comprehensibilidad (¿permite el método usado responder a múltiples objetivos?); flexibilidad (que se refiere a la adaptabilidad ante cambios de estrategia o a la aparición de nuevas inquietudes); exhaustividad (que contempla la posibilidad de incorporar externalidades) y, finalmente, robustez (¿puede el método asegurar causalidad y atribución?).

En el caso de la plausibilidad, los aspectos para tener en cuenta se remiten a preguntarse si el o los métodos utilizados son apropiados según los siguientes criterios: amigabilidad (¿es fácil de implementar –por el evaluador– y de comprender –por los demás–?); disponibilidad de información (¿hay información suficiente para implementarlo?); naturaleza de la información (¿se ajusta al tipo de información disponible?); disponibilidad de capacidades y conocimiento (¿se cuenta con las capacidades y conocimientos necesarios para soportarlo?); costos (¿cuánto vale implementarlo?); tiempo (¿cuánto tiempo tomaría implementarlo con los recursos disponibles?); aceptabilidad (¿es ética y profesionalmente aceptable?).

El Cuadro 32 sintetiza las características, fortalezas y debilidades de los métodos más comunes para realizar una evaluación de políticas públicas:

CUADRO 32: MÉTODOS DE EVALUACIÓN EX-POST MÁS COMUNES

Método	Características	Fortalezas	Debilidades
Juicio de expertos	Se basa en la experiencia nacional e internacional para evaluar	- Brinda legitimidad - "Barato" - Formativo	- Alto riesgo de sesgo
Estudio de caso	Exploración y explicación de las razones detrás de los hechos	- Ilustrativo	- Costoso - Riesgo de interpretaciones sesgadas
Análisis Costo-Beneficio	Evaluación de los pros y los contras de las intervenciones	- Persuasivo	- Contestable - Inútil para aspectos no comparables o no medibles.

Método	Características	Fortalezas	Debilidades
Encuestas	Investigación acerca de perfiles, actuación, preferencias y percepción de actores relevantes	- Informativo	- Costoso - Baja tasa de respuesta
Análisis econométrico	Descripción y inferencia de las características y determinantes e impactos vía estimaciones paramétricas	- Basado en evidencia empírica - Persuasiva	- Disponibilidad de los datos - Los supuestos pueden ser refutados
Benchmarking	Comparaciones con referentes	- Contextual - Ilustrativo	- Disponibilidad de los datos - Plausibilidad de las comparaciones

Elaborado por los autores.

Como ya se dijo, el principal reto analítico en esta etapa consiste en responder a las preguntas ¿cuáles son los resultados atribuibles a la política implementada?, ¿cómo sabemos que los resultados obtenidos son atribuibles a la política implementada y no a otros factores?, ¿hasta qué punto la situación actual responde a factores ajenos a la política implementada? El propósito de responder a esas preguntas es dilucidar qué es lo que podemos (y no podemos) atribuir a la política en términos de su efecto.

Para esto, típicamente se realiza un ejercicio de filtro, en el que se van eliminando hipótesis rivales que, como se dijo arriba, podrían explicar la realidad y que son ajenas a la política pública evaluada. Así, si después de someter a prueba dichas hipótesis rivales se encuentra que el único causante de la realidad es la política pública, entonces podemos, confiadamente, hacer atribuciones sobre el papel específico atribuible a la misma. De lo contrario, concluir sobre un rol no comprobado (en cualquier dirección, positiva o negativa) podría conducir a manipulaciones indebidas de la opinión. Por ello, es importante adoptar en la conducción de dichos ejercicios una posición incrédula, objetiva y escéptica, antes de concluir inequívocamente si la política tuvo o no un rol específico en la dirección o dimensión indicada (positiva o negativa) en la situación bajo estudio.

De allí la importancia de hacer un ejercicio juicioso y parsimonioso. Una manera robusta de identificar los impactos específicos derivados de la política es hacer comparaciones usando grupos de control, esto es, grupos de personas, empresas, comunidades, etc., que por alguna razón del azar no fueron objeto (i.e. beneficiados) de la política y que se parecen en todos los factores relevantes a los grupos de tratamiento, es decir, de los beneficiados por la política. Si, además, podemos hacer evaluaciones de escenarios antes versus después de la implementación, tanto mejor.

Para ilustrar su virtud, consideremos el siguiente ejemplo: supongamos que tenemos dos grupos, uno compuesto por personas beneficiadas por la política (grupo de tratamiento), y otro por personas no beneficiadas (grupo de control). Igualmente, supongamos que conocemos para ambos grupos una situación ex ante y una situación ex post de la implementación de la política. Si resulta que el desempeño ex post mejoró en el tiempo para los beneficiarios más de lo que sucedió para los no beneficiarios (pero que por sus características hubiesen podido ser beneficiarios), entonces diríamos que el programa fue exitoso, ¿por qué?, porque si decimos que los dos grupos son comparables podríamos decir que fue gracias al programa, particularmente, y no a otras causas, que la situación de los beneficiarios hoy es mejor.

Nótese que solo conociendo las características de los grupos evaluados o analizados, y constatando su similitud, podríamos confiadamente concluir sobre el impacto de la política. En caso de encontrar un impacto positivo entre los beneficiarios en razón única y exclusivamente de la política (es decir, todas las demás explicaciones rivales han sido "controladas" y descartadas o probadas insignificantes), podríamos entonces concluir que el impacto agregado sobre la población hubiese sido mucho mayor si los no beneficiados hubiesen sido beneficiados, lo que daría cuenta de un costo de oportunidad.

Igualmente, podríamos calcular qué hubiese pasado si quien participó no hubiese participado. Para encontrar grupos de control comparables, debemos calcular el grado de probabilidad de participación de cada individuo en el programa en cuestión. El grupo de control debería tener la misma probabilidad de ser beneficiado que los que fueron realmente beneficiados, pues no sería adecuado comparar aquellos que participaron con aquellos que nunca siquiera solicitaron el beneficio del Estado, pues se trata de dos grupos de individuos muy distintos. De manera que tenemos que simular la elegibilidad de aquellos que no participaron, con miras a hacer las comparaciones en el desempeño de estos dos tipos de grupos. Esto se puede hacer con econometría.

FEINSTEIN ejemplifica muy bien el uso de grupos de control. El Cuadro 33 lo ilustra:

> Tomemos un caso donde la variable medida sea el ingreso medio de un grupo antes de un proyecto de microcrédito.

CUADRO 33: MÉTODO DE DIFERENCIAS
EN DIFERENCIAS

	Con intervención	Sin intervención
Antes	100	100
Después	100	80

Nota: Unidad monetaria $. Adaptado Feinstein (mayo-junio 2007, 24)

En este ejemplo, si se comparara la situación antes y después de quienes fueron objeto de la intervención, se observaría que no hubo cambio en el ingreso y esto podría ser interpretado como un fracaso del proyecto. Sin embargo, la comparación con el grupo de control muestra que, de no haber sido por el proyecto, los ingresos hubieran caído en un 20%, pasando de 100 a 80 unidades monetarias. Una situación simétrica se presentaría si los ingresos del grupo bajo el proyecto aumentan en un 20% en tanto que los ingresos de la población fuera del proyecto tienen un incremento de ingresos del 40%, en cuyo caso lo que parece un éxito sería en realidad un fracaso (Feinstein, mayo-junio 2007, 24).

El evaluador debe evitar caer en falacias, en sesgos y en malos ejercicios de evaluación, lo que puede ser evitado al utilizar este *modelo cuasi-experimental* con aplicación de grupos de control. Debe procurar despejar todas las posibles causas que podrían explicar la situación analizada para así poder concluir de manera inequívoca al respecto de lo que es atribuible (y lo que no) de manera exclusiva a la política o programa implementado. Se debe, como dirían los estadísticos, "controlar" las causas (o explicaciones) rivales; evitar "sucumbir" ante la tentación de atribuirle a la política logros (o fracasos) que no (o son) de suyo. Se debe, con alto grado de escepticismo, concluir al respecto del efecto de la política solamente cuando se esté seguro, sin duda rondante, al respecto de lo que es atribuirle.

9.3.3 ¿QUIÉN REALIZA LA EVALUACIÓN?

Existen tres modalidades de evaluación según los agentes que participan en ella: la evaluación externa, la evaluación mixta y la evaluación interna.

Como bien se puede deducir, la evaluación externa es aquella realizada por expertos externos a la entidad y al programa o política que se pretende evaluar. Como lo afirma Roth, otra manera de evaluación externa "consiste en la realización de la evaluación por especialistas de la misma administración cuya función es el seguimiento y control de la actividad de la administración – por ejemplo, oficina de planeación, control interno, contraloría–" (2004, 159).

Se asume que los practicantes de esta modalidad realizar ejercicios objetivos cuyos juicios de valor no están afectados por intereses personales. Ello, a la hora de evaluar, es sin duda una ventaja. Sin embargo, al ser independiente del proceso de implementación de la política, los evaluadores pueden pasar por alto algunos aspectos importantes que solo pueden ser identificados al estar próximos a su ejecución.

Debido a este limitante, realizar una evaluación mixta o pluralista, conformada por uno o varios equipos que reúnen tanto expertos externos como implementadores de la política y beneficiarios, puede ser una opción más deseable. Los problemas que se derivan de dichos ejercicios son los altos costos de transacción y coordinación entre miembros de diversos intereses y ritmos de trabajo.

Por último, tenemos la evaluación interna o autoevaluación, en la que participan ejecutores y/o beneficiarios de la política, por lo general para dar seguimiento a la política e identificar buenas prácticas realizadas. Las desventajas de esta modalidad radican en que los juicios de los practicantes pueden verse influenciados por intereses personales, sesgando así las conclusiones y recomendaciones.

El Cuadro 34 relaciona los tres tipos de evaluación con las características de los evaluadores, las ventajas y desventajas discutidas.

CUADRO 34: TIPOS DE EVALUACIÓN

Tipo de evaluación	Participantes	Objetivos principales	Ventajas	Desventajas
Externa	Expertos externos a la entidad, consultores y/o personal especializado perteneciente a la entidad con funciones de control interno.	Diagnósticos, "objetivos", auditoría, control de gestión, seguimiento, resultado e impacto.	Los evaluadores pueden obrar de manera independiente y objetiva.	Los evaluadores pueden omitir aspectos claves propios del programa o la política
Mixta (pluralista, múltiple)	Expertos externos, ejecutores y beneficiarios / usuarios	Mejorar la acción mediante procesos de diálogo y de aprendizaje colectivo	Permite tener en cuenta múltiples perspectivas	Puede acarrear altos costos de transacción (diversidad de prioridades e intereses)

Tipo de evaluación	Participantes	Objetivos principales	Ventajas	Desventajas
Interna (autoevaluación)	Ejecutores y beneficiarios / usuarios	Aprendizaje colectivo y auto-planeación, participación	Permite tener en cuenta aspectos intrínsecos del programa y aprender de la evaluación	La evaluación puede conducir a conclusiones sesgadas

Adaptado de Roth (2004, 160)

A modo de recomendación, para realizar una evaluación es conveniente que los participantes sean de variada índole, perfil, rol e intereses, involucrando tanto ejecutores como actores de diversas organizaciones y jurisdicciones vinculadas directa o indirectamente con la iniciativa que se evalúa, beneficiarios o usuarios y expertos externos con independencia y ojo crítico, de tal manera que se puedan tener en cuenta múltiples perspectivas y se asegure su uso con el mayor provecho posible.

9.3.4 ¿CUÁNDO SE DEBE EVALUAR?

Por supuesto el tipo de evaluación por realizar va depender del momento en que se haga. En este sentido nos remitimos a párrafos anteriores en donde se identificaron tres tipos de evaluación: evaluación ex-ante, evaluación de procesos o monitoreo y evaluación ex-post de resultados e impacto. En cuanto a los últimos dos tipos, los momentos en que se deban practicar dependerá de las características mismas de política en cuestión. Así, por ejemplo, mientras que una política de salud compuesta por programas de vacunación infantil se puede evaluar anualmente, la de competitividad solo se podrá evaluar una vez pasado un tiempo prudencial (no menos de cinco años). A este respecto es recomendable identificar los hitos históricos más importantes que servirían de guía para la realización de los ejercicios evaluativos, y realizar con ellos una matriz Gantt, o un cronograma de evaluación parecido al cronograma de implementación antes discutido, de tal forma que sea claro en qué momento de la ejecución de la política se aplicarán tanto el monitoreo como la evaluación ex-post de resultados e impacto.

9.3.5. ¿DÓNDE SE EVALÚA?

Es impreciso identificar los lugares donde se deban practicar los ejercicios evaluativos, pues ello típicamente involucra un proceso investigativo en donde los desplazamientos geográficos son esenciales. Dicho lo anterior, es clave identificar los lugares a los que los evaluadores se deben dirigir para recopilar la información pertinente. El desplazamiento de los evaluadores va a depender del método que se utiliza para evaluar. Por ejemplo, si se realizan encuestas o entrevistas, por lo general, los evaluadores se deben desplazar a los lugares donde se encuentra las personas a entrevistar o los beneficiarios y no beneficiarios de la intervención, los administradores, la opinión de interés, etc. Si bien las tecnologías de la información y las comunicaciones han facilitado estos procesos, siempre quedan vacíos que solo se pueden llenar con trabajo de campo.

9.4 CONCLUSIONES

El monitoreo y la evaluación son ejercicios esenciales del ciclo de una política pública. Su planeación permite revisar la estructura del problema, identificar la idoneidad de las alternativas a implementar recomendadas, orientar el proceso de implementación, y asegurar el recabo de información necesaria para facilitar la retroalimentación y la toma de decisiones ilustradas al respecto de qué modificar o no de la política, en búsqueda de solucionar los problemas o mitigar los daños derivados de su existencia.

Tanto el plan de monitoreo como el de evaluación deben contener una descripción de los objetivos de la política, las estrategias (políticas públicas) para lograr dichos objetivos, las actividades más importantes, los indicadores de insumo, de producto, de resultado y de impacto. Una identificación de las fuentes de información para su elaboración y unos responsables. Todo esto puede hacerse con la ayuda de una matriz y de un cronograma en el que se identifiquen los hitos más importantes de la política y los procesos evaluativos correspondientes. Si es posible agregar una estimación creíble de los costos que conllevaría adelantar dichos ejercicios, tanto mejor.

BASE DE DATOS PARA LA UBICACIÓN DE EVALUACIONES DE POLÍTICAS PÚBLICAS

Entidades

American Evaluation Association (AEA)
   http://www.eval.org/

African Evaluation Society (AfrEA)
   http://www.afrea.org/

Australasian Evaluation Society (AES)
   http://www.aes.asn.au/

Canadian Evaluation Society (Société canadienne d'évaluation, CES/SCE)
   http://www.evaluationcanada.ca

Israeli Association for Program Evaluation (IAPE)
   http://www.iape.org.il/

Sociedad Española de Evaluación de Políticas Públicas
   http://www.sociedadevaluacion.org

Agencia de Evaluación y Calidad
   http://www.aeval.es/es/index.html

Organismos de control

Fiscalía General de la Nación
   www.fiscalia.gov.co

Contraloría General de la República
   www.contraloriagen.gov.co

Procuraduría General de la Nación
   www.procuraduria.gov.co

Páginas web de las entidades ejecutoras de políticas públicas

Colciencias. (Base de Datos)
   www.colciencias.gov.co

Banco Mundial
   www.worldbank.org

Fondo Monetario Internacional
   www.imf.org

Banco Interamericano de Desarrollo
www.iadb.org

Corporación Andina de Fomento
www.caf.com

Ford Foundation
www.fordfound.org

Carter Foundation
www.carterfoundation.org

Consejo Nacional de Evaluación de la Política de Desarrollo Social (México)
http://www.coneval.gob.mx/coneval2/

Journals

Policy Studies Journal
http://www.blackwellpublishing.com/journal.asp?ref=0190-292X

Public Administration Review
http://www.blackwellpublishing.com/journal.asp?ref=0033-3352&site=1

Journal of Public Administration Research and Theory
http://jpart.oxfordjournals.org/

Journal of Public Policy
http://journals.cambridge.org/action/displayJournal?jid=PUP

Journal of Environmental Economics Management
http://www.aere.org/journal/index.html

Educational Journal
http://www.fed.cuhk.edu.hk/en/ej/intro.htm

American Journal of Public Health
http://www.ajph.org/

The Institute of Transport Management
http://www.itmworld.com/transport_journal_listing.php

American Communication Journal
    http://acjournal.org/

Journal of Sports Sciences and Medicine
    www.jssm.org

Security Journal
    http://www.palgrave-journals.com/sj/journal/v21/n1/index.html

Government and public Sector Journal
    http://www.gpsj.co.uk/

Berkley Journal of Employment and Labor Law
    www.bjell.org

Research Policy
    http://www.sciencedirect.com/science/journal/00487333

9.5 TAREAS Y TALLERES

1. Identifique y defina entre tres y cuatro criterios, en su concepto los más relevantes, para conducir la evaluación de una política pública.

2. Construya dos indicadores de gestión o insumo, de producto, de resultado y de impacto que darían cuenta tanto del proceso de implementación (monitoreo) como del éxito (evaluación) de las políticas/programas.

3. Realice un plan de monitoreo y uno de evaluación en la política pública de su interés.

10. COMUNICACIÓN EFECTIVA DEL ANÁLISIS DE POLÍTICAS PÚBLICAS

Uno de los principales retos de quien hace ejercicios analíticos como los que se desarrollan en este *Manual*, además de ser "objetivo" y riguroso, es el de saber "vender" el producto fruto del análisis de las políticas públicas. La pregunta que surge, entonces, es ¿cómo hago para que mi trabajo sea utilizado? Y es precisamente aquí donde el analista puede sufrir una gran decepción. La razón por la cual se hace semejante trabajo es aportar una solución efectiva a los problemas públicos que la inspiran, y muchas veces al no trasmitir bien la información el trabajo puede perderse y no ser tenido en cuenta.

De allí que, además de ser un buen redactor de documentos técnicos, el analista debe ser un buen comunicador, debe ser una persona capaz de convencer, de persuadir, de hacerse tener en cuenta. Muchas veces los analistas carecen de esas habilidades; son buenos elaboradores de estudios, pero muy malos vendedores de su producto analítico. Es cierto que el uso o no del producto analítico depende, en gran medida, de la voluntad del cliente, pero en muchos casos dicha voluntad puede ser alterada por el analista cuando le presenta la información, de manera tal que no represente mayor dificultad y se sienta atraído a leerla.

En el siguiente capítulo se discute la importancia de propender por una comunicación adecuada por parte del analista, ya sea escrita u oral, en el proceso de análisis de las políticas públicas. Igualmente, se pretende ofrecer al lector recomendaciones útiles a la hora de presentar al cliente o tomador de decisión (*PolicyMaker*) las conclusiones del análisis de las políticas públicas que ha elaborado de manera juiciosa.

Estas recomendaciones tienen como fin que el analista presente su análisis de forma clara, impactante y persuasiva; de tal manera que el cliente, el auditorio o el lector se interesen por profundizar en las líneas de acción que este ofrece para solucionar un determinado problema. En efecto, el analista no debe olvidar que hasta el mejor de los análisis resulta irrelevante si no se comunica de manera comprensible y persuasiva. Querámoslo o no, de factores tan "simples" como la forma depende el impacto del análisis.

En ocasiones, los potenciales lectores ignoran que el análisis de las políticas públicas es un proceso en el cual no solo se evalúan datos, testimonios, referencias y antecedentes sobre problemas públicos de manera dinámica; también en él se comunica información relevante para la toma de decisiones más acertada o, incluso, como argumenta Shurlock (1999), para elevar el nivel del debate.

Para William Dunn (2004), en su libro *Public Policy Analysis: An Introduction*, la comunicación del conocimiento relevante, producto del análisis de las políticas públicas, puede entenderse como un proceso circular que consta de cuatro etapas. La primera de ellas, está relacionada con la información hallada durante el desarrollo del análisis de las políticas públicas, la segunda, con la producción de materiales y documentos, un tercer momento centrado en la comunicación de dichos materiales y, finalmente, una cuarta etapa, en la cual los tomadores de decisión hacen uso de la información suministrada por el analista.

En efecto, un analista comienza su análisis porque existe un requerimiento, explícito o no, de información acerca de cómo solucionar un problema. Para responder a este requerimiento el analista consulta y evalúa información crítica alrededor del posible problema, por ejemplo, acerca de su magnitud, sus consecuencias y las acciones necesarias para darle solución.

Para comunicar esta información el analista crea diferentes documentos escritos como, por ejemplo, memorandos, reportes, resúmenes ejecutivos, comunicados de prensa, entre otros. Así mismo, por medio de presentaciones orales el analista da a conocer sus hallazgos. El propósito de desarrollar documentos escritos y realizar presentaciones orales es aumentar las posibilidades de que los tomadores de decisión usen el conocimiento allí expuesto, para formular e implementar políticas públicas (DUNN, 2004, 431).

La siguiente Gráfica ilustra las etapas del proceso de comunicación de las políticas públicas que antes se expuso.

La línea punteada indica que el analista no tiene influencia directa sobre el uso de la información por parte de los dolientes del problema. Por el contrario, las otras líneas ilustran, por un lado, que el analista influye directamente sobre la fiabilidad y validez de sus conclusiones y recomendaciones. Por el otro, que el analista decide sobre la forma, los contenidos y la pertinencia de los documentos escritos y las presentaciones orales

Para lograr comunicar la información y el conocimiento generado durante el proceso del análisis de las políticas públicas de forma efectiva es necesario desarrollar y cultivar una serie de habilidades, las cuales se ilustran en el Gráfico 37 y se exponen a continuación.

GRÁFICO 37: HABILIDADES NECESARIAS DEL ANALISTA DE POLÍTICAS PÚBLICAS

Proceso de la comunicación del análisis de políticas públicas

- Conocimiento acerca de: el problema y cursos de acción
- Análisis de políticas públicas
- Elaboración de documentos
- Dolientes del problema: Establecer la agenda pública, Formular políticas, Implementar políticas, Evaluar políticas
- Analista de política
- Clases de documentos: Memos reportes, Resúmenes ejecutivos, Comunicados de prensa
- Uso del conocimiento
- Comunicación
- Presentaciones orales: Conversaciones conferencias reuniones

Adaptado de Dunn (2004).

10.1 HABILIDADES PARA LA COMUNICACIÓN DEL ANÁLISIS DE POLÍTICAS PÚBLICAS

De manera general, el analista debe trasmitir la información relevante de su análisis de forma clara, es decir, de manera simple, concisa y precisa, al igual que demostrar un excelente conocimiento acerca del problema y de la información que existe sobre este. Debe usar un lenguaje familiar para el tomador de decisión, lo que requiere haber investigado previamente sobre los intereses y motivaciones de este último.

Entre las destrezas más relevantes se encuentran:

Síntesis: el analista de las políticas públicas trabaja con abundante información que recolecta en la medida que estudia y examina informes previos relacionados con el problema, periódicos, artículos académicos, entrevistas con diferentes dolientes, bases de datos primarios y secundarios, leyes, entre otros. Toda esta información debe ser sintetizada en diferentes documentos no muy extensos. Por ejemplo, los memorandos no deben ser más de dos páginas y los reportes deben ser de una extensión no mayor a 20 páginas. Así mismo, estos últimos deben ser sintetizados en resúmenes ejecutivos o comunicados de prensa (DUNN, 2004). En encuentros personales, el analista debe ser capaz de comunicar un análisis en menos de lo que toma un ascensor del primero al quinto piso de un edificio.

Simplicidad: hay que recordar que la mayoría de los analistas no escriben solo para colegas también para personas que poco tienen que ver con la disciplina del análisis de las políticas públicas. Por tal razón, hay que exponer las ideas de forma breve, sin usar más palabras de las necesarias, en frases cortas y usar un lenguaje familiar y poco técnico (PATTON y SAWICKI, 1993).

No hay que olvidar que el objetivo no solo es comunicar la propia visión del problema y la recomendación de cómo solucionarlo, sino acercar al lector a la visión del mundo que se tiene. Entre más sencilla sea la comunicación, más cerca se estará de lograr dicha meta.

Algunos consejos útiles: es preferible usar la voz activa (el agente es consciente de la acción que realiza, de esta manera, ejecuta o controla la acción del verbo), en vez de la voz pasiva (el verbo posee un sujeto que padece o recibe la acción, es decir, es un sujeto paciente, y no realiza, ejecuta o controla la acción), puesto que esta última tiende a veces a confundir. Por ejemplo, el derecho a la prestación de un servicio con calidad fue reclamado por la población del municipio de la Jagua (voz pasiva). La población del municipio de La Jagua reclama su derecho a la prestación de un servicio de salud con calidad (voz activa).

No se deben tratar de ocultar las preguntas a las cuales no se encontró respuesta, por el contrario, hay que presentar la información tal y como es y exponer francamente los interrogantes con los que se enfrentó, y a los que no encontró una explicación adecuada. Esto evita provocar discusiones innecesarias.

Precisión: entre más preciso sea el analista más persuasivos serán los argumentos que este use. Se debe recurrir a conceptos operacionales, esto es, no utilizar conceptos ambiguos que no se puedan corroborar. Por ejemplo, al hablar de "eficiencia" hay que definirla adecuadamente, inequívocamente. No hay que emplear una fuente de información sin haberla analizado en detalle con anterioridad, puede que alguien pregunte sobre ella o la conozca mejor que el analista. Ante esta situación, el analista no contará con los argumentos suficientes para responder a las preguntas o para discutir sobre ellas. Por tal razón el analista no debe olvidar verificar una y otra vez la información, revisar los cálculos y usar varias fuentes. Así mismo, es importante que este reporte las inconsistencias, no vaya más allá de los hallazgos y separe los datos reales de las opiniones. Es importante no especular. En el caso de que decida hacerlo, más vale contar con una buena razón y hacerlo de forma explícita. Por último, no hay que incluir todos los detalles en las exposiciones orales o escritas, esto distrae al lector y muchas veces lo confunde (PATTON y SAWICKI, 1993).

Legitimidad: cuando se elabora un documento para comunicar un análisis de políticas públicas, el analista debe tratar de ser lo más justo que le sea posible con los puntos de vista sobre el problema y las alternativas de solución que existen. Una buena recomendación para lo anterior es reportar en su documento el mayor número de definiciones y explicaciones respecto a la estructura del problema y a las alternativas de solución que encontró durante su investigación. Así mismo, deben incluirse los datos que soportan dichos puntos de vista, y las razones por las que ciertos aspectos aparentemente relevantes fueron excluidos. Es fundamental reconocer las debilidades de los argumentos con los que se cuenta para, de esta manera, anticiparse a cualquier crítica. Es mejor dar la sensación de que todos los aspectos fueron tenidos en cuenta que dar a pensar que se han presentado las cosas de manera sesgada o poco juiciosa.

Es deseable demostrar que el trabajo de análisis fue objetivo, comunicar que no hay soluciones ciento por ciento satisfactorias y que lo que se recomienda es la mejor solución posible.

Siempre hay que citar el trabajo de otros sí se ha utilizado en el análisis. Nunca usar un lenguaje insultante o soez para referirse a las visiones de otras personas sobre el problema o acerca de las explicaciones respecto a las alternativas de solución; esto despierta críticas innecesarias que pueden perjudicar al analista más adelante (PATTON y SAWICKI, 1993).

Documentación: aunque antes se dijo que no hay que dar tantos detalles en las exposiciones orales y escritas, es fundamental que cada dato suministrado esté sustentado en pies de página o en anexos. Por ejemplo, si se habla sobre el desempleo en Bogotá, hay que cerciorarse de contar con las cifras más recientes al respecto.

Por esta razón, es necesario tener una documentación completa y a la mano, por medio de la cual se pueda corroborar y comprobar la información suministrada. Se debe ser siempre crítico con el trabajo realizado, y no esconder ni excusar las deficiencias. Las excusas llevan a los interlocutores a creer que no se está seguro de la veracidad de las conclusiones, lo cual puede terminar destruyendo el trabajo.

Equidad: es importante exponer los puntos de vista y conclusiones propios, pero también aquellos puntos de vista y conclusiones alternativos. Cuando se hace esto hay que asegurarse de presentar objetivamente tanto los datos que soportan las afirmaciones propias como las de los otros. Hay que citar los trabajos de otros autores que fueron utilizados en los análisis y no emplear nunca un lenguaje que desapruebe o insulte su trabajo, porque esto puede perjudicar en el futuro al analista, como ya se ha dicho (PATTON y SAWICKI, 1993).

Una vez se han expuesto las habilidades o destrezas que debe desarrollar una persona interesada en ser un analista de políticas públicas es imprescindible comenzar a escribir.

10.2 ¿CÓMO EMPEZAR A ESCRIBIR?

Muchas veces nos preguntamos cómo empezar a redactar un análisis de políticas públicas, y la respuesta es muy simple: solo hay que empezar. A continuación se desarrollan algunas sugerencias para tener en cuenta, con base en el texto de PATTON y SAWICKI (1993).

Es importante iniciar con un esquema sin temer a que en un principio no sea muy claro. En la medida que se avanza, este irá tomando más forma. Desde que se inicia la investigación hay que ir escribiendo todo aquello que se encuentre interesante e importante; esto ayudará al analista a crear un primer material de apoyo sobre el cual se profundizará con el tiempo.

Durante el trascurso de la investigación, es útil realizar lluvias de ideas en el orden en que van apareciendo los descubrimientos y organizarlas en grupos temáticos. Esto ayudará al analista a encontrar insumos para analizar los temas que va a abordar de manera más elaborada. Hay que recordar que lo que no se escribe con seguridad quedará en el baúl del olvido y más adelante querrá recordar con precisión aquellas buenas ideas que tuvo en los meses previos, cuando aún estaba trabajando en este tema.

Hay que esbozar los argumentos propios de atrás para adelante, es decir, empezar por la redacción de la recomendación que se quiere dar al tomador de decisión. Una vez se tengan claras las conclusiones a las que quiere llegar y los objetivos por alcanzar con el análisis, se pueden empezar a desarrollar los argumentos que le darán sustento a dicha recomendación. Es importante aclarar que lo anterior es a nivel instrumental, pues ya se ha visto en capítulos anteriores que, en el proceso de análisis y diseño de políticas públicas, la recomendación es el último paso.

Se dice que es instrumental, pues como lo hemos visto antes, la recomendación o solución "preferida" *a priori*, no es necesariamente la que al final se recomienda implementar.

Si el analista cree que tiene problemas con alguna parte del análisis y piensa que se estancó, lo mejor es saltar al siguiente ítem, no quedarse allí. Más adelante se podrá volver sobre este para desarrollarlo. Fijarse metas para la escritura de informes y un plazo para alcanzarlas, y no levantarse del escritorio hasta que se haya terminado un apartado es una excelente estrategia que el analista debe aplicar. Así mismo, es importante obligarse a empezar con el siguiente apartado, listar y puntear lo que se debe desarrollar. Esto ayudará, en la próxima ocasión en que el analista se siente, pues él no se encontrará con una página en blanco, sin saber por dónde empezar.

Solicitar ayuda a otros. Pedirles que revisen el trabajo ayudará a encontrar imprecisiones, inconsistencias o ambigüedades. Así, sabrá si este es fácil o no de leer y entender. No hay que olvidar que si el análisis no se puede comunicar se habrá perdido tiempo y esfuerzo. Por tal razón, hay que realizar revisiones cuantas veces sea posible; reorganizar, redefinir y reexaminar las notas e información las veces que sea necesario e incorporar los datos que se hayan encontrado relevantes y no se habían contemplado en la última versión. Imprimir lo que se haya escrito y revisar esta impresión haciendo notas al margen antes de regresar al computador.

Es importante tener en cuenta que el cliente posiblemente querrá distribuir el análisis elaborado a sus asesores, directores, colegas o a los periodistas. Por tal razón, es importante no perder de vista esta contingencia a la hora de escribir el trabajo. Se debe redactar el documento pensando en una distribución pública del mismo. Por ejemplo, ayuda mucho al cliente incorporar una página de resumen que presente, de manera sintética, las recomendaciones, metodologías y los argumentos más relevantes hallados por el analista en su investigación.

Finalmente, y no menos importante, hay que prestar atención a los detalles mecánicos durante la redacción del texto, es decir, a la ortografía, puntuación, uso de mayúsculas, numeración de las páginas, gráficas, títulos y subtítulos, fuentes, referencias, etc.

No tener en cuenta estos elementos lleva a que el analista cometa errores que dejan mucho que pensar al lector acerca del cuidado que se tuvo en la elaboración del análisis.

Ahora bien, la forma es tan fundamental como el contenido del análisis, existen diferentes herramientas para hacer un texto amigable al lector. En el siguiente apartado se exponen varias de ellas.

10.3 ¿QUÉ AYUDAS PUEDE UTILIZAR EL ANALISTA PARA HACER EL DOCUMENTO ESCRITO MÁS AMIGABLE AL LECTOR?

Las páginas de resumen y las palabras claves son buenas prácticas a la hora de hacer más amigable un documento de análisis de políticas públicas. Pero, sin duda, son las gráficas los instrumentos que más pueden ayudar a comunicar efectivamente un mensaje. Estas trasmiten los mensajes de manera más clara, y las conclusiones son más fáciles de entender. Para todos es familiar la frase, "una imagen vale más que mil palabras", y eso mismo ocurre con las gráficas.

Existen distintos tipos de gráficas y habrá que decidir cuál es más útil para expresar lo que se quiere comunicar. Esto depende del número de variables por representar, las características de estas y el propósito de lo que se quiere trasmitir. Hay que recordar que muchas veces estas deben estar acompañadas de texto, con el fin de evitar ambigüedades. Algunas gráficas y sus usos son:

Diagramas: de manera general, son herramientas útiles a la hora de *comparar* datos, tendencias, patrones, características, relaciones, frecuencias o diferencias que se observen entre los datos obtenidos durante el análisis. Por ejemplo, la distribución por sexo y grupos de edad de la población desplazada en 2002.

Diagrama de barras: ayuda cuando se *contrastan* elementos de diferentes segmentos (empresas, instituciones, géneros, sectores económicos, períodos de tiempo, naciones) a la luz de una sola variable. Por ejemplo, el número de empleados de una empresa por ciudad. O, como lo ilustra el Gráfico 38, la distribución por sexo de una población con ciertas características.

272   *Manual de análisis y diseño de políticas públicas*

GRÁFICO 38: DIAGRAMA DE BARRAS

Distribución por sexo y grupos de edad de la población
desplazada residente en Cartagena de Indias 2002

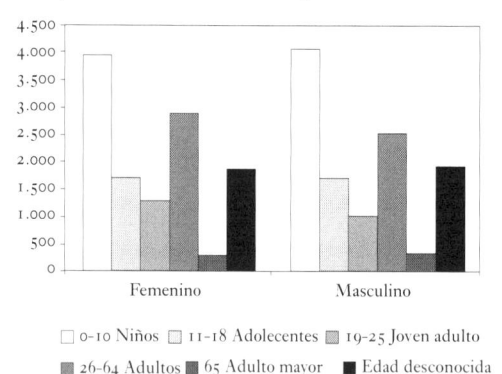

Tomado de ROJAS GUTIÉRREZ, 2002.

Diagrama de líneas: sirve para ver la *evolución* de los datos. Por lo general, se usa para mostrar el comportamiento de una sola variable en el tiempo. Por ejemplo, el valor de la tasa de desempleo del país entre el 2004 y el 2011, como lo ilustra el Gráfico 39.

GRÁFICO 39: DIAGRAMA DE LÍNEA

Tasa de desempleo en Colombia
entre los años 2004 y 2011

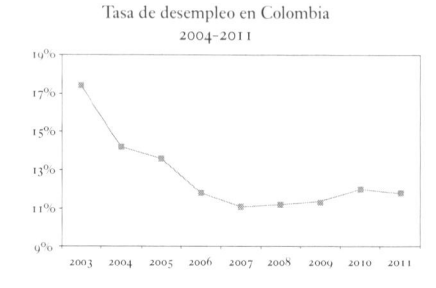

Elaborado por los autores a partir de los datos tomados de Indexmundi, 2012.

Diagramas de dispersión: permite mostrar la *relación* existente entre dos clases de datos o variables. Por ejemplo, la relación entre el crecimiento económico y la satisfacción con la vida, como lo ilustra el Gráfico 40.

GRÁFICO 40: DIAGRAMA DE DISPERSIÓN

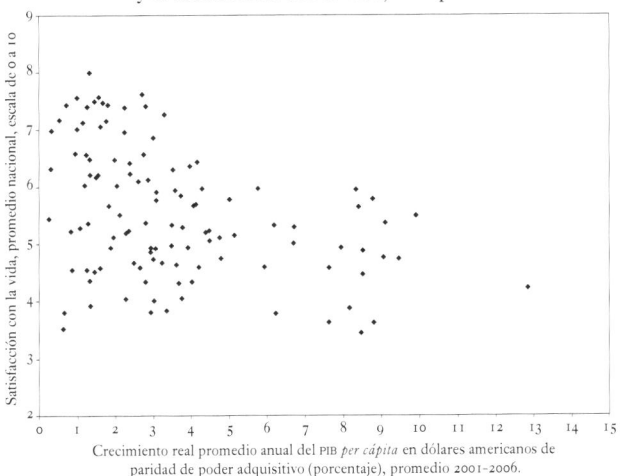

Relación entre el crecimiento económico
y la satisfacción con la vida, 120 países

Crecimiento real promedio anual del PIB *per cápita* en dólares americanos de
paridad de poder adquisitivo (porcentaje), promedio 2001-2006.

Tomado de CHAPARRO y LORA, 2008, 40.

Tortas o pies: son muy útiles cuando se necesitan *comparar* proporciones o porcentajes y representar esto de manera visual, es decir, la contribución de cada parte a un total (100%), o la distribución de un total en diferentes partes. El número de datos por comparar dentro de este tipo de grafica pueden ser más de cinco. La gráfica se divide en varios sectores proporcionales en tamaño al porcentaje que posee cada categoría. Por ejemplo, el nivel de educación de la población que habita en el "Cartucho", como lo ilustra el Gráfico 41.

GRÁFICO 41: TORTA O "PIE"

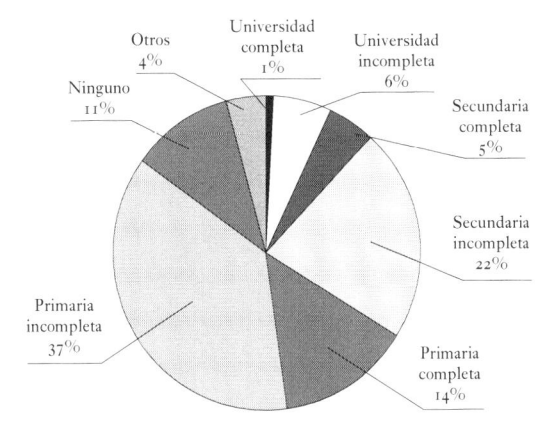

Nivel educativo de la población que habita en el cartucho 1999

Fuente: Corte Constitucional. Tomado de: http://discovery.unilibrebaq.edu.co/unilibrebaq/

Tablas: ordenan y *resumen* información, con el fin de comparar los valores que en ellas se exponen y evidenciar las diferencias, lo cual permite una mejor comprensión de las ideas planteadas. Las hay de dos tipos: descriptivas y prescriptivas.

Tablas descriptivas: este tipo de tablas *presentan* diferentes valores organizados por período de tiempo, por región o por categoría (género, niveles de ingreso, nivel de SISBEN, estrato, edad, etc.) Particularmente, el uso de este tipo de tablas es muy útil en la descripción del problema. Por ejemplo, se puede usar para presentar la probabilidad de morir que tiene la población colombiana menor de 20 años por género y grupo de edad, como lo ilustra el Gráfico 42.

GRÁFICO 42: TABLA DESCRIPTIVA

Probabilidad de morir de la población < 20 años,
por sexo y grupo de edad. Según departamentos. Colombia 2005

Departamentos	nqx Hombrres (por mil)					nqx Mujeres (por mil)				
	0	1 a 4	5 a 9	10 a 14	15 a 19	0	1 a 4	5 a 9	10 a 14	15 a 19
País	26,3	4,7	2,5	3,1	10,2	18,0	4,2	1,5	1,7	2,9
Caldas	19,0	3,8	2,5	1,9	14,8	14,5	2,7	2,6	1,8	3,7
Risaralda	21,8	4,8	2,6	1,6	15,6	16,9	3,6	2,2	1,5	3,5
Quindío	20,3	4,2	1,4	0,8	9,9	15,6	3,1	1,0	1,1	3,8
Valle	19,5	4,6	2,1	2,7	18,3	14,5	3,4	1,2	1,5	3,7
Cundinamarca	29,6	5,8	2,2	3,1	8,2	21,9	4,4	1,6	1,9	3,4
Bogotá	21,1	2,9	1,3	1,7	7,0	15,4	2,5	1,3	1,1	2,4
Antioquia	23,3	5,4	2,3	2,6	11,5	17,1	4,4	1,6	1,8	3,6
San Andrés	21,7	5,6	2,0	2,0	6,8	16,3	4,2	1,2	1,6	2,0
Tolima	26,8	6,9	3,5	3,1	10,1	20,7	5,2	1,3	1,2	3,5
Santander	27,0	7,0	2,0	2,4	7,2	19,1	4,4	1,1	1,4	3,0
Atlántico	27,6	4,4	2,1	1,8	6,1	20,5	4,2	1,3	1,2	2,6
Boyacá	28,4	7,6	2,6	3,0	6,7	21,6	5,7	1,5	1,6	3,2
Norte Santander	28,5	3,2	2,0	2,0	10,6	21,9	4,4	2,1	1,5	3,7
Sucre	32,5	6,7	2,0	0,0	0,0	24,3	5,3	1,6	1,7	2,5
Huila	36,1	12,6	1,9	3,2	9,7	26,5	8,7	1,7	1,8	4,7
Magdalena	37,8	8,5	2,9	2,7	7,2	28,4	6,8	2,2	2,0	2,9
Córdoba	40,9	9,5	2,1	2,6	7,2	31,0	7,7	1,3	1,6	4,1
Meta	40,9	9,6	2,7	3,3	12,5	31,7	8,1	2,4	2,6	4,6
Putumayo	42,4	17,4	2,5	2,5	15,9	33,4	144,6	1,9	2,5	4,0
Casanare	42,9	10,4	3,4	3,1	10,3	33,1	8,8	2,7	1,9	6,3
La Guajira	44,7	11,3	1,6	3,2	8,3	35,0	9,8	2,2	1,6	4,1
Cesar	44,8	11,3	2,3	2,6	6,0	34,2	9,4	1,3	1,8	2,4
Caquetá	47,0	11,6	3,3	1,9	13,8	37,2	11,0	1,2	2,0	7,5
Grupo Amazonia	49,3	13,5	6,6	4,0	11,5	36,9	10,9	3,3	3,6	6,2
Nariño	51,2	14,4	2,1	3,3	9,3	40,5	12,8	1,5	1,1	2,9

Departamentos	nqx Hombres (por mil)					nqx Mujeres (por mil)				
Bolívar	47,2	12,5	2,4	1,9	7,1	36,3	10,6	1,1	1,6	2,7
Cauca	55,4	16,7	3,0	2,9	13,3	42,7	14,3	2,9	2,3	6,6
Arauca	60,0	19,3	1,6	1,5	19,0	47,0	17,1	2,8	1,9	9,3
Chocó	86,4	31,4	3,5	3,8	12,1	68,2	23,4	2,4	2,9	6,4

Fuente: Departamento Administrativo Nacional de Estadística, DANE, 2009.

Tablas prescriptivas: se utilizan, especialmente, para hacer *comparaciones* entre metas, resultados, alcances e impactos. Es decir, para mostrar el alcance o el logro de un objetivo en términos porcentuales. Por ejemplo, una propuesta de metas nacionales producto de un debate y, posteriormente, de una concertación, como lo ilustra el Gráfico 43 antes discutido.

GRÁFICO 43: TABLA PRESCRIPTIVA

Metas Panamá 2025
Concertación nacional

		Propuesta de metas según concertación nacional - Panamá 2025				
n.º	Indicadores	Línea de base	Meta 2010	Meta 2015	Meta 2025	Responsable
I	Crecimiento					
1	Ingreso por habitante	2007	4.000 USD		7.000 USD	12.000 USD	Ministerio Economía y Finanzas
2	Tasa de crecimiento	2000	5%	5%	5%	5%	Ministerio Economía y Finanzas
II	Bienestar					
3	Tasa de desempleo	2000-2004	13.60%		4%		Ministerio de Trabajo y Desarrollo Laboral
III	Salud					
4	Esperanza de vida hombres - mujeres	2005	74-78				Ministerio de Salud
IV	Educación					
5	Cobertura preescolar				70%	90%	Ministerio de Educación
6	Cobertura secundaria				80%	100%	Ministerio de Educación
7	Cobertura educación superior				65%	90%	Ministerio de Educación
V	Modernización					
8	Promedio Accountability y Política IDD-AL	2006	5.05			10	Ministerio de Gobierno y Justicia
9	Percepción de la corrupción Transparency International	2007	3.2			10	Ministerio de Gobierno y Justicia

Fuente: ejemplo tomado del ejercicio realizado por un equipo de investigadores de la Universidad Externado de Colombia alrededor de las metas de la Concertación Nacional definidas para el año 2025 en 2009, en Panamá.

Árboles de decisión: ilustran procesos, opciones y probabilidades de ocurrencia de diferentes resultados. Este permite visualizar el problema y los cálculos asociados a este. También ayuda a resumir conclusiones. Por ejemplo, por medio de un árbol de decisión ilustramos la alergia alimenticia de los niños. De acuerdo con la Organización Mundial de la Salud, OMS, las alergias ocupan el cuarto lugar en el grupo de las enfermedades que tienen una mayor repercusión económica sobre la salud pública de un país, como lo ilustra el Gráfico 44.

GRÁFICO 44: ÁRBOL DE DECISIÓN

Árbol de decisión que compara el riesgo alérgico de un alimento procedente de los organismos genéticamente modificados (OGM) con respecto de los alimentos tradicionales

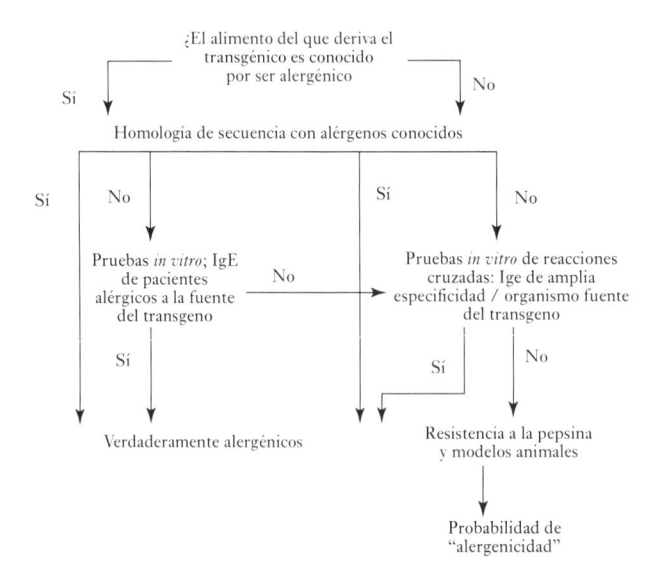

Tomado de FERNÁNDEZ ESPINA, 2004.

Mapas: ilustran distribuciones de elementos y/o características cuando estos tienen una dimensión espacial. Por ejemplo, las zonas de riesgo de brotes de malaria en Colombia, para un periodo de tiempo dado, como lo ilustra el Gráfico 45.

GRÁFICO 45: MAPA

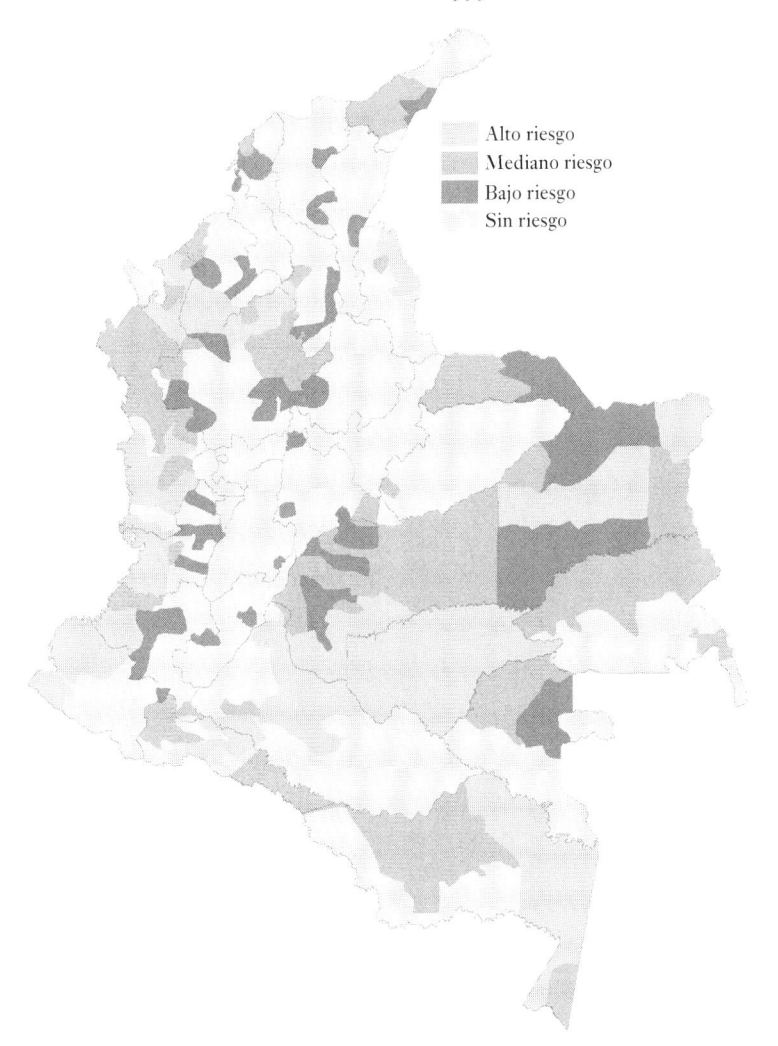

Malaria: Mapa epidemiológico según niveles de riesgo
Colombia 1999

Tomado de Organización Panamericana de la Salud.

Algunas recomendaciones finales: no hay que sobrecargar una gráfica, pues ellas solo deben expresar una idea. Tampoco hay que temer a incluir cuantas gráficas sean necesarias en el análisis, estas pueden ser incluidas en el texto principal o en los anexos. También hay que evitar redundancias innecesarias, es decir, ilustrar la misma idea en varias ocasiones dentro del texto y de maneras distintas. Ello agota al lector y/o lo confunde. Es importante aprender a combinar los colores y que estos sean consistentes con las ideas. Hay colores que son más adecuados para expresar algo: por ejemplo, el rojo, usualmente se utiliza para señalar amenaza. Si se utiliza el color rojo para identificar un país o una variable, hay que utilizar ese color siempre que dicho país o variable esté presente en las gráficas.

Cada gráfica tiene que ser muy clara y darle al lector información relevante sobre lo que se está argumentando. Debe elaborarse a partir de escalas honestas, tener un título que trasmita el mensaje, una explicación sobre lo que está mostrando, las unidades de medición que se utilizan y la fuente de donde fue tomada la información. Usted puede, por ejemplo, realizar sus propias gráficas con ayuda del Excel.

Ahora bien, la manera como se organiza el análisis es un aspecto relevante que facilita la lectura del texto. A continuación se exponen alternativas que el analista puede considerar. Igualmente se muestra la estructura que el análisis de políticas públicas debe tener.

10.4 ¿CÓMO ORGANIZAR EL REPORTE?

Es primordial dar a los lectores una hoja de ruta sobre el contenido del documento. Un índice es indispensable para este propósito. Una tabla de contenido, en la cual se resalten los temas principales y la subdivisión de cada uno, es imprescindible a la hora de ubicar al lector. De la misma manera, un resumen del documento ayudará a que el cliente se familiarice con la información que está en el análisis.

Asimismo, es importante mantener el hilo conductor de las ideas. Para esto, realizar introducciones y resúmenes al inicio y final de cada aparte le ayudará a que el lector entienda por qué va hablar de otro tema. Introduzca la próxima sección como una transición, es decir, una evolución en el análisis.

Los subtítulos y subrayados le ayudarán a marcar el paso hacia otro tema y no está mal que primero y antes de cualquier etapa se expresen las conclusiones a las que se llegó y un breve resumen de las mismas. No hay que olvidar numerar las páginas, lo cual puede pensarse que es obvio, pero en realidad muchas veces se olvida.

Resaltar con negrita las ideas claves para facilitar la lectura por parte del cliente ayuda, pues recuerde que en la mayoría de los casos él o ella disponen de poco tiempo para leer un texto extenso. Incluya una lista de abreviaturas y acrónimos al inicio o final del documento, así el lector podrá referirse a ellas siempre y cuando la necesite.

No existe una única forma de estructurar un documento de análisis de políticas públicas. Sin embargo, para los propósitos de este *Manual* el reporte final debe tener la siguiente estructura:

Resumen ejecutivo del análisis: es la carta de presentación del reporte final del análisis de políticas públicas, y la herramienta que va a determinar el interés del cliente por conocer el documento completo. De acuerdo con el profesor Dunn (2004), los resúmenes ejecutivos deben ser una sinopsis de los elementos más relevantes del reporte final. Por lo general tiene la siguiente estructura: i. El propósito del análisis de políticas públicas que se presenta. ii. La descripción del problema. iii. Los hallazgos más notables (de forma abreviada). iv. La metodología utilizada (cuando es apropiado hablar de ella. Esto depende del perfil del cliente). v. La recomendación. Lo mejor es escribir el resumen una vez se tenga listo el reporte final y no debe tener una extensión mayor a dos párrafos.

Definición del problema: en este apartado se describe y explica el problema; para esto el analista usa estadísticas, gráficas, testimonios, mapas lógicos, entre otros. Es determinante dar suficientes argumentos al cliente para que este entienda claramente la visión del analista sobre el problema. En algunos casos no basta con que el cliente entienda el punto de vista del analista, sino que es necesario que este sea persuadido por las evidencias para que se convenza de que realmente hay que hacer algo para solucionarlo.

Criterios de evaluación de las alternativas: aquí se listan y explican los criterios que permitirán evaluar las alternativas que posiblemente arrojarán los mejores resultados para solucionar el problema. Hay que explicar por qué tales criterios son relevantes.

Alternativas de solución: se describe cada una de las alternativas, se agrupan las que sean similares y se explican las diferencias y similitudes que existen entre estas. De su lectura debe quedar claro que el analista no omitió ninguna alternativa importante, incluyendo la de no hacer nada.

Evaluación de las alternativas: se explica cómo se evaluaron las alternativas, con respecto a los criterios que seleccionó antes. Se presentan de forma abreviada los resultados, cuáles fueron las alternativas descartadas y cuáles las que respondieron mejor a los criterios y por qué.

Recomendación: en esta se presentan las conclusiones y recomendaciones derivadas del ejercicio de evaluación realizado. Se explican al cliente los efectos de seguir el curso de acción que se recomienda. Para esto, tener en cuenta los aspectos tanto técnicos como políticos que enmarcan sus conclusiones es esencial. Finalmente, hay que exponer al cliente sí es necesario profundizar en algún aspecto del análisis antes de tomar una decisión definitiva sobre el curso de acción sugerido.

Plan de implementación: en esta sección se expone el cómo se va a ejecutar la recomendación dada. Este plan de implementación se puede exponer por medio de una matriz, en la cual debe quedar claro cuáles son las actividades, los responsables, los tiempos en los cuales se deben llevar a cabo las tareas, el presupuesto necesario para desarrollar cada una de ellas, las fuentes y estrategias de financiación, y los apoyos políticos necesarios de parte de los actores clave.

Plan de monitoreo: en este apartado se explican los indicadores de gestión o insumo y de producto que van a ayudar a responder las siguientes preguntas, asumiendo que la política se encuentre en la fase de implementación: ¿lo estamos haciendo bien?, ¿lo estamos haciendo en los tiempos que se fijaron en el Plan de Implementación? Para ello se presentan los indicadores de insumo y proceso más importantes para monitorear en el futuro.

Plan de evaluación: en esta parte se presentan los indicadores de resultado e impacto y los métodos para calcularlos, de manera que se pueda dar cuenta, con el futuro, sobre si la política logró o no los resultados y qué efectos positivos o negativos, deseados y no deseados se generaron de su implementación

Referencias o bibliografía: es muy importante documentar las fuentes de información. Esto indica, por un lado, que el analista realizó un trabajo de investigación juicioso y, por el otro, que las conclusiones y recomendaciones que allí se presentan están sustentadas en investigaciones previas, lo cual da mayor credibilidad al documento.

Pies de página: en ellos se escriben comentarios, aclaraciones y/o información útil para quien desee profundizar en los temas tratados.

Apéndice: un apéndice es un conjunto de información útil que no tiene por qué incluirse en el cuerpo principal del documento. Esta puede ser cualitativa o cuantitativa. Un apéndice puede contener tablas, listas, cálculos, datos, cuestionarios, antecedentes y otro tipo de información.

Carta de presentación del documento de política pública: esta carta tiene como propósito presentar el reporte final del análisis a quien está interesado o se quiere que se interese en este. De acuerdo con WILLIAM DUNN (2004), los elementos que debe llevar dicha carta son:

– Un membrete en la parte superior de las hojas que identifique a quienes realizaron el documento de análisis de políticas públicas; ya sea el nombre de la organización a la que pertenecen o su propio nombre.

– El nombre, el cargo y la dirección del cliente.

– Un párrafo corto con las preguntas o con el problema que el cliente espera que el análisis aborde.

– Un pequeño resumen con las conclusiones y recomendaciones más importantes encontradas por el analista.

– Una mención respecto al interés que tiene el analista de profundizar en la información presentada y de ponerse en contacto con el cliente.

– Los datos de contacto del analista (teléfono, celular, dirección).

– La firma con el nombre y el cargo del analista o del supervisor del análisis.

Comunicados de prensa: en ciertas ocasiones el analista debe escribir comunicados de prensa o participar en la construcción de estos con el propósito de que las conclusiones del análisis realizado se conviertan en noticia. Es importante que el analista haga parte de este proceso de construcción de la noticia, con el fin de mantener la fidelidad de los hallazgos y las recomendaciones planteadas en el análisis.

Tenga en cuenta que un tomador de decisiones es un lector selectivo. Esto es, lee primero el título del documento, salta a las recomendaciones y si está de acuerdo con ellas, lee rápidamente el plan de implementación y lo remite a la oficina correspondiente para su procesamiento. Si es precavido o no le convencen las recomendaciones, observa las matrices de evaluación de alternativas, y si tiene serias dudas del análisis revisa con cuidado la descripción del problema.

Definitivamente, el análisis de políticas públicas trasciende la escritura de un documento o reporte, este también se presenta de forma oral a un auditorio. La presentación oral de un análisis también requiere de ciertas destrezas que hay que conocer y desarrollar. A continuación se exponen las más relevantes que definitivamente ayudarán al analista a realizar una exposición clara y precisa de sus hallazgos y recomendaciones.

10.5 ¿CÓMO COMUNICAR ORALMENTE UN ANÁLISIS DE POLÍTICAS PÚBLICAS?

Algunas veces resulta particularmente efectivo comunicar los resultados y recomendaciones del análisis cara a cara con el cliente. De esta manera, el mensaje puede comunicarse de forma clara, concisa y convincente, obteniendo buenos resultados. Pero para esto se tiene poco tiempo, a lo sumo algunos minutos, y en este espacio se debe motivar al cliente para que decida leer el documento escrito por el analista.

La presentación oral del análisis requiere que se tengan en cuenta los mismos principios enunciados anteriormente para el reporte escrito del análisis de políticas públicas. No se deben usar más palabras de las necesarias para expresar una idea, no hay que andar con rodeos y siempre se debe usar un lenguaje respetuoso. El analista no querrá que el auditorio que lo escucha se sienta ofendido. No hay que usar frases cliché para referirse a un grupo poblacional, social o político. Estas pueden herir susceptibilidades. Recordar que las diferentes visiones sobre el problema no solo involucran puntos de vista, también emociones producto de los hechos que se están presentando, lo cual afecta, en diferente medida, a los actores involucrados. Esto ayudará al analista, definitivamente, a tener una buena relación con el auditorio.

Iniciar la presentación con una anécdota o un chiste llamará la atención del auditorio, no hay que olvidar antes saludar. En seguida, debe hacer referencia a los antecedentes que dieron origen al análisis. No hay que olvidar las gráficas para que se entiendan mejor los argumentos. Tampoco perder de vista el tamaño y los colores de las letras, si se tiene un auditorio muy grande con seguridad las personas sentadas en la parte de atrás no podrán ver con precisión. Si, por el contrario, la exposición es para una sola persona o para un grupo pequeño, se debe llevar impresa la presentación y repartirla.

Hay que tener en cuenta que, por lo general, cada diapositiva se toma para su explicación entre dos y tres minutos. Así, a la hora de presentar el análisis con las características aquí recomendadas, hay que dedicar aproximadamente dos diapositivas a la descripción del problema, una a los criterios de decisión, una a las alternativas de decisión, una o dos a la evaluación de las alternativas, una a las recomendaciones, una o dos al plan de implementación, una al plan de monitoreo, y una al plan de evaluación. Si desea dedicar más tiempo a alguna sección del análisis, se deberán fusionar algunas de las diapositivas. Por ejemplo, se pueden usar las diapositivas sobre la evaluación de alternativas para discutir tanto los criterios, como las alternativas, como el resultado de la evaluación. Todo en una sola diapositiva.

En el momento de realizar la recomendación se hace en forma de sugerencia. No hay que olvidar que la decisión de tomar o no en cuenta el curso de acción que el analista expone hace parte de la discrecionalidad del cliente. Se exponen con claridad las decisiones o acciones necesarias para lograr los resultados esperados en la recomendación, pero nunca se presiona muy fuerte para que se tome una decisión de inmediato.

No hay que olvidar que cuando se presentan los resultados hay preguntas, comentarios y críticas respecto a las conclusiones. Hay que ser receptivo y contestar de forma clara, directa, respetuosa, tolerante y abierta. Lo anterior no será nada fácil teniendo en cuenta que la persona o el auditorio que está escuchando puede estar desatento, concentrado en los detalles o deseoso de contradecir todo el tiempo los hallazgos y conclusiones (PATTON y SAWICKI, 1993).

Una estrategia para lograr estar abierto y ser receptivo es estudiar con antelación al auditorio. Conocer la audiencia es uno de los aspectos más importantes cuando se está preparando una presentación oral (DUNN, 2004). Es determinante tener claridad, antes de realizar la conferencia o reunión, sobre los siguientes elementos:

- El tamaño del auditorio.
- Si habrá expertos en el problema que se está abordando.
- Qué porcentaje de la audiencia entiende los métodos de investigación que usted utilizó.
- Cuál es la credibilidad o disposición que se cree tener de la audiencia.
- Cuál es el contexto político en el que se presentan los resultados y conclusiones del análisis.

Lo anterior ayuda a tener una idea clara acerca de las posibles opiniones y dudas que tendrán las personas que van a escuchar al analista. Este no puede permitir que los interrogantes lo tomen por sorpresa. Hay que practicar la presentación, pedir consejos y críticas a los colegas y amigos.

También es una buena estrategia para neutralizar a los contradictores, hacer mención de los posibles cuestionamientos, opiniones en contra o debilidades de los argumentos propios. No hacer esto deja oportunidades abiertas para el provecho de los opositores. Hacerlo, en cambio, los desarma de antemano y da la imagen de haber sido riguroso en el análisis, demostrando que todo aspecto fue debidamente considerado y que por ello se tiene confianza sobre la idoneidad de las conclusiones. Hay que contestar las preguntas a las que se pueda dar una respuesta completa. Cuando no se conozca ésta, lo mejor es ser sincero y ofrecer que se va a revisar el tema. No hay que olvidar dejar la copia del documento de análisis de políticas públicas, para los oyentes esto les permitirá profundizar en la información expuesta por el analista.

¡Éxitos en sus próximos análisis de políticas públicas!

ANEXO

CAJA DE HERRAMIENTAS PARA LA RECOLECCIÓN DE INFORMACIÓN RELEVANTE PARA EL ANÁLISIS Y EL DISEÑO DE POLÍTICAS PÚBLICAS

Como se dijo, para ser un buen analista hay que ser, ante todo, un buen investigador. Tal rol no puede ser completo si no se conoce al detalle la multiplicidad de métodos y herramientas útiles para soportar los distintos ejercicios presentados. En la mayor parte del *Manual* nos referimos a los distintos métodos para hacer análisis y diseño. En este capítulo nos concentramos en algunos métodos de investigación o técnicas destinadas a lograr una buena recolección de la información con la que el analista trabajaría para hacer bien su labor, es decir, a construir la materia prima principal con la que el analista puede realizar su trabajo analítico. En efecto, se trata de concentrarnos en una de las etapas más importante del ejercicio analítico, toda vez que una mala información necesariamente conduce a obtener conclusiones erradas.

En la literatura sobre el tema se distinguen dos tipos de métodos de recolección de información: los llamados "métodos de escritorio" y los métodos utilizados en "trabajo de campo". Mientras que los del primer tipo requieren que el analista realice una revisión cuidadosa de la literatura y de las fuentes secundarias (reportes, informes, estadísticas, artículos de prensa, discursos, leyes, decretos, libros, páginas web, etc.), los del segundo tipo requieren que el analista recolecte, de manera directa, datos no procesados o semi-procesados, dispersos o simplemente inexistentes.

Mientras que en el primer tipo de métodos la revisión bibliográfica, el análisis de indicadores, los análisis comparativos, los análisis históricos, el análisis de contenido, el análisis narrativo y el análisis de discurso son comúnmente utilizados, dentro del segundo tipo se encuentran las encuestas, las entrevistas, los sondeos, la observación etnográfica, los experimentos, los grupos focales y los seminarios de decisión.

Se trata de métodos que se complementan entre sí y que aportan información valiosa por igual, en donde se puede pensar la aplicación de varios de los métodos del primer tipo como paso previo, y en algunos casos suficiente, y la aplicación de los métodos del segundo tipo como un trabajo complementario, más ambicioso y costoso. Mientras que el trabajo de escritorio permite hacer una revisión del estado del arte exhaustiva, y de cualquier manera necesaria, el trabajo de campo se constituye, como lo afirma Dubost, en una 'prueba de realidad', una validación, en la práctica, de las hipótesis y modelos teóricos indagados, un "sólido sustento de conclusiones, o una fuente invaluable de inesperados hallazgos" (2008,2).

A continuación se presenta una breve discusión sobre los métodos de recolección de información más aplicados, en donde se resaltan sus principales características, aplicaciones, ventajas y desventajas. Es de aclarar que no se pretende realizar aquí un abordaje exhaustivo de los mismos o de lo que existe al respecto, pues esto estaría fuera del alcance de este *Manual*. Aquí pretendemos hacer una breve introducción, la cual debe ser complementada por el lector apelando a la extensa y variada literatura que existe en torno a cada uno de ellos, en combinación o por separado.

A.1. MÉTODOS DE ESCRITORIO

A.1.1. ESTUDIO DOCUMENTAL

Una de las principales y más comunes fuentes de información utilizada por los investigadores es el análisis de documentos. Aquí, los documentos son entendidos como "todo material escrito que contiene información acerca del fenómeno que deseamos estudiar" (Bailey, 1982, 301). Hay muchos tipos de documentos, la clasificación de documentos que describiremos en este *Manual* depende de la cercanía a la fuente principal. Según Bailey existen documentos primarios o documentos de testigos visuales que presenciaron un evento particular o comportamiento y también existen documentos secundarios escritos por personas que no presenciaron directamente el evento, pero que obtuvieron la información entrevistando a los testigos del mismo o leyendo documentos primarios. Por ejemplo, una autobiografía es un documento primario y una biografía uno secundario (Bailey, 1982, 302). El estudio documental consiste básicamente en una revisión de los textos relacionados con el objeto de estudio y una extracción de la información relevante para el problema o política pública que se está estudiando. El acceso a los documentos se puede obtener de diferentes maneras; algunos están disponibles en internet, otros en bibliotecas públicas o bibliotecas especializadas y otros se pueden obtener directamente en los archivos de la organización o institución que produce o procesa la información. Algunos son de acceso público, otros de acceso restringido.

El estudio documental permite al analista tener acceso a información sobre temas y personas a los cuales no puede (o desea) tener acceso físico ,y por lo tanto, no tendría la posibilidad de estudiar por otro método. Por ejemplo, es gracias al estudio documental que hoy podemos conocer sobre nuestros antepasados, sobre las tendencias mundiales o sobre los futuros posibles. Además, como lo afirma BAILEY, este método de investigación tiene la ventaja de la no reactividad, pues no produce el sentimiento de "conejillo de indias" en la persona, o grupo de personas, que están siendo estudiadas. Por último, mediante este método se puede obtener información de muy alta calidad a un costo relativamente bajo.

A pesar de lo anterior, es importante tener en cuenta que la información que reflejan los documentos está en alguna medida sesgada por su autor o por el objetivo que lo inspiró al momento de ser producido. Como lo advierte BAILEY, aunque los documentos usualmente provean de información valiosa y única, estos casi siempre están escritos para obtener dinero, por lo que se tiende a exagerar o a veces a fabricar información para crear una buena historia. Por otra parte, la conservación de los textos puede ser fuente de problemas, pues en muchos casos los documentos comunes del día tras día, como las cartas y los diarios, están mal conservados, a menos que se trate de instituciones estables o de personas famosas. Así mismo, los documentos que no fueron creados con propósitos investigativos tienden a proveer información incompleta. O, como afirma BAILEY, también puede ocurrir que no existan documentos sobre algunos temas, simplemente porque nunca se registró la información (1982, 305-306).

A pesar de las anteriores dificultades, el estudio documental no presenta mayor dificultad, pues como se dijo, no presenta problemas de reactividad y conformidad, por lo que básicamente el reto se centra en el acceso a la información, la codificación de insumos de variada índole y el análisis de la información.

Dentro de los estudios documentales destacamos el análisis de contenido, el cual consideramos particularmente útil gracias a su contribución al estudio y análisis de las políticas públicas. Si bien podríamos habernos referido a otros métodos igualmente útiles, queremos enfatizar en este dado su potencial y notable poca aplicación y conocimiento en la práctica.

A.1.2. ANÁLISIS DE CONTENIDO

El propósito de este método consiste en tomar un texto y transformarlo en información cuantitativa. El método consiste en que el investigador debe crear una lista de categorías exhaustiva y mutuamente excluyentes que puedan ser usadas para analizar documentos, para luego reportar la frecuencia con la cual estas categorías se ven representadas en el mismo (BAILEY, 1982, 312-313). Los resultados del análisis de contenido pueden ser presentados en tablas que contengan porcentajes o frecuencias, de la misma manera que la información de una encuesta. De hecho, el análisis de contenido es el equivalente en el estudio documental de las encuestas; se lleva a cabo con el uso de hipótesis formales, muestras elaboradas científicamente, información cuantitativa, análisis factorial, de componentes principales, de clusters, de jerarquías, etc. (BAILEY, 313, 1982).

Adicional a cubrir las áreas de especialización que envuelven las encuestas, esto es, la comprobación de hipótesis científicas, este método tiene algunos propósitos especiales como, por ejemplo, analizar técnicas de persuasión y comunicación, estilos, patrones de argumentación, entre otros (BAILEY, 313, 1982).

A.2. MÉTODOS DE TRABAJO DE CAMPO

A.2.1. MUESTREO

El uso del muestreo en investigaciones de ciencias sociales es una práctica que tomó fuerza en los países desarrollados en los 60 y que paulatinamente se ha venido extendiendo en comunidades académicas en los países menos desarrollados. Los avances logrados por la computarización han facilitado, por ejemplo, el desarrollo de encuesta basadas en muestras representativas de la población, desplazando el uso generalizado y costoso de los censos. Hoy el muestreo, basado en las teorías estadísticas y de probabilidad, es una herramienta fiable que permite identificar con algún grado de certeza aceptable el margen de error y nos permite derivar conclusiones generalizables al grueso de la población de interés del estudio.

La lógica del muestreo consiste en, primero, identificar un grupo de población de interés, luego, en identificar un subgrupo de determinado tamaño que representaría suficientemente bien dicha población. Se espera que dicho subgrupo sea una buena representación de la totalidad de la población, de manera que los resultados de la información recogida sobre el segundo deben arrojar los mismos resultados que si se tomara del total de la población.

Una de las ventajas de este método de investigación es el ahorro de tiempo y dinero, pues es mucho más económico realizar encuestas, cuestionarios u observaciones sobre una muestra reducida que sobre la totalidad de la población por estudiar.

Sin embargo, existen desventajas relativas a la credibilidad del método, pues para muchas personas es difícil creer que unos pocos representan la opinión o la posición o característica de la población. Otra desventaja que encuentran los investigadores es que si el marco de la muestra no es bien definido y el subgrupo de población elegida no representa a las diferentes partes de la población, o el tamaño de la muestra es inadecuado, el resultado será automáticamente incorrecto.

Aunque el muestreo no es un método de investigación en sí mismo, es importante tenerlo en cuenta, pues es utilizado como base de muchos métodos que se discuten en este capítulo. El muestreo sirve como metodología para llevar a cabo entrevistas, observaciones, experimentos, entre otros ejercicios. En todos estos casos es importante que se utilice la herramienta y se defina la muestra para trabajar bajo parámetros estadísticos y probabilísticos que garanticen la representatividad, fiabilidad y pertinencia de los datos obtenidos.

A.2.2. ENCUESTAS

Las encuestas son un método para obtener información primaria directamente de personas que han sido seleccionadas para establecer una base sobre la que pueden hacerse inferencias sobre una población más amplia (MANHEIM y RICH, 1988). La encuesta, según PATRICIA MUÑOZ, es una investigación que se lleva a cabo en el contexto de la vida cotidiana, utilizando procedimientos estandarizados de interrogación, con el fin de obtener mediciones cuantitativas y cualitativas de una gran variedad de características objetivas y subjetivas de la población (ALVIRA, GARCÍA FERRANDO e IBÁÑEZ, 1986).

Las preguntas son frecuentemente enviadas por correo electrónico a una muestra representativa, hechas directamente por un encuestador en la casa del encuestado o en otro lugar, hechas mediante llamadas telefónicas, enviadas por correo postal, o entregadas en un papel que el encuestado debe diligenciar y devolver.

Existen diferentes tipos de encuesta: las realizadas sobre toda la población, también denominadas censos, las encuestas representativas de las que ya se habló, y las que indagan sobre la opinión de una muestra, denominadas encuestas de opinión pública o sondeos, los cuales no se aplican a muestras representativas, sino que buscan identificar tendencias coyunturales en torno a ideas, productos o personas.

Es de vital importancia un adecuado diseño del cuestionario. Como lo afirma BAILEY, en este se deben tener en cuenta la relevancia de las metas del estudio, la relevancia de las preguntas para dichas metas, y la relevancia de las preguntas para el encuestado (BAILEY, 1982,113).

En efecto, para que una encuesta se lleve a cabo de manera ideal, el encuestado debe ser informado de la importancia del estudio, esto para despertar el interés y la motivación de la persona hacia la encuesta, pues en la mayoría de los casos, el encuestado trabaja de manera gratuita. Así mismo, dentro del cuestionario se deben evitar la preguntas ambiguas y tratar de usar términos que sean conocidos por todos: términos como "integración social" pueden ser interpretados de diferentes formas, así como términos coloquiales pueden ser entendidos solo por algunas personas. También se debe procurar que no haya varias preguntas en una sola, evitar preguntas abstractas y preguntas sensibles que puedan llevar a respuestas obvias o que conduzcan a respuestas falsas por tratarse de temas que para algunos encuestados pueden ser tabú. Así mismo, se debe tratar de hacer preguntas objetivas y evitar aquellas que encaminen al entrevistado a responder de la manera que el encuestador desee que responda (preguntas amañadas).

Gracias al uso del muestreo, las encuestas son métodos fiables que pueden ser utilizados como argumentos cuantitativos de peso en una investigación o estudio social. Sin embargo, una de las desventajas que tiene este método es que se necesitan muchos recursos (técnicos, económicos y de tiempo) para realizar encuestas en el marco de un estudio que permita obtener un grado confiable de representatividad, por lo cual, en muchas ocasiones, las encuestas pueden servir para complementar información en el marco de estudios cualitativos sin muestra representativa.

A.2.3. ENTREVISTAS

La entrevista es un método utilizado para obtener información de primera mano. Es una clase de interacción social entre dos personas, el entrevistado y el entrevistador. Existen diferentes tipos de entrevistas dependiendo de la estructuración que le dé el entrevistador a la reunión y al tipo de preguntas. Existen tres tipos de entrevistas: las estructuradas, las semi-estructuradas y las no estructuradas. Entre las primeras están aquellas en las cuales el entrevistador tiene predeterminado un grupo de preguntas por realizar. Este tipo de cuestionario cerrado suele utilizarse para obtener información cuantitativa sobre un grupo de muestra largo. Las entrevistas semi-estructuradas son aquellas en las cuales el entrevistador tiene un cuestionario preparado, pero está abierto a modificaciones según el curso de la conversación y los temas que vayan surgiendo como consecuencia de ella. Esta modalidad permite comprender el entorno político de un problema. Por último, las entrevistas no-estructuradas son aquellas en las que las preguntas están hechas con base en respuestas previas. Se suelen utilizar para entrevistar a expertos o políticos con alto grado de conocimiento. Esta modalidad es útil, pues en ciertas ocasiones si el tema es complejo o delicado los expertos preferirán no aceptar una estructura determinada sino ir contando lo que a ellos les parezca adecuado.

Este método presenta muchas ventajas frente a otras formas de obtención de la información. En primera instancia permite flexibilidad al momento de hacer las preguntas, esto es decidir cuáles hacer y cuáles no en el momento de la entrevista, pedir aclaraciones al entrevistado y hacer aclaraciones sobre la pregunta cuando el entrevistado las considera confusas. Otra ventaja que presenta es que hay una tasa de respuesta mucho mayor que los cuestionarios o encuestas enviados en línea. Así mismo, permite al entrevistador identificar y extraer información no solo de lo que el entrevistado expresa verbalmente, sino también de lo que expresa a través de su comportamiento no verbal. La entrevista permite hacer una indagación mucho más compleja que en una encuesta, pues el entrevistador conoce a quien va a entrevistar y, por lo tanto, puede sacar el mayor provecho de su interlocutor.

A pesar de las ventajas mencionadas, las entrevistas han sido criticadas por tener un potencial para toda clase de vicios, inconsistencias e inexactitudes como instrumento de recolección de datos. Algunos autores como WILLIAMS (1959) consideran que a través de las entrevistas las personas normalmente dicen una cosa, pero actúan de manera diferente. Por otra parte, autores como L. Phillips (1971) consideran que el cuestionario puede, en sí mismo, viciar la información y manipularla. Adicionalmente el entrevistador puede malinterpretar la respuesta, puede entenderla, pero registrarla mal o incluso puede registrar respuestas cuando el entrevistador se ha negado a responder. Además, las entrevistas presentan desventajas como el costo, el tiempo, la falta de anonimato, la imposibilidad del entrevistado de consultar datos para dar una información más precisa, y el hecho de que la capacidad de razonamiento de las personas se ve afectada por factores como la fatiga, el estrés, la enfermedad, el calor o la densidad del tema (Bailey, 1982, 183-184). En las entrevistas hay que tener en cuenta que hay diferencias que influyen en la calidad de los datos recolectados. Las diferencias de raza, etnicidad, sexo, estatus social, edad, vestimenta, entre entrevistado y entrevistador podrían tener un efecto sobre los resultados de la entrevista.

La literatura tradicional sobre cómo llevar a cabo entrevistas considera que los investigadores deben ser totalmente neutrales y objetivos para recopilar la información sin contaminarla con sus sesgos personales. En cambio, la literatura más reciente ha intentado demostrar que los datos que emergen de una entrevista son los resultados de una interacción entre varias personas, en un momento y un sitio específico, lo cual no es necesariamente malo, en donde el conocimiento no es considerado como puro y distinto o separado de las circunstancias de su producción, porque precisamente estas circunstancias contribuyen a la producción del conocimiento. Las entrevistas son intrínsecamente eventos interaccionales. La discusión está producida localmente y de manera colaborativa. Por eso, esta concepción da mucha más importancia a elementos biográficos, contextuales, históricos e institucionales en que se conducen las entrevistas y que utilizan el entrevistado y el investigador. Mientras que a la luz de la escuela tradicional se considera que los datos de la entrevista reflejan lo que opinan los entrevistados fuera del contexto de la entrevista, en la escuela más moderna, de la cual parte la aproximación constructivista, se considera que los datos recopilados reflejan una realidad construida conjuntamente entre el entrevistado y el investigador y no más.

Estas posiciones conceptuales tienen consecuencias sobre el rol del investigador. Tradicionalmente, se dice que el entrevistador es y debe ser neutral, que nunca debe mostrar su opinión y reaccionar de manera personal. Si el investigador no es neutral, va a producir una entrevista sesgada y va a contaminar los datos. En la otra interpretación se considera nocivo que el entrevistador sea neutral, pues genera automáticamente una relación jerárquica y asimétrica con el entrevistado porque lo está tratando como "objeto" de investigación y no como persona de igual a igual. En cambio, cuando los investigadores se revelan y ofrece sus opiniones o ideas, están tratando al entrevistado como ser humano.

A.2.4. GRUPOS FOCALES

Una herramienta útil para entender el contexto en el cual los actores del problema operan, es el grupo focal. Este ayuda a entender las dinámicas de grupo y ayuda cuando se hace necesario interpretar hechos o situaciones. Por lo general, el grupo focal debe estar conformado entre seis y nueve personas para mantener el nivel de interés e involucramiento. Este grupo está conformado por personas que no se conocen entre sí, que no conocen al moderador y que tienen experiencias y puntos de vista diferentes. Sin embargo, se debe asegurar que el nivel de educación y estatus social de los participantes sea similar para garantizar una equitativa participación. El rol del moderador es esencial para el éxito de esta herramienta, pues es él el que debe generar confianza, crear un ambiente propicio y escoger adecuadamente las preguntas para obtener la información que se desea.

A.2.5. OBSERVACIÓN ETNOGRÁFICA

La observación es una técnica primaria para la recolección de información de comportamiento no verbal. Aunque la observación involucra comúnmente la recolección de información visual, también incluye recolección de información por otros sentidos como el oído, el tacto o el olfato. La observación no imposibilita el uso de otros métodos de investigación, por el contrario, en muchas ocasiones es llevado a cabo en conjunto con otros métodos; generalmente antecede a las encuestas y se lleva a cabo de manera simultánea al estudio documental o a la experimentación (BAILEY, 1982, 248).

El método consiste en observar el lugar en donde se centra el problema identificado y monitorear el comportamiento de los actores en lugar de preguntarles directamente a las personas sobre los temas estudiados. En general, es un método que se prefiere cuando se estudia el comportamiento en un espacio determinado o en una institución. Un estudio que puede servirse de este método es, por ejemplo, sobre la interrelación de los trabajadores de diferentes áreas en una empresa. Para llevar a cabo el ejercicio de observación se necesita: vigilar una actividad varias veces; desarrollar estándares de registro; desarrollar categorías de registro; desarrollar pasos para asegurar que la información recogida es representativa. Según Bailey existen dos tipos de observación: participativa y no participativa. En la participativa el observador hace parte de las actividades que están siendo observadas y su rol dual no es conocido, generalmente, por los otros participantes. En la no participativa, el observador asume un papel aislado del entorno, presuntamente indiferente a lo que lo rodea.

Una de las principales ventajas de este método es que tiene la capacidad para recolectar información sobre el comportamiento no verbal de los individuos estudiados. Si un entrevistador pregunta a un individuo acerca de su comportamiento, es probable que se encuentre con algunos obstáculos como la negación, la falta de memoria, las respuestas políticamente correctas o socialmente deseables, pero no ciertas, entre otras. El método de observación permite obtener la información requerida de primera mano. Otra ventaja de este método es el hecho de que la observación toma lugar en un ambiente natural de los individuos objeto de estudio, lo que hace que sea menos reactivo que otras técnicas de recolección de datos. Por otra parte, la observación permite un tiempo mayor para obtener información, pues no tiene que acordar tiempos ni ajustarse a la agenda de la persona estudiada, lo que ocurre en la utilización de otros métodos como las encuestas y las entrevistas.

Aunque es un buen método de investigación, su precisión depende de las cualidades del observador. Se basa en pequeñas muestras, pues es muy difícil homogeneizar la información recolectada por una cantidad grande de observadores, y esta tiende a ser subjetiva y difícil de cuantificar. De la misma manera, un impedimento de este método es que se puede producir el efecto perverso de que las personas observadas cambian sus compartimientos por el hecho de estar siendo estudiadas. Por otra parte, la observación como técnica carece de capacidad de control, pues al llevarse a cabo en un ambiente natural el investigador tiene poco control sobre variables exógenas que puedan afectar los datos. Por último, la observación puede ser poco recomendable cuando se están estudiando temas sensibles, pues es muy difícil garantizar el anonimato.

A.3. CONCLUSIONES

Los métodos presentados en este capítulo no son mutuamente excluyentes. Incluso, lo mejor es combinarlos en la práctica, razón por la cual el analista debe estar en capacidad de aplicar cualquier método.

EPÍLOGO

REFLEXIONES CRÍTICAS

Se entrega a la comunidad académica un libro excepcional en los estudios de políticas públicas en Colombia: el Manual de análisis y diseño de las políticas públicas, la obra más seria y rigurosa que se haya publicado en Colombia sobre políticas públicas.

Hemos señalado en otro lado (CUERVO, 2007)[1] que la producción de textos en políticas públicas en Colombia, y en general en América Latina, es muy escasa comparada con la producción de países como Estados Unidos o Francia, por solo nombrar dos escenarios donde el análisis de política pública ya ha logrado el estatus de disciplina en el interior de los programas de ciencia política.

En Colombia, el discurso de políticas públicas es de adopción y poca adaptación de ideas construidas y desarrolladas en escenarios institucionales y culturales diferentes al de los países de América Latina, razón por la cual, se habla más de políticas públicas de lo que en realidad se hacen. Por lo general, los textos conocidos son traducciones de textos en francés o en inglés, lo que sin duda ayuda a ampliar la difusión de la disciplina, pero muy pocos se orientan a entender la complejidad misma de los procesos de formación de políticas públicas en nuestros contextos.

El *Manual* apunta en esa dirección, muy en la tradición de los *Handbook* desarrollados en universidades europeas y estadounidenses, donde más allá de la teoría general, se avanza en la línea de entregar herramientas analíticas y metodológicas al estudiante para que pase de la elucubración y la reflexión y se sumerja en el mundo de la práctica. Este *Manual* apunta a ser una caja de herramientas conceptuales y prácticas para hacer y analizar políticas públicas.

Hay cosas de las que no se ocupa el *Manual* porque desbordaría su ámbito temático: ser una caja de herramientas para la acción. Sobre algunas de esas cosas quisiera hacer mención en este epílogo, de manera que su ausencia no se entienda como una deficiencia, toda vez que la valía del *Manual* debe apreciarse en su propia lógica.

Lo primero sobre lo que quisiera llamar la atención, es que luego de una lectura cuidadosa, un lector desprevenido podrá pensar que esta herramienta

---

[1] JORGE IVÁN CUERVO RESTREPO y JEAN FRANCOIS JOLLY (2007). "Introducción", en *Ensayos sobre políticas públicas*, Bogotá, Universidad Externado de Colombia.

lo habilita para ser competitivo en el mercado de la consultoría de las políticas públicas, mercado que en Colombia, o es muy incipiente o definitivamente no existe. Los analistas de políticas públicas, sobre los cuales el *Manual* tiene un capítulo bien interesante y novedoso, son demandados para participar en los procesos de formación de políticas públicas y, salvo algunas contadas excepciones, dicho mercado está más orientado a la evaluación de políticas, tema del cual el *Manual* también se ocupa en el capítulo 9.

La ausencia del mercado de la formación de políticas públicas se explica por la excesiva formalidad jurídica que caracteriza el itinerario de una política pública en Colombia, atado más a las etapas que señala la ley y enmarcadas en los restrictivos espacios de los planes de desarrollo y de los presupuestos públicos. El sentido de oportunidad para identificar un problema, como lo señala el análisis de política pública, no es el de la urgencia para resolverlo sino el de la posibilidad legal de usar los recursos que han sido asignados sin que el proceso de análisis haya terminado.

Veamos un ejemplo. Si en un municipio se identifica el problema de vulnerabilidad de los adultos mayores de escasos recursos, el tema debe ser incorporado en el plan de desarrollo, seguramente sin la información básica que permita establecer el grado de vulnerabilidad de esta población ni el número de la misma. Después, es necesario asignar un presupuesto inicial, pensando en una alternativa de solución concreta, por ejemplo, un hogar de paso donde reciban atención en salud, alimentación y hospedaje. Es decir, ya desde el plan de desarrollo y desde el presupuesto se determina el tipo de alternativa de solución que se va a adoptar en la política pública, y el papel del analista, si es que es convocado, porque por lo general las decisiones son el resultado de la inercia burocrática, lo es con el fin de legitimar una decisión que fue adoptada en el ámbito de lo político institucional. La alternativa de solución no es, entonces, el resultado de un proceso de análisis de la información necesaria que permita identificar, con claridad, la mejor en términos de su eficiencia, de su viabilidad política y económica y de sus posibilidades de implementación.

Esta lógica, que es la que se reproduce en la mayoría de los ejercicios de planeación en Colombia se encuentra bastante disociada del análisis de política pública, lo cual nos ha llevado a sostener que la lógica de planeación y la de política públicas son dos formas de abordar la acción gubernamental, a menudo contradictorias, toda vez que la primera se inscribe en el modelo donde el Estado era considerado como actor central del desarrollo y este era una variable que podía ser intervenida desde la acción del gobierno, mientras que la segunda se inscribe en un modelo donde el Estado perdió la centralidad en la promoción del desarrollo y la virtud, entonces, más que estar orientada a potenciar la capacidad estatal, se orienta más bien hacia la reconstrucción de lo público, donde la esfera estatal, converge con la esfera del mercado y de la sociedad civil.

El discurso de las políticas públicas, y con ello el análisis de política pública, se ha consolidado en una lógica estatalista, sobrevalorando la capacidad del Estado y subvalorando la acción de los actores sociales, en la solución de los problemas. Esta deficiencia, propia de un cambio de paradigma a otro, como es el del modelo positivo al modelo deliberativo (Roth, 2008)[2] y en modo alguno atribuible al *Manual*, está siendo señalada en los nuevos desarrollos de la teoría de las políticas públicas, en obras como las de Sabatier y Fischer[3].

En los procesos de formación de planes de desarrollo y de formulación de proyectos, con sus respectivos presupuestos, que es el ámbito institucional en el cual se inscribe la acción gubernamental en Colombia, no existe cultura institucional para convocar al analista de políticas públicas, toda vez que como ya lo hemos dicho el resultado es producto de la inercia que viene del programa de gobierno del candidato ganador (en el cargo de elección popular correspondiente), documento que por lo general se hace con información muy básica, y la proveniente de la inercia institucional de las oficinas de planeación o de las oficinas de las políticas sectoriales en los ministerios o secretarías. Para decirlo de una manera más sencilla, en Colombia se pasa del programa de gobierno, al plan de desarrollo con la respectiva consulta a los consejos de planeación, donde se supone se incorpora la voz de la sociedad civil, y luego al proyecto de inversión sin pasar por la política pública. Esto implica que casi siempre se asocie un programa o un proyecto a una política pública, confusión conceptual y metodológica de la que los analistas de política pública no nos hemos hecho cargo en toda su dimensión.

---

[2] Roth, A-N. (2008). "Perspectivas teóricas para el análisis de las políticas públicas. ¿De la razón científica al arte retórico?", en *Revista de Estudios Políticos* n.º 33, Medellín, Universidad de Antioquia.

[3] Ver, Rocío Rubio Serrano y Alfredo Rosero Vera. (2010). "El *Advocacy Coalition Framework* de Paul A. Sabatier: Un marco de análisis de política pública basado en coaliciones promotoras": en A-N. Roth (2010). *Enfoques para el análisis de políticas públicas*, Bogotá, Universidad Nacional. Ver también: Luz Alejandra Cerón Rincón y Mireya Camacho Celis. (2010). "El enfoque discursivo y deliberativo de Frank Fischer: una lectura de *Reframing Public Policy. Discursive Politics and Deliberative practices*", en A-N. Roth, Ibid.

Esto significa que la efectividad de la aplicación de las herramientas del *Manual* está subordinada a una serie de lógicas políticas e institucionales que debemos seguir desentrañando y develando para evitar que se quede en un discurso más. Esto supone una revisión a profundidad del llamado ciclo de vida del proyecto de inversión pública, que es finalmente la unidad de análisis en la que se materializa una política pública, con el grave riesgo advertido por Roth[4] sobre la confusión que puede presentarse entre política pública, programa y proyecto.

Otro tema al cual quisiera referirme, es el relacionado con los actores que participan del proceso de formación de la política pública. El *Manual* no lo advierte porque desborda las pretensiones de una herramienta operativa pero es necesario tener en cuenta que la aplicación del *Manual* en un escenario institucional y político específico supone la convergencia de distintos actores políticos, institucionales y sociales que tienden a interpretar y a resignificar los contenidos de la política pública y, por ende, del *Manual* de acuerdo con sus intereses y sus expectativas de maximización de su función de bienestar. Es decir, si bien puede decirse que el *Manual* es una herramienta "neutral", los actores que determinan su aplicación no lo son, y el analista no debe perder de vista esta circunstancia para no incurrir en el riesgo de instrumentalizar la realidad social y política.

Un tercer punto que quisiera señalar es el relacionado con el llamado proceso de agendación de los problemas, conocido en la literatura de políticas públicas como la *agenda setting*. Este es un punto muy importante en los procesos de formación de políticas públicas (Cuervo, 2007)[5], por cuanto ya se ha establecido que ningún sistema político está en condición de tramitar eficazmente todos los problemas que afectan a un colectivo social. De suerte que el proceso de selección de los problemas constituye un momento –o conjunto de momentos, toda vez que no hay un solo momento en el cual los problemas sociales ingresan en la agenda– fundamental en el que el gobierno decide sobre cuáles problemas debe iniciarse una intervención gubernamental. El *Manual* debe entenderse como que esta decisión desborda las posibilidades de un analista de políticas públicas, toda vez que, por

---

4   Roth, A-N. (2010). "¿Política, programa o proyecto?", en *Boletín de Política Pública*, n.º 8, Bogotá, Departamento Nacional de Planeación, Bogotá.
5   Cuervo Restrepo, Jorge Iván. (2007). "La definición del problema y la elaboración de la agenda", en *Ensayos sobre políticas públicas*, Bogotá, Universidad Externado de Colombia.

decirlo de alguna manera, los problemas eligen al analista y no el analista a los problemas. Por supuesto, que cuando digo que el problema busca al analista, estoy diciendo que los problemas que deben estar en la agenda de un gobierno se seleccionan en lógicas políticas y sociales que van más allá de una herramienta práctica como el *Manual*.

De otro lado, también es importante resaltar que una definición técnica de un problema, tal y como el *Manual* lo aborda en el capítulo 4 con exhaustividad y precisión, muchas veces no tiene en cuenta que más allá de esa definición, lo que termina predominando es la representación social dominante sobre la manera como el problema se incorporó en la agenda política, y al analista no le corresponde variar esa percepción. Veamos un ejemplo: si una comunidad está afecta por un problema de consumo de drogas en la población juvenil, y además a ese problema se suma la inseguridad asociada a la distribución de las drogas, la probabilidad que el problema sea percibido como un problema de seguridad es muy alta, de suerte que el proceso de definición del problema difícilmente va a poder contradecir esa percepción, más allá de que el analista considere desde su punto de vista que lo ideal en el mediano plazo sea la legalización de las drogas, por qué así lo indica su formación ideológica y sus expertia técnica. Esto implica entender la fase de la definición del problema como una fase a mitad de camino entre la valoración de la información técnica y la valoración política y social en el entorno donde se configura esa definición.

En los capítulos 5 y 6 sobre la "Identificación de criterios de decisión y de alternativas" y el de la "Evaluación de las alternativas", quisiera discutir un poco algunos de los elementos señalados en el *Manual*, solo a título de discusión académica. Lo primero, señalar que la selección de alternativas que deben ser consideradas deben pasar un mínimo de test de habilitación para ser seleccionadas, en el cual el componente de legalidad resulta determinante. Por más eficiente que pueda ser una alternativa, si esta contradice la legalidad simplemente no puede ser considerada. Algunos autores, y el *Manual* así lo sugiere, que ese criterio debería ser considerado como un elemento de la evaluación, sin embargo, el analista de política solo puede sugerir al tomador de la decisión aquellas alternativas que puedan ser implementadas en el entorno institucional y legal en el cual se implementará. Si bien esto constituye una restricción al modelo de análisis de política pública en el cual se inscribe el *Manual*, también es cierto que constituye una garantía de estabilidad y de continuidad.

En relación con el número de alternativas por considerar, el número de criterios para utilizar y los factores de ponderación que se usarían en los modelos multivariables, como en el método de criterios ponderados, considero que es necesario avanzar más allá para tratar de llegar a un consenso básico sobre el número y sobre el peso porcentual de cada factor para que no quede al arbitrio del analista. Esto supone afinar las herramientas analíticas y metodológicas provenientes de la estadística y de la econometría para seguir reduciendo el margen de incertidumbre en el proceso de toma de decisiones que es de lo que se trata el APP y, por supuesto, el *Manual*.

Finalmente, sobre la fase de la evaluación de las alternativas, es necesario señalar que el resultado del proceso es un insumo para la decisión de quien está legitimado para tomarla. Es la diferencia entre el *policy making process* y el *policy decision process*, y los distintos roles entre el *policy maker y el policy taker*, sobre lo cual casi siempre se presenta confusión. El primero alimenta y soporta al segundo. El analista de política puede acompañar el proceso de elaboración de la política, pero es al gobernante y a su equipo de trabajo a quienes corresponde la decisión. Esta premisa supone entonces que es al gobierno entendido en sentido amplio al que le corresponde, dentro de sus restricciones políticas, normativas, institucionales y culturales, tomar la decisión.

El analista riguroso debe sugerir distintos escenarios de decisión y de implementación de las alternativas evaluadas, con sus respectivas probabilidades de éxito, así como los costos y beneficios de elegir una u otra, o incluso una combinación de distintas alternativas, y en relación con la implementación se sugiere apuntar a escenarios acotados, tales como pruebas piloto, tema que se articula con el capítulo 8 relacionado con el "Diseño de planes de implementación".

Los tiempos de la implementación no necesariamente son los mismos del plan diseñado en el documento preparado por el analista, de suerte que un buen plan debe incorporar esta variable tiempo, pues no es lo mismo materializar una política al principio que al final del gobierno, en período electoral o en normalidad institucional. No siempre se tiene la información a la mano sobre los determinantes de una buena implementación, razón por la cual se sugiere diseñar un modelo abierto y flexible que permita reaccionar a los cambios del entorno.

Por último, y en relación con la fase de la evaluación, no sobra señalar que si bien analítica y operativamente se ubica al final del ciclo, también es cierto que los criterios de evaluación de la política se construyen desde el momento en que se define el problema, toda vez que es en ese momento que se construye la línea base, LB, sobre la cual se intervendrá para conseguir los objetivos de la política, de suerte que una evaluación de impacto se centraría en recoger y procesar la información que permita establecer la variación entre la LB definida y un período de tiempo determinado al cabo del cual se va a hacer la evaluación.

Para saber si la política de aumento de cobertura educativa ante el problema de la deserción escolar está siendo efectiva, tengo que saber cuántos niños, niñas y adolescentes en edad escolar están en el sistema educativo al inicio de la política, cuántos están por fuera y cuántos ingresan al final del período para saber cuán efectiva ha sido esa intervención. Esto implica que no tiene sentido hacer una evaluación ex post (de eficacia, de eficiencia o de impacto) con información conseguida luego de implementada la política, si el plan de monitoreo y de evaluación no se articula con la información recogida en el momento del diseño de la política pública.

El trabajo realizado por Sarah Tadlaoui, Sara Porras, José Andrés Duarte, Luis Hernando López, Lina Paola Martínez y Gloria Calderón, bajo la orientación conceptual y metodológica de Gonzalo Ordóñez, todos ellos salidos de la entraña del curso de modelos de análisis de políticas públicas que se dicta en la Facultad de Finanzas, Gobierno y Relaciones Internacionales de la Universidad Externado de Colombia, constituye un esfuerzo académico encomiable que la comunidad de políticas públicas en habla hispana debe valorar y celebrar.

La oportunidad que tuve de ir conociendo los manuscritos originales, de intercambiar ideas con Gonzalo sobre distintos temas y enfoques desarrollados en el *Manual*, me permitieron valorar esta obra que constituye un antes y un después en los estudios de políticas públicas en Colombia y América Latina.

A estudiarla, a entenderla, a criticarla, a difundirla, a mejorarla, es lo que nos corresponde.

Jorge Iván Cuervo Restrepo
Docente de teoría de políticas públicas, Facultad de Finanzas, Gobierno y Relaciones Internacionales de la Universidad Externado de Colombia. Bogotá, agosto de 2012.

LOS AUTORES Y EL PROCESO DE ELABORACIÓN DE ESTE LIBRO

Literalmente, este *Manual* se escribió a 14 manos. Concebido como un proyecto colaborativo, se elaboró de la siguiente manera: GONZALO ORDÓÑEZ, coordinador del equipo, registró en una grabadora de voz sus clases de pregrado sobre la materia dictadas durante 16 semanas. Una vez transcritas las más de 25 horas de grabación, modificó, complementó y adaptó la versión oral a una versión más acorde con un trabajo escrito más completo. Una vez se contó con una versión "completa" o, mejor, "trabajable" del primer borrador del *Manual*, distribuyó los capítulos para su revisión y complementación de la siguiente manera: SARAH TADLAOUI se hizo cargo de enriquecer, y en muchos casos escribir, los capítulos 1 ("El análisis de política pública"), 2 ("El proceso de las políticas públicas") y 3 ("El papel del analista de políticas públicas"). En esa labor aportaron también LUIS LÓPEZ y SARA PORRAS. SARA, por su parte, hizo lo mismo con el capítulo 4 ("El problema de definir el problema") y el Anexo ("Caja de herramientas para la recolección de información relevante para el análisis y el diseño de políticas públicas"). JOSÉ DUARTE se responsabilizó de los capítulos 5 ("Identificación de criterios de decisión y de alternativas de solución") y 6 ("Evaluación de alternativas"). LUIS LÓPEZ hizo lo propio con el capítulo 7 ("Recomendación y argumentación de las soluciones"). LINA MARTÍNEZ se hizo cargo de los capítulos 8 ("Diseño de planes de implementación") y 9 ("Diseño de planes de monitoreo y evaluación"). GLORIA CALDERÓN se encargó del capítulo 10 ("Comunicación efectiva del análisis de políticas públicas"). Por último, LINA MARTÍNEZ se hizo responsable de editar la bibliografía. El orden de aparición de los autores en la carátula del libro responde al que tienen los capítulos en los que cada autor contribuyó con mayores aportes.

La revisión de cada entrega la hizo GONZALO ORDÓÑEZ de manera bilateral con los responsables, en primera instancia, seguida por una incorporación de nuevo material resultante de sus reflexiones en el marco de las clases que paralelamente dictaba en posgrado (especialización, maestría y doctorado), lo cual culminaba con una posterior revisión cruzada de parte de los otros autores del *Manual*. Dichas revisiones eran nuevamente revisadas por GONZALO, quien además procuraba que su incorporación mantuviera un solo estilo en la escritura.

A pesar del desplazamiento del coordinador del proyecto a Holanda en 2010, de la estadía de varios meses de Sara, Luis y Lina en Francia, y del cambio de lugar de trabajo de la mayoría de los miembros del equipo, todos supieron "blindar" este proyecto de manera que las metas y responsabilidades fueran cumplidas.

Así, con la ayuda de *Skype*, *Dropbox*, unas cuantas reuniones en restaurantes de Bogotá, varias horas de aeropuerto y tren, y un "retiro" de un fin de semana en una finca cerca al municipio de Subachoque (¡gracias a "Tuto"!), se pudo tener una versión "lista" para su exposición a la crítica fuera del equipo.

En ese marco, varios borradores fueron asignados como lectura obligatoria en las clases de posgrado y pregrado dictadas por el coordinador y los coautores del *Manual*, en donde se hacían mesas redondas para mejorar el contenido del mismo. Igualmente, Jorge Iván Cuervo y Jesús Carrillo, profesores del área de políticas públicas de la Facultad de Gobierno y Relaciones Internacionales de la Universidad Externado leyeron la penúltima versión, e hicieron aportes importantes a su calidad. Jorge Iván incluso hizo un aporte cualitativo y crítico, el cual se encuentra recogido en el Epílogo de este *Manual*.

En total, la elaboración tomó más de 3 años. En septiembre de 2012 se sometió a la revisión profesional de estilo, y en diciembre a la consideración de la casa editorial de la universidad.

He aquí una breve presentación de cada uno de los autores del *Manual* en orden alfabético.

Gloria A. Calderón Peña es profesional en gobierno y relaciones internacionales de la Universidad Externado de Colombia, con título de máster en gerencia y gestión del conocimiento en las organizaciones de la Universidad Oberta de Cataluña. Su mayor experiencia laboral la ha adquirido en el sector público y en la docencia, como profesora de métodos de análisis de políticas públicas, de la Facultad de Finanzas, Gobierno y Relaciones Internacionales. Actualmente trabaja en el icbf, en la Oficina de Cooperación y Convenios, coordinando alianzas entre el sector público y el sector privado en beneficio de los niños, niñas y adolescentes más vulnerables de Colombia.

José Andrés Duarte García, oriundo de Cúcuta, Norte de Santander, es profesor de métodos de análisis de políticas públicas de la Facultad de

Finanzas, Gobierno y Relaciones Internacionales de la Universidad Externado de Colombia, y trabaja como gestor regional de competitividad para el Viceministerio de Turismo del Ministerio de Comercio, Industria y Turismo de la República de Colombia. Se graduó como profesional en gobierno y relaciones internacionales de la Universidad Externado de Colombia, y especialista en opinión pública y marketing político de la Pontificia Universidad Javeriana en Bogotá. Durante su pregrado desarrolló estudios de intercambio universitario en la Facultad de Ciencia Política de la Universidad de Buenos Aires, igualmente se desempeñó como investigador y monitor académico de las áreas de gobierno y relaciones internacionales. Fue oficial de programas del Instituto Republicano Internacional en Colombia y trabajó para la Oficina de las Naciones Unidas contra la Droga y el Delito. Ha sido autor de artículos para publicaciones del Departamento Nacional de Planeación, la Federación Colombiana de Municipios, la Universidad Externado de Colombia, entre otras, y colaborador en publicaciones de la Procuraduría General de la Nación y el Programa de las Naciones Unidas para el Desarrollo. Fue reconocido como Joven Sobresaliente de Norte de Santander por la Cámara Junior Internacional, Capítulo Norte de Santander, gracias a su liderazgo y logros académicos.

Luis Hernando López es profesional en gobierno y relaciones internacionales de la Universidad Externado de Colombia. Realizó estudios en el Instituto de Estudios Políticos de Burdeos (Sciences Po Bordeaux). Fue asesor del despacho del ministro de hacienda y crédito público. Como asesor de despacho, apoyó el manejo de las relaciones con el Congreso de la República, donde participó en el trámite de leyes para el país como lo son presupuestos generales de la nación, el Plan Nacional de Desarrollo 2010-2014, la Ley de Regla Fiscal, la Reforma Tributaria y las Reformas Constitucionales a las Regalías y de Sostenibilidad Fiscal, entre otras. Fue asesor del secretario general de la Presidencia de la República. Actualmente es director de gestión público-privada en Dattis Consultores.

Lina Paola Martínez Fajardo es profesional en gobierno y relaciones internacionales con énfasis en asuntos políticos y relaciones internacionales. En su vida profesional se ha orientado hacia las temáticas de derechos humanos y cooperación internacional, así como en el análisis y evaluación de políticas públicas. Su vida laboral se ha desarrollado mayormente en el trabajo como consultora en formulación, ejecución y evaluación de proyectos financiados por agencias internacionales de cooperación para el desarrollo, en diferentes organizaciones colombianas sin ánimo de lucro. Por su parte, se ha encaminado en la docencia como profesora asistente de la materia métodos de análisis de políticas públicas, en la Facultad de Finanzas Gobierno y Relaciones Internacionales de la Universidad Externado de Colombia. Es consultora junior del Banco Mundial en el proyecto "Colombia, Fortaleciendo los Derechos Humanos en los Programas Regionales de Paz y Desarrollo", el cual se financia con recursos del Fondo Nórdico, NTF, mediante su programa "Conocimiento y Aprendizaje en Derechos Humanos para Personal del Banco Mundial", y apoyó el tercer componente y cierre de dicho proyecto.

Gonzalo Ordóñez-Matamoros es profesor e investigador asociado del Centro de Investigaciones y Proyectos Especiales, CIPE, de la Facultad de Gobierno y Relaciones Internacionales de la Universidad Externado de Colombia en Bogotá, profesor asistente de la Facultad de Gestión y Gobernanza de la Universidad de Twente en los Países Bajos, e investigador asociado del Technology Policy and Assessment Center del Georgia Institute of Technology en Atlanta. Se graduó como profesional en finanzas y relaciones internacionales de la Universidad Externado de Colombia, máster en economía internacional y desarrollo económico de la Universidad de París I-Panthéon-Sorbonne, máster en derecho de las relaciones económicas internacionales de la Universidad de París X-Nanterre, Francia, y PhD en políticas públicas del Georgia Institute of Technology y el Georgia State University de los Estados Unidos. El doctor Ordóñez dirige el curso internacional para profesionales sobre evaluación de la I+D del Departamento de Ciencia, Tecnología y Estudios Políticos de la Universidad de Twente. Fue director ejecutivo del Observatorio Colombiano de Ciencia y Tecnología, OCyT, asesor en planeación estratégica y prospectiva de Colciencias, y ha sido consultor de la Comisión Europea, del Programa de Naciones Unidas para el Desarrollo, del Banco Interamericano de Desarrollo, de la Organización de Estados Americanos, de la Red Ibero-Interamericana de Indicadores de Ciencia y Tecnología, y de la Agencia Presidencial para la Acción Social y la Cooperación Internacional de Colombia. Ha sido autor y co-autor de libros, capítulos de libros y artículos arbitrados en temas relacionados con la administración pública, las políticas públicas para la ciencia, la tecnología y la innovación, las relaciones internacionales y sobre métodos de diseño y evaluación de políticas públicas.

Sara Porras Alzate es profesora de la Facultad de Finanzas, Gobierno y Relaciones Internacionales de la Universidad Externado de Colombia. Es joven investigadora en el Centro de Investigación y Proyectos Especiales, cipe, de la misma Universidad en donde se graduó como profesional en gobierno y relaciones internacionales. Realizó estudios de intercambio en el Instituto de Estudios Políticos de Burdeos (Sciences Po Bordeaux). Ha enfocado su vida profesional y académica hacia los campos de la cooperación internacional con énfasis en estudios europeos y derechos humanos, así como en temas presupuestales del Estado y el análisis de políticas públicas. Hizo su práctica laboral en la Delegación de la Unión Europea para Colombia, fue asistente de proyectos en la Comisión Colombiana de Juristas y hoy es analista de la Dirección de Inversiones y Finanzas Públicas en el Departamento Nacional de Planeación.

Sarah Tadlaoui se graduó de Sciences Po Paris. Tiene maestría en asuntos públicos de Sciences Po Paris, y maestría en desarrollo internacional de Columbia University (School of International and Public Affairs). Ha sido consultora de la Oficina de Naciones Unidas contra la Droga y el Delito y Ashoka, Middle East. Dirige el Programa Capstone de formación en consultoría para asuntos públicos y es investigadora del Centro de Investigaciones y Proyectos Especiales, cipe, de la Facultad de Finanzas, Gobierno y Relaciones Internacionales de la Universidad Externado de Colombia en Bogotá. Ha trabajado en temas relacionados con las políticas públicas de atención a población vulnerable, desplazamiento, restitución de tierras y generación de ingresos.

BIBLIOGRAFÍA

ADAMS, G. (1981). *The Iron Triangle: The Politics of Defense Contracting*, New York, Council on Economic Priorities.

AGUILAR, L.F. (1993). *Problemas públicos y agenda de gobierno*. México, Miguel Ángel Porrúa Grupo Editorial.

AGUILAR, L.F. (ed.). (2009). *El estudio de las políticas públicas*. 2da.ed., México, Miguel Ángel Porrúa Grupo Editorial.

ALBERT, J. (1977). "Some Epistemological Aspects of Cost-Benefit Analisis", *George Washington Law Review*, 45, n.º 5:1030.

ALVIRA, F.; GARCÍA FERRANDO, M. e IBÁÑEZ, J. (1986). *El análisis de la realidad social: métodos y técnicas de investigación*. Madrid, Alianza Editorial.

ANDERSON, J. E. (2003). *Public Policymaking: An introduction*, 5.ª ed. Boston, Houghton Mifflin.

ARROW, K.J. (1951). *Social Choice and Individual Values*, 2.ª ed. Yale University Press, New Haven.

BAILEY, K. D. (1982). *Methods of Social Research*, 2.ª ed., Nueva York, The Free Press.

BARDACH, E. (1999). *Los ocho pasos para el análisis de políticas públicas. Un manual para la práctica*. México, CIDE/Porrúa.

BARKUN, M. (2003). *A Culture of Conspiracy: Apocalyptic Visions in Contemporary America*, Berkeley, University of California Press.

BAUMGARTNER, F. R. y JONES, B. D. (1993). *Agendas and Instability in American Politics*. Chicago, University of Chicago Press.

BERTRAND, J. y MULLER, P. (1987). *L'Etat en action. Politiques Publiques et corporatismes*, Paris, PUF.

BÖRZEL, T. (1988). "Organizing Babylon: on the different conceptions of policy Networks", *Public Administration*, 76.

BOWER, J. L. (1968)."Descriptive Decision Theory from the Administrative View Point", Chapter 3, in R.A. BAUER and K. J. GERGEN Ed. *The Study of Policy Formation*, New York, Free Press.

BROWNE, W. P. (1998). *Groups, Interests, and U.S. Public Policy*, USA, Ed. Georgetown University Press.

CALDWELL, R. (2002). *Project Design Handbook*. Atlanta, CARE DME Series.

CASTELLS, M. y GODARD, F. (1974). *Monopolville*, Paris, Mouton.

CHAPARRO, J. C. y LORA, E. (noviembre de 2008). *La conflictiva relación entre la satisfacción y el ingreso.* (Recuperado el 29 de julio de 2012), Banco Interamericano de Desarrollo: http://idbdocs.iadb.org/wsdocs/getdocument.aspx?docnum=1741719

CLEMONS, R. S. y McBETH, M. K. (2001). *Public Policy Praxis: Theory and Pragmatism, A Case Approach*. New Jersey: Prentice Hall, Upper Saddle River.

COHEN, M. D., MARCH, J. G. y OLSEN, J. P. (1972). "A Garbage Can Model of Organizational Choice", *Administrative Science Quarterly*, vol. 17 (n.º 1)., pp. 1-25.

COLLIER, R. y COLLIER, O. (1991). *Shaping the Political Arena*, N.J., Princeton Press.

CUERVO, J. I. (2007). *Ensayos sobre políticas públicas*. Bogotá, Universidad Externado de Colombia.

CUERVO, J. I. (2010). "Las políticas públicas y el marco normativo", *Política Pública Hoy*, vol. 3, (n.º 1), pp.5-8.

DAHL, R. (1967). *Pluralist Democracy in the United States: Conflict and Consent*, Chicago, Rand McNally.

DEHAVEN-SMITH, L. y VAN HORN, C. E.. (1984). "Subgovernment Conflict in Public Policy", *Policy Studies Journal*, vol. 12 (n.º 4), June, pp. 627-642.

DELEON, P. (1988). *Advise and Consent: The development of the policy sciences*. New York, The Russel Sage Foundation.

DELEON, P. (1994)."The Policy Sciences Redux: new Roads to Postpositivism", *Policy Studies Journal* vol. 22, n. 1.

DELEON, P. y DELEON, L. (2002). "Whatever happened to Policy Implementation? An Alternative Approach", *Journal of Public Administration Research and Theory* 12:4:467-492.

DELEON, P. y STEELMAN, T.A. (1999). "The once and future Public Policy Program", *Policy Currents*, 9(2), 1-9 deLeon, P. y Steelman, T. A. (2001). "Making public policy programs effective and relevant: The role of the policy sciences", *Journal of Policy Analysis and Management;* Winter, 20.

Departamento Administrativo Nacional de Estadística, dane. (2009). Proceso de conciliación censal 1985-2005. En M. D. Social, *Inequidades sociales de la infancia y la adolescencia*, Bogotá.

Dery, D. (1999). "Policy by the way". *Journal of Public Policy*, 18(2), 1-14.

Dror, Y. (1983). *Public Policymaking Reexamined*. New Jersey, Transaction Books.

Dror, Y. (1971 (2000)). *Prolegómenos para las ciencias políticas*. En Aguilar, L. (ed.). *El estudio de las políticas*. México, Miguel Ángel Porrúa.

Dubnick, M. J. y Bardes, B. A. (1983). *Thinking about Public Policy: A problem-solving approach*. New York, Wiley.

Dubost, B. (7 de noviembre de 2008). *El trabajo de campo. (*Recuperado el 29 de julio de 2012). http://segmento.itam.mx/Administrador/Uploader/material/TRABAJO%20DE%20CAMPO.PDF

Dunn, W. N. (2004). *Public Policy Analysis, An Introduction*, 3.ª ed., New Jersey, Pearson Prentice Hall.

Dye, T.R. (1992). *Understanding Public Policic*, 7.ª ed., Nueva Jersey, Prentice-Hall Inc.

Etzioni, A. (diciembre de 1967). "Mixed-Scanning: A "Third" Approach to Decision-Making", *Public Administration Review*, vol. 27 (n.º 5), pp. 385-392.

European Commission (2006). *Cross Impact Analysis.* (Recuperado el 25 de junio de 2011). http://forlearn.jrc.ec.europa.eu/guide/2_design/meth_cross-impact-analysis.htm

Feinstein, O. (mayo-junio 2007). "Evaluación pragmática de política pública", *Evaluación de Políticas Publicas*, ICE, (n.º 836), pp. 19-30.

Fenster, M. (1999). *Conspiracy Theories: Secrecy and Power in American Culture*, Minneapolis, University of Minnesota Press

Fernández Espina, C. E. (Acta bioquím. clín. latinoam. v. 38, n.º 3 La Plata de jul-sept de 2004). *Acta bioquímica clínica latinoamericana, (* Recuperado el 29 de julio de 2012), Scielo: http://www.scielo.org.ar/scielo.php?script=sci_arttext&pid=S0325-29572004000300009#1

FIELDMAN, A. M. (2008). "Welfare Economics", *The New Palgrave Dictionary of Economics*. 2.ª ed., Durlauf, S. N. y Blume, L. E. Palgrave Macmillan.

FORESTER, J. (1993). *Critical Theory, Public Policy and Planning Practice*, State University of New York Press.

GUBA, E. G. (1990). *The Paradigm Dialog.* London, Sage.

HABERMAS, J. (1978). *Raison et légitimité. Les problèmes de légitimation dans le capitalisme avancé*, Paris, Payot.

HECLO, H. (1995). "Issue Networks in the Executive Establishment". En *Public Policy. The essential readings*. S. Theodoulou and M. A. Cahn. Upper Saddle River, NJ, Prentice Hall.

HERNÁNDEZ, G. (1999). "El análisis de las políticas públicas: una disciplina incipiente en Colombia", *Revista de Estudios Sociales*, n.º 4. Bogotá, Universidad de los Andes, pp. 80-91.

HOOD, C. (2003). *The Art of the State*, Oxford University Press.

HOPPE, R. (2010). *The Governance of Problems: Puzzling, Powering and Participation.* Bristol, Policy Press.

HOWLETT, M.; RAMESH, M. y PERL, A. (2008). Toronto, Oxford University Press.

INDEXMUNDI. (26 de julio de 2012). http://www.indexmundi.com/colombia/unemployment_rate.html. (Recuperado el 29 de julio 2012).

INGRAM, H. y SCHNEIDER, A. (1997). *Policy design for democracy.* Lawrence, KS, University Press of Kansas.

JENKINS, W. (1978). *Policy Analysis: A Political and Organizational Perspective.* London, Martin Robetson.

JESSOP, B. (1991). *State Theory: Putting the Capitalist State Back in its place*, Cambridge, Polity Press.

JONES, B. D. (junio de 1999). "Bounded Rationality", *Annual Review of Political Science*, vol. 2, pp. 297-231.

JORDAN, G. (1981). "Iron Triangles, Woolly Corporatism and Elastic Nets: Images of the Policy Process", *Journal of Public Policy*. 1: 95-123, Cambridge University Press.

JORDAN, G. (1990). "Sub-governments, policy communities and networks: refilling the old bottle?" en *Journal of Theoretical Politics*, 2, 319-338.

KINGDON, J. W. (2003). *Agendas, alternatives, and public policies.* New York, Longman.

KRAFT, M. E. y FURLONG, S. R. (2007). *Public policy: politics, analysis, and alternatives*, 2.ª ed. Washington, D.C., CQ Press.

KRASNER, S. (1984). "Approaches to the State: Alternative Conceptions and Social Dynamics", en *Comparative Politics*, vol. 16, n.º 2, pp. 223-246.

KUHN, T. ((1962) 2004). *La estructura de las revoluciones científicas.* México, Fondo de Cultura Económica.

LARRUE, C. (2000). *Analyser les politiques publiques d'environnement*. Francia, Editions L'harmattan.

LASSWELL, H. D. (1971). *A Pre-View of Policy Sciences.* New York, American Elsevier Publishing Company Inc.

LEMUS RANGEL, A. *Personas que se encuentran en situación de indigencia.* Cap. 8, en "Análisis estadístico de indigentes de Bogotá: El Cartucho", http://www.unilibrebaq.edu.co/unilibrebaq-test/pdhulbq/html/LIBINDIGENTES2.htm#marks1. (Recuperado el 24 de octubre de 2012).

LERNER, D. y LASSWELL, H. (1951). *The Policy Sciences: Recent Developments in Scope and Method*. Standford, C.A., Stanford University Press.

LINDBLOM, C. E. (1995). "The Science of Muddling Through" en S. Theodoulou and M. Cahn. Englewood (Edits.). *Public Policy: The Essential Readings*. New Jersey, Prentice Hall, pp. 113-127.

LIPSEY, R.G., y LANCASTER, K. (1957). "The General Theory of Second Best", *The Review of Economic Studies*, vol. 24, n.º 1.

MAJONE, G. (2005). *Evidencia, argumentación y persuasión en la formulación de políticas.* México, Fondo de Cultura Económica.

MALLOY, J. (1993). "Statecraft, Social Policy and Governance in Latin America", *Governance*, vol. 6, n.º 2. pp. 220-274.

MANHEIM, J. y RICH, R. (1988). "Investigación por encuesta, *Análisis Político Empírico. Métodos de Investigación en Ciencia Política*. Madrid, Alianza.

March, J. G. y Olsen, J. P. (1984). "The New Institutionalism: organizational factors in political life". *American Political Science Review* 73(Sept.): 734-49.

March, J. G. y Olsen, J. P. (1989). *Rediscovering Institutions: the organizational basis of politics*. New York, Free Press.

McConnachie, J. y Tudge, R. (2005). *The rough guide to conspiracy theories*. Rough Guides Ltd.

Meltsner, A. J. (1976). *Policy Analysts in the Bureaucracy*. Berkeley, University of California Press.

Mény, Y. y Thoening, J. C. (1992). *Las políticas públicas*. España, Ciencia Política. Francisco Morata Ariel (trad.).

Mintrom, M. (julio de 1997). "Policy Entrepeneurs and the Diffusion of Innovation", *American Journal of Political Science*, vol. 41 (n.° 3), pp. 738-770.

Mokate, K. M. (agosto de 2000). *El monitoreo y la evaluación: herramientas indispensables de la gerencia social*, en Banco Interamericano de Desarrollo, Instituto Interamericano para el Desarrollo Social, INDES: http://decon.edu.uy/100jovenes/materiales/sgNC-20.pdf. (Recuperado el 8 de marzo de 2012)

Muller, P. (2006). *Las políticas públicas*, 2.ª ed., Bogotá, Universidad Externado de Colombia, Ediciones Aurora.

Muller, P. y Surel, Y. (1998). *L´analyse des politiques publiques*. Paris, Montchrétien.

Netl, J. P. (1968). "The State as a Conceptual Variable", *World Politics*, vol. 20, n.° 4, pp. 559-592.

Papadopoulos, Y., Blondiaux, L., Cohen, J. et ál. (2004). "Débat: Délibération et action publique", en *Swiss Political Science Review*, vol.10, n.° 4, pp. 147-210.

Powell, W. y DiMaggio, P. (1991). *Institutionalism in Organizational Analysis*, Chicago, University of Chicago Press.

O'Hare, M. (1989). "A Typology of Governmental Action", *Journal of Policy Analysis and Management*, vol. 8. (n.° 4), pp. 670-672.

Organización Panamericana de la Salud. (s.f.). *malaria: Mapa epidemiológico según niveles de riesgo para ocho países de la selva tropical de América del Sur*, en "Datos de 1999 presentados en la Reunión de Hacer Retroceder el Paludismo en Cartagena", agosto de 2000: http://www.paho.org/spanish/hcp/hct/mal/maps-cartagena.htm. (Recuperado el 29 de Julio de 2012).

OSTROM, E. (1990). *Governing the Commons: The Evolution of Institutions for Collective Action*, NY, Cambridge, University Press.

OSTROM, E. (1993). "An Agenda for the Study of Institutions", en *Public Choice*, n.º 48, pp. 3-25.

OSSOWSKI, S. (1963). *Class Structure in the Social Consciousness*, NY, Free Press.

PARSONS, W. (1995). *Public Policy. An Introduction to the Theory and Practice of Policy Analysis.* Cambridge, Cambridge University Press.

PATTON, C. V. y SAWICKI, D. S. (1993). *Basic Methods of Policy Analysis and Planning*, 2da. ed. Englewood Cliffs, New Jersey, Prentice Hall.

PHILOSOPHY LANDER (22 de Noviembre de 2004). *Introduction to Logic.* http://philosophy.lander.edu/logic/authority.html (Recuperado el 5 de septiembre de 2011).

PIERSON, P. (1993) "When Effect becomes Cause: Policy Feedback and Political Change", in *World Politics*, n.º 45, pp. 595-628.

PIGOU, A. C. (1932). *The Economics of Welfare.* London, Macmillan.

PIPES, D. (1998). *Conspiracy: How the Paranoid Style Flourishes and Where It Comes from*, New York, The Free Press.

PIPES, D. (1998). *The Hidden Hand: Middle East Fears of Conspiracy*, New York, St. Martin's Press.

POPPER, K. R. (1959). *The Logic of Scienntific Discovery.* London, Hutchinson.

RESCHER. N. (1980). *Induction.* Pittsburgh, PA, University of Pittsburgh Press.

RIKER, W. (1993). "Political Sciences and Rational Choice", en J. ALT y K. SHEPSLE. *Perspectives on Positive Political Economy*, Cambridge, Cambridge University Press, pp. 163-181.

RIPLEY, R. B. y FRANKLIN, G. (1975). *Policy Making in the federal executive branch*, USA, Ed. The Free Press.

ROE, E. (1994). *Narrative Policy Analysis.* Durham and London, Duke University Press.

ROJAS GUTIÉRREZ, V. M. (diciembre de 2002). *Atención en salud a la población desplazada de la ciudad de Cartagena de Indias – Departamento de Bolívar durante septiembre 1 de 2001 a septiembre 30 de 2002.* http://www.disaster-info.net/desplazados/informes/saludcart2002/ (Recuperado el 28 de julio de 2012).

ROTH, A-N. (2004). *Políticas pública: formulación, implementación y evaluación.* Bogotá D.C., Ediciones Aurora.

ROTH, A-N. (2008). "Perspectivas teóricas para el análisis de las políticas públicas. ¿De la razón científica al arte retórico?", en *Revista de Estudios Políticos*, n.° 33, Medellín, Universidad de Antioquia.

ROTHES EN FAURE A. et ál. (1995). *La construction de sens dans les politiques publiques. Débats autour de la notion de referential.* Paris, L'Harmattan. Paris.

SABATIER, P. A. (1999). *Theories of the Policy Process*, Westview Press, Boulder, CO.

SALAZAR VARGAS, C. A. (1992). *Las políticas públicas: nueva perspectiva de análisis.* Bogotá D.C., Pontificia Universidad Javeriana.

SAMUELSON, P. (1947). "Welfare Economics", en *Foundations of Economic Analysis*, Harvard University Press, Cambridge, MA.

SCHIMTTER, P. (1997). "Modes of Interest Intermediation and Models of Societal Change in Western Europe", *Comparative Political Studies*, vol. 10, n.° 1, pp. 7-38.

SHEPPARD A. E. (2009) "Problema Público", *Diccionario de Políticas Públicas*, Bogotá, Universidad Externado de Colombia, pp. 354-360.

SHEPSLE, K. y BONCHEK, M. (1997). *Analyzing Politics: Rationality, Behavior and Institutions*, HY, Norton.

SHURLOCK, N. (1999). "The paradox of policy analysis: If it is not used, why do we produce so much of it?", *Journal of Policy Analysis and Management*, vol. 18, (n.° 2), pp. 226-224.

SIMON, H. A. (1976). *Administrative Behavior*, 3.ª ed., New York, Free Press.

SKOCPOL, T. et ál. (eds.). (1985). *Bringing the State Back in: Strategies in Analysis of Current Research*. Cambridge, Cambridge University Press, pp. 3-43.

STEINMO, S. et ál. (1992). *Structuring Politics: Historical Institutionalism in Comparative Analysis*, Cambridge, Cambridge University Press.

STONE, D. A. (1988). *Policy Paradox and Political Reason*, Scott, Foresman; Glenview, III, California, The University of California.

THATCHER, M. (1988). "The development of policy network analyses: from modest origins to overarching frameworks", *Journal of Theoretical Politics*.

TRUMAN, D. (1964). *The Government Process: Political Interests and Public Opinion*, New York, Knopf.

VAN WAARDEN, F. (1992). "Dimensions and types of policy networks", en *European Journal of Political Research*. 21, pp. 29-52.

VELÁSQUEZ, R. G. (2009). "Hacia una nueva definición del concepto política pública". *Revista Desafíos*, n.° 20, Semestre I., Bogotá, pp. 149-187.

WEBER, M. (1946). "Politics as a Vocation", en H. GARTH, y C. WRIGHT MILLS (eds.) *Essays in Sociology*, Macmillian, Nueva York.

WEIMER, D. L. y VINING, A. R. (2004). *Policy Analysis: Concepts and Practice*. Upper Saddle River, Nueva Jersey, Pearson Prentice Hall.

WEISS, J. (1976). "Using Social Science for Social Policy", *Policy Studies Journal*, 4, n.° 3.

WILLIAMS, T. R. (1959). "A Critique of the Assumptions of Survey Research", *Public Opinion Quarterly*, 23, Spring, pp. 55-62.

WILLIAMS, W. (1971). *Social Policy Research and Analysis: The Experience in the Federal Social Agencies*. New York, American Elsevier.

ZAMORA, J. A., ARROYAVE, S. y RODRÍGUEZ, N. S. (2009). *Políticas públicas en sistemas críticos: El caso latinoamericano*. GPPT.

ÍNDICE TEMÁTICO Y DE PALABRAS CLAVE

- A -

Abogado de la solución, 75, 82, 101, 106, 154, 165, 193, 197
Abogado del problema, 75, 82, 154, 165
Alternativas no dominantes, 84, 185, 189
Amenazas a la validez de las conclusiones, 250
Análisis causal – árbol del problema, 84, 118, 129, 140
Análisis clasificacional, 84, 125, 138
Análisis costo-beneficio, 49, 164, 254
Análisis de actores relevantes, 57, 84, 132, 138
Análisis de contenido, 84, 125, 285, 287, 288
Análisis de fronteras del problema, 84, 110, 138
Análisis de jerarquía de causas, 84, 130, 138
Análisis de múltiples perspectivas, 84, 135, 138
Análisis de política pública
    - Carácter iterativo e interactivo, 23, 27, 29, 86, 87, 142, 155, 168
    - Definición, 29, 30, 56, 61, 63, 71
    - Disciplina, 20, 36, 37, 38
    - Enfoque latinoamericano, 37
    - Evolución, 21, 32, 33, 38
    - Tipos, 64
Análisis de supuestos, 84, 136, 138
Análisis descriptivo, 67, 68
Análisis econométrico, 255
Análisis instrumental, 64, 68, 70
Análisis normativo, 67
Análisis para el diseño de políticas, 69
Análisis prospectivo, 64, 66, 67, 73
Análisis retrospectivo, 64-69
Análisis sistémico de problemas o de sensibilidad, 127, 128, 138
Análisis y desarrollo institucional-ADI, 56
Árbol de decisión, 276
Árbol del problema, 84, 129, 130, 138
Argumentación, 62, 75, 82, 84, 86, 95, 188, 194, 195, 197
    - Elementos de una, 194, 195
    - Modos de, 197, 200, 202
    - Saltos lógicos, 23, 204
Argumentación basada en el concepto de "autoridad", 200
Argumentación basada en la "razón", 201
Argumentación falaciosa, 202

- B -

Bardach, 142, 165
Baumgartner, 61
Benchmarking, 84, 167, 252, 255
Búsqueda mixta, 42, 46

- C -

Caja de herramientas, 20, 23, 27, 69, 77, 83, 85, 86, 285, 297, 305
Causas accionables, 130-132, 140, 144
Causas plausibles, 130-132, 140
Causas posibles, 130-132, 138, 140
Ciclo de las políticas públicas, 50, 70, 71, 75, 97, 156, 169, 234, 239
Coaliciones de Abogacía (*Advocacy Coalition Framework*), 48, 59
Comunicados de prensa, 265, 266, 267, 281
Conclusión falaciosa, 202, 203
Construcciones discursivas, 62, 63
Constructivismo, 38, 39
Corporativismo, 47, 52, 53
Corrientes marxistas y neo-marxistas, 52

Criterios de decisión, 22, 74, 84, 86, 87, 95, 96, 139, 141, 142, 146, 155, 156, 163, 169, 170, 194, 209, 210, 217, 242, 282, 301, 305

- D -

Decisión basada en criterios ponderados, 189
Decisión de "no hacer nada", 31, 32, 102, 112, 115, 118, 150, 160, 161, 163, 164, 170, 171, 182, 184, 186, 187, 279
Dependencia del sendero (*Path dependence*), 55

- E -

Encuestas, 84, 85, 125, 165-167, 251-255, 260, 285, 288-294
Enfoques cognitivos y constructivistas, 59
Entrevistas, 84, 165, 166, 172, 229, 232, 252, 260, 267, 285, 289, 291, 292, 294
Error del tercer tipo, 78, 80, 82, 97, 98, 111, 112, 119, 125, 126, 163, 165, 193
Escuela del Public Choice, 47, 48
Estatismo, 48, 54
Estudios de caso, 84, 85, 164, 252, 253
Estudio documental, 286, 287, 288, 293
Evaluación de alternativas, 75, 84, 86, 87, 95, 97, 169, 192, 209, 219, 281, 305
Evaluación ex-ante, 37, 77, 238, 259
Evaluación ex-post, 70, 73, 115, 238, 240, 259
 - Alcances, 244
 - Criterios de evaluación, 244
 - Métodos, 252
 - Preguntas, 244
 - Tipos, 238, 240, 258, 259
Evaluación formativa, 238, 240, 244

Evaluación sumativa, 238, 240, 244

- F -

Falacia, 202
 - Definición, 202
 - Tipos, 202, 203
Falsas analogías, 203
Formalización del problema, 106, 114, 122
Fronteras del problema, 884, 110, 124, 138

- G -

Goeller Scorecard, 84, 188, 189
Grupos de control, 84, 251, 252, 255, 256, 257
Grupos focales, 84, 167, 285, 293

- H -

HECLO, 54, 57, 58
Homo economicus, 42, 48

- I -

Implementación
 - *Bottom-up*, 84, 214-216
 - Definición, 212
 - Exitosa, 212, 215, 216, 220-226, 233
 - Fallida, 221, 223
 - Plan de, 70, 84, 142, 187, 209-215, 219, 220, 226-228, 233, 280-282
 - *Top-down*, 51, 212, 215, 216
Incrementalismo desarticulado (*Disjointed incrementalism*), 42, 45
Indicadores, 84, 87, 155, 200, 201, 236, 237, 241-243, 246-248
Indicadores de gestión o insumo (o *input*), 246, 263, 280
Indicadores de impacto (*impact*), 248
Indicadores de producto (o de *output*), 247

Indicadores de resultado (*outcome*), 247, 280
Institucionalismo, 53-56
Institucionalismo histórico, 48, 55
Investigación de políticas públicas, 71, 88
Issue Network, 58

- J -
Juicio de expertos, 254

- L -
LASSWELL, 21, 33, 34, 36, 49, 73

- Ll -
Lluvia de ideas, 84, 85, 123, 135, 138, 168, 253

- M -
Mapeo de argumentaciones y análisis del discurso, 84
Marco de análisis a partir de un referente, 60
Marco de análisis narrativo o deliberativo, 62
Metaproblema, 109-114, 122, 124, 138
Método "Satisficing" o Juego del "Limbo", 84, 180, 188
Método de comparación por parejas o el método de las eliminatorias, 179
Método de criterios ponderados, 185, 187, 193, 302
Método de evaluación por calificación básica, 181, 183
Método del orden lexicográfico, 184
Método Delphi, 171, 172
Métodos de escritorio, 285, 286
Métodos de estructuración del problema, 122
Métodos de evaluación de alternativas de solución, 179, 181

Métodos para identificar alternativas de solución, 166
Métodos para identificar y estructurar problemas públicos, 122
Modelo argumentativo, 196
Modelo causal, 118, 119, 244
Modelo cuasi-experimental, 257
Modelo de equilibrios puntuales (*Punctuated Equilibrium*), 61
Modelo de la "caneca de basura", 42, 46, 55
Modelo lógico del monitoreo y la evaluación, 237
Modelo racional, 44, 47, 48, 51, 213
Modelo secuencial, 47, 49, 50
Modelos de toma de decisiones, 27, 47
Modelos descriptivos, 116,117
Modelos normativos, 116, 117
Modelos procedimentales o simulatorios, 118, 119
Modelos simbólicos, 118
Modelos verbales, 118
Monitoreo, 23, 70-77, 84, 86-88, 97, 115, 116, 142, 143, 209, 225, 226, 234-249, 259, 260, 263, 280, 282, 303, 305
- Alcances, 243
- Tipos, 238
Muestreo, 238
MULLER, 30, 37, 46, 53, 60, 61

- N -
Neoinstitucionalismo, 54, 56
Neoinstitucionalismo económico, 48
Neoinstitucionalismo sociológico, 48, 55

- O -
Objetivización del problema, 106, 107, 109
Observación etnográfica, 84, 252, 285, 293

OSTROM, 56

- P -

PARSONS, 69, 213-215
Planeación de políticas públicas, 71, 72, 88
Pluralismo, 32, 47, 52, 53
Policy, 21, 23, 27
Policy Community, 58
Policy Memo, 23
Policy Network, 58
Política "pico y placa", 218
Política pública
    - Definición, 27-31
    - Proceso, 21, 23, 27, 41, 47, 109
    - Teorías, 41
    - Tipos, 64, 158
Politics, 27, 28, 54, 235, 236, 299
Polity, 27, 52
Positivismo, 38, 39, 40, 61, 63
Pospositivismo, 38, 39, 61
Problema formal, 75, 79, 107, 114, 115, 144
Problema público
    - Ciclo de maduración, 107
    - Definición, 95, 98
    - Métodos de estructuración, 122
    - Modelos, 114, 116, 117
    - Tipos, 101, 102
Problema sustantivo, 111, 114
Problemas débilmente estructurados o complejos, 103
Problemas simples o bien estructurados, 102
Productos analíticos, 23, 27, 64, 70, 71, 73, 88, 234

Pronóstico, 68, 70-73, 88, 171, 239

- R -

Racionalidad erotética, 42, 46
Racionalidad limitada, 42, 43
Recomendación, 23, 69, 75, 78, 79-84, 95, 111, 117-121, 146, 155, 166, 168, 191, 194-197, 209, 213, 216, 228, 258, 259, 264-270, 277-283, 305
Resumen ejecutivo del análisis, 279

- S -

SABATIER, 60, 50, 59, 220, 221, 226, 2991
Sensación problemática, 76, 79, 97, 106-109, 114, 123, 144
Situación problemática, 29, 75, 97, 99, 101, 106-109, 114, 122, 127, 131, 138, 215, 216223, 237
Synectics, 84, 134, 135, 138, 167, 253

- T -

Teorema de la imposibilidad de Arrow, 44, 151
Teoría crítica, 38-40
Teoría de corrientes múltiples, 55
Teoría de la elección racional, 47, 48
Teoría de redes (*Network theory*), 57
Triángulo de hierro (*Iron Triangle*), 54

- W -

Welfare Economics, 47, 48, 49

Editado por el Departamento de Publicaciones
de la Universidad Externado de Colombia
en abril de 2013

Se compuso en caracteres Ehrhardt Regular de 12 puntos
y se imprimió sobre propalbond de 70 gramos
Bogotá - Colombia

Post tenebras spero lucem